景观都市主义的理论与方法

The Theory and Method of Landscape Urbanism

翟 俊 著

中国建筑工业出版社

图书在版编目（CIP）数据

景观都市主义的理论与方法 / 翟俊著. — 北京：中国建筑工业出版社，2017.11
ISBN 978-7-112-21491-4

Ⅰ.①景… Ⅱ.①翟… Ⅲ.①现代化城市－城市建设－研究－中国 Ⅳ.①F299.2

中国版本图书馆CIP数据核字（2017）第275604号

江苏高校优势学科建设工程项目资助（PAPD）
江苏省优秀研究生课程建设项目资助（NO. ZY32006616）

作为国际城市发展的前沿理论，景观都市主义体现了一种跨学科的思考和合作关系，不光是一种新的视角，也蕴涵着新的世界观和方法论。它为当今自然和文化脉络逐渐消解的城市发展提供了一种可供分析的概念化模式和策略，以及高度结构化的操作方法。这种思潮是在经过了西方数百年工业化和城市化发展，对传统城市中习以为常的建设模式深入思考后，对此提出的挑战。在我国的快速城市化进程中，也逐步面临西方城市和社会所经历的种种问题，而在土地面积和人地关系方面却面临着比西方更为紧张和严峻的现实。因此，探索结合我国国情的景观都市主义的具体操作与应用，必将对中国新一轮的城市发展，特别是当下城市"双修"建设起到积极的促进作用。

责任编辑：张惠珍　张鹏伟
责任校对：李欣慰　张　颖

景观都市主义的理论与方法
翟　俊　著
＊
中国建筑工业出版社出版、发行（北京海淀三里河路9号）
各地新华书店、建筑书店经销
北京京点图文设计有限公司制版
北京君升印刷有限公司印刷
＊
开本：787×960毫米　1/16　印张：19¾　字数：281千字
2018年1月第一版　2018年1月第一次印刷
定价：58.00元
ISBN 978-7-112-21491-4
（30720）

目　录
Contents

绪 论
Introduction

　　过去 20～30 年来，景观的内涵和外延发生了深刻的变化，无论是学术界还是实践领域，都对景观概念的发展及其在城市实践中应用的潜力产生了浓厚的兴趣。景观都市主义就是以这种新的景观概念为核心，对当代城市进行重新阅读、再现和设计的新思想和新方法，它标志着近 20 年来有关景观、城市、建筑相关设计领域的重要转变之一："景观都市主义描述了当今（城市建设）所涉及的相关学科先后次序的重新排列，即景观取代建筑成为当今城市的基本组成部分。对许多不同专业的人士来说，景观已成为一种透视镜，通过它，当今城市得以展示；同时景观又是一种载体，通过它，当今城市得以建造和延展（Waldheim，2006）。"

　　景观都市主义作为一门新兴理论，在 20 世纪 90 年代中期首次被提出，便立即在学术界和规划设计领域引起了高度的重视。作为日趋成熟的标志，景观都市主义的理论体系在过去 20 年来不断完善，并在全球范围内迅速融入对城市规划和设计的实践之中，相关项目也在世界各地不断涌现。在这一思潮中，比较引人注目的代表人物有宾夕法尼亚大学设计学院景观系前系主任詹姆斯·科纳（James Corner）、哈佛大学设计学院景观系前系主任查尔斯·瓦尔德海姆（Charles Waldheim）、普林斯顿大学建筑学院前院长斯坦·艾伦（Stan Allen）、德国建筑师、弗吉尼亚大学建筑学院教授亚历克斯·沃尔（Alex Wall）和英国 AA 联盟前院长及哈佛大学设计学院现任院长默森·莫斯塔法维（Mohsen Mostafavi）等。

　　目前世界许多知名高校如英国 AA 联盟、美国宾夕法尼亚大学、美国哈佛大学、美国普林斯顿大学、加拿大多伦多大学、瑞士苏黎世高工、荷兰代尔夫特大学、贝尔拉格学校、西班牙马德里建筑学院、澳大利亚皇家墨尔本理工大学等都已经开始了与景观都市主义相关的课程，其中英国 AA 联盟还特别设有"景观都市主义硕士学学位"

（Master of landscape urbanism）。在目前已出版的专著中，最有影响的要属詹姆斯·科纳于 1999 年编著出版的《论当代景观建筑学的复兴》已经由吴琨等翻译成中文出版）瓦尔德海姆于 2006 年编著的《景观都市主义》（已经由刘海龙翻译成中文出版）和他 2016 年刚刚出版的《景观作为都市主义—— 一种普遍性理论》，以及莫斯塔法维在 2003 编著的《景观都市主义：机器景观实用手册》。

写作目的

景观都市主义通过给景观赋予更深刻的含义来重新评价景观概念：景观是城市发展的框架、是行使功能的生命体、是跨学科交流的媒介、是城市多种功能的载体、也是城市与乡村相互渗透的领地。虽然上述新的景观概念展现了景观都市主义强大的设计潜力，但是目前出版的书籍多为不同作者相关论文的汇编，迄今为止在理论上较为系统的专著只有瓦尔德海姆于 2016 年刚刚出版的《景观作为都市主义—— 一种普遍性理论》。总体来说，这些研究有一个共同的特点，就是多集中在理论和相关案例的分析上，尚无较完整的、与理论相对应的方法论方面的探讨。然而作为一种新兴理论，如果没有方法论层面的模式和策略的支持，很难发挥其在实践中应用的潜力。因此理论性的探讨必须与实际问题及与其相适应的方法相结合。这也是一个从抽象理论落实到具体实践的转变所需要应对的挑战。因此作为本书写作的第一个目的，就是在对景观都市主义相关理论辨析的同时，将注重讨论理论背后的主要方法论。这将有助于使景观都市主义变得实实在在，因为从理论和实践两方面去理解一个问题，更有可能产生新的思路，并推进我们的知识进一步向前发展。

其次，虽然已出版的景观都市主义方面的论著在理论方面有很强的启发性，但它们有一个共同特点就是都比较抽象，并表现出不必要的复杂性。同时景观都市主义现有的许多语汇还需要在实践过程中逐步明确和进一步完善。为了促进理论与实践的结合，本书写作的第二个目的就是将景观都市主义理论的相关论述放到具体项目中进行解析，从而衔接理论和方法，并从中揭示方法论的模式和策略，同时验证它们在实践中的适用性。

最后，美国宾夕法尼亚大学是景观都市主义的主要发源地，这与其教学体系中长期以来贯穿始终的生态规划设计传统有着不解的渊源。作为宾夕法尼亚大学的毕业生和两代景观大师——麦克哈格和詹姆斯·科纳的学生，笔者从20世纪90年代初期就开始接触与景观都市主义相关的教学与研究内容，对这一理论形成过程、来龙去脉以及未来可能的发展方向有着较为深刻和清晰的认识，并对这一理论的内涵和外延能够较他人有更准确、更深刻的把握。因此将这种理论发扬光大，是笔者义不容辞的责任。另外，笔者在本领域长期的科研、实践及教学活动也为本书的写作积累了一定的研究基础和实践经验。

主要内容

第一部分，包括第1章和第2章的内容。重点阐述了现代主义、后现代主义以及生态规划设计对景观都市主义起源产生的重要影响；景观都市主义的发展背景和景观的概念在景观都市主义的语境下是如何解释的？过去几十年景观的内涵和外延续发生的转变，以及景观都市主义的两种模式，即"机器"模式和"场域操作"模式的各自特点；

第二部分，包括第3章和第4章的内容。通过将景观都市主义视为一种处理当今人地关系的新的世界观和方法论，进而对景观从两个层面上加以解析，即景观作为一种思维模式和景观作为一种实际操作模式。该部分注重探究景观都市主义理论和实践融合的可能性，尝试将理论原理转换成工作方法；

第三部分，包括第5章和第6章的内容。重点从操作层面探究景观都市主义在实践中意味着什么。通过实证研究来阐述景观作为整体形态和生态系统的概念性模式和策略，同时讨论这些方法论的模式和策略的主要特点和在实践中的应用，从而使景观都市主义的方法论变得有形；

第四部分，即本书第 7 章。本部分根据上述研究成果，指出景观已经成为后工业时代城市复兴与发展的重要媒介和载体。总结景观都市主义语境下的景观，不仅仅是城市美化，而是对城市形态、肌理、环境的一种整合与提升，一种功能复合、动态适应的有生命力的场域。并以此提出了一个基于景观都市主义理论的新兴城市形态——景观城市。同时提出了景观城市的 City = Park 的规划策略和操作方法，为当今乃至未来中国城镇化可持续发展理论与实践提供新思路。

依据上述的研究内容，同时通过总结归纳多方研究成果，本书希望回答以下 6 个方面的问题：

（1）什么是景观都市主义？

（2）景观的概念在景观都市主义的语境下是如何解释的？

（3）景观都市主义作为一种新的世界观和方法论有哪些特点？

（4）景观都市主义的操作方法在实践中是如何应用的？

（5）景观设计师在景观都市主义的领域里担当什么样的角色？

（6）基于景观都市主义的城市应该是什么样的？

（1）什么是景观都市主义？

查尔斯·瓦尔德海姆在 1997 年第一次提出了景观都市主义的概念，他主张用景观取代建筑，作为城市建设的新的基本单元，并由此对城市建设的现有秩序做出调整和重新整合。但是由于景观都市主义的框架是由建筑师、景观设计师、市政工程师、城市设计和规划师共同制定，可以视被为一系列有关城市议题的一个广泛方法与思路的集成，并允许不同专业人士从不同的视角进行解释，因此要想给景观都市主义下一个十分明确的定义是很困难的。然而，尽管景观都市主义理论还不完整，迄今为止还没有大家一致认可的统一定义，同时对该理论本身还存在一些质疑的声音，但是景观都市主义所包含的以景观为主体的理念，以及以景观为导向的设计方法还是得到了业内广泛的认同。这主要表现在以下三个方面：

首先，景观都市主义理念强调将景观作为城市的载体和媒介。

这里景观被升级为一种结构性元素，成为城市建设的新的基本单元，而不是建筑物或城市的绿色背景，即从"建筑城市范式"到"景观城市范式"。这一城市建设模式的转变，强调的是公共空间的营造，并以此作为出发点来设计当代的城市。

其次，景观都市主义提出的整体观为城市领域可持续发展提供了一种新的模式。按照詹姆斯·科纳的说法：景观都市主义提出了一个广泛的、跨行业的分工合作，它不仅跨越了建筑、规划和工程的界限，而且还跨越了生态学、地理学、人类学、制图、美学和哲学之间的鸿沟。它同时还提出了跨尺度的实践模式，即在组织和影响超大规模的城市和环境问题的同时专注于小的、可参与和可触觉的尺度（Corner，2010）。整体的跨学科的方法，结合景观的理念作为都市主义的一种模式，将支持可持续城市的创建和发展。

最后，景观在景观都市主义语境下被理解为具有行使功能和操作能力的场域，而不是一个静态的图像。这意味着强调景观的动态特征和策略模式。这一点恰巧契合了当今城市的发展现状：不确定性、暂时性和动态性。

（2）景观的概念在景观都市主义的语境下是如何解释的？

景观都市主义重新评估了景观的概念，并提出了如何从景观的功能和操作性方面而不是单纯从它的审美特性来获取灵感的可能性。这里有关景观概念转变的探究对景观都市主义的兴起是一个决定性的前提。景观在景观都市主义的框架体系中可以用以下三种不同的视角来解释：

第一种视角是通过意识形态去讨论景观都市主义的两种模式，即"机器"模式和"场域操作"模式。其中，"场域操作"更符合景观都市主义关于弹性生长和过程形式的理念，而"机器"模式在其形式的生成过程中并不包括过程导向的方法，这也说明通过建筑的途径来探讨景观过程和可塑性是非常困难的事情。

第二种视角是景观作为一种世界观和方法论，进一步从两个层面上对其加以解释，即景观作为一种思考的模式和景观作为一种实际操作的模式。这两种解释同时展示了景观都市主义理论和实践可以相互融合的可能性。

第三种是从方法论的视角，将景观描述为整体的空间形态和生态系统。景观作为整体空间形态解释了景观是加厚的地表和异质性的场域，这里景观被当作结构性的载体和媒介来组织城市空间。同时景观作为整体空间形态也意味着一个明确、有形的比喻，即用整体的景观形态来描述城市，而不是单独的、各自为政的要素，如建筑、基础设施或者公园；而景观作为生态系统则隐含了一种更加抽象的概念，它在强调了自然、文化、经济和社会过程及其相互作用的同时，还包含了生态系统如何随着时间的变化来影响一块场地的空间特性。景观作为生态系统的同时为城市提供了一个整体系统性的比喻。这两种解释各不相同：一种比较抽象，而另一种则更加明确，两者相辅相成。它们有一个共同的特点，就是这两种解释都表明了对预期以及设计产生的影响的关注，而不仅仅是形式设计本身。由于景观作为整体的空间形态以及生态系统对景观有不同的解释，而这些解释又是模式和策略形成的出发点，因此从这些解释中衍生出来的模式和策略也各不相同（Assargård，2011）。

（3）景观都市主义作为一种新的世界观和方法论有哪些特点？

景观都市主义作为当今城市建设以及处理人地关系新的世界观和方法论，试图从理论和实践两个层面对当代的城市进行解读。作为一种新的世界观，景观都市主义提供了一种思考和构想的模式。它依托景观视角的思考和比喻来描述当代城市的现状并预测其未来的发展，同时可以通过历史发展的自然和文化过程对其生成、发展和演变加以阐述。为了全面而系统地诠释景观都市主义作为一种新的世界观的特点，笔者提出景观作为"整体空间形态"和景观作为"整体生态系统"两种概念化模式。

其中，景观作为"整体空间形态"注重框架和分层策略，强调将景观作为一种构成和组织元素，如搭建地面及功能编排；而景观作为"整体生态系统"则着重对过程、弹性、联系性、跨尺度及尺度转换的关注。通过应用生态系统作为研究城市的一个有效途径，表明城市中各个组成因子的关联性，因为景观都市主义认为城市是一个复杂而整体的系统，是一个包括景观、建筑、基础设施和都市生活的综合实践。这种综合实践正是景观都市主义自身定位所在：具备在宏观、中观和微观不同尺度之间转换的能力，超越简单化的视觉表达，朝向充满活力及健康系统的整体空间形态发展。

上述从景观视角的思考和比喻让我们图解景观都市主义的特点和方法的关系更进了一步。然而，仅仅对其特点的解释还不足以提供明确的、易于上手的实际操作方法。因此需要更进一步，将对景观都市主义特点解释转化为形式生成的模式和指导实际工作中的策略。因为景观都市主义不仅是一种新的世界观还是一种新的方法论——一种操作的方法和行动的模式。这种模式是以实践为导向的，将景观动态变化的特性作为设计的策略，建立在城市发展过程中跨学科的构架之上。从概念解释和世界观中转译出的方法论层面的模式和策略是构思本书最具有挑战的方面，因为这需要同步理解景观都市主义理论和实践两个方面：

首先，景观都市主义反对将景观视为一种静态的图像而主张景观的工具性和操作性，进而将注意力从设计形式转变到安排场地随着时间变化如何运作及其带来的影响。然而，反对将景观作为一种完美的风景画并不意味着彻底抛弃形式和审美。相反，这些模式、策略及相关案例证明了形式和过程并不需要彼此对抗，它们之间是互相影响、相互作用的。形式和过程的整合具有激发新的审美和功能的潜力。人们不必在形式和过程之间做选择，因为可持续发展的方法与审美体验在形式和可操作方面是可以相互完美结合的。

其次，景观都市主义的模式和策略是在对景观如何解释中衍生出来的。这些模式和策略向我们展示了它们具有形式生成、易于操作、能运用于实践的方法论的途径。这些方法论途径的模式和策略关注过程、预判和不同系统的混合性，而联结这些方法、模式和策略的正是依靠一种处理城市环境的整体方式。通过将这些模式和策略与实践项目相联系，得出景观都市主义方法论的特点，这也进一步强化了景观都市主义具有运用于实际项目的潜力。

也许有人可能会认为景观都市主义的世界观和方法论并不新奇，

因为其世界观并不完全是景观都市主义独创或为其所特有，而其方法论的途径在一定程度上也已经被其他设计和规划类学科所使用。然而这恰恰说明景观都市主义不是一种不切实际的前沿理论，相反它是从现有的理念和前人的方法中受到启发，并根据当今城市的实际需要对这些理念和方法进行重新评估和更新。

（4）景观都市主义操作方法在实践领域又有哪些应用潜力？

景观都市主义通过结合有效的方法和理念来产生具有自己特点的方法论。与景观都市主义较为抽象的世界观相比，方法论层面上的模式和策略则比较具体，能更加够淋漓尽致地展示景观都市主义在实践方面的潜力。这些模式和策略同时着眼于未来与当下，所涉及的项目涵盖从小到大不同的尺度，并可以被运用于场地和项目发展的不同阶段。同时这些策略和模式具有诸如能够通过预判未来可能发生的变化来制定一个框架，以及从一系列广泛的视角去创建一种符合场地现有条件的发展模式。因此本书讨论的方法论途径、模式、策略和实际案例都说明景观都市主义具有设计和形式生成的潜能。

景观都市主义方法论具有依据环境不同而因地制宜的特征，因此很难对其有一个完整的描述。但是第4章里的主要方法论的途径，以及第5、6章的概念性模式和策略，可以被视作景观都市主义方法论的主要特征。一方面这些特征可以被认为是相对基本和稳定的，另一方面这些特征又可以被认为是相对暂时的，因为景观都市主义理论还是一个发展中的理论，其本身会随着时间变化而被重定义。这也许就是景观都市主义的独特之处，它具有将相关理念进行组合，融会在一起并实时更新的特征。

景观都市主义游走于整个城市范围，涉及城市的不同的领域，这些不同的领域不仅包括自然过程，也包括经济、文化和社会过程。总的来说，景观都市主义最主要的贡献就是为都市领域提供一种新的思维方式和操作方法。景观都市主义同时强调了混合在形成新的方法和技术方面的重要性，通过将自己定位为景观和建筑、基础设施、景观和城市的二元化的结合部，来提倡二元对立的消除和多学科的整合。这种整体的解决城市问题的方法与如何实现可持续发展的目标是一致的。

（5）景观设计师在景观都市主义的领域里担当怎样的角色？

景观都市主义展现了一种新的思维而不是一种形式上的偏好。这种新的思维方式提出了对设计的一种重新界定。景观都市主义主张设计系统、过程和策略而不仅仅是形式本身（不是为形式而形式，设计系统和策略的过程自然会产生形式）。这需要设计师放弃对项目的一些控制，因为设计复杂和能够行使功能的景观，相比那些常规的图案组合设计更加需要组织和策略方面的技能。过去传统的景观设计师只是充当在城市设计项目的后期引进绿量的工作，现如今景观都市设计者却站在构想和引领城市规划中新的复杂形式、发展及设计的最前沿（Corner，2010）。

虽然重新定义设计的概念和设计师的角色对许多习惯于设计固定形式的设计师而言是一种挑战。但是景观设计学是应对这种转变最合适的学科，因为基于景观特征的景观都市主义的理论和方法论途径在应对变化的城市环境时是最有效的。此外景观设计师们所受的训练就是要求他们以一种整体观看待城市和区域的发展，并在实践中使用有生命、可变化的材料。因此，景观设计师在城市舞台上有广泛的用武之地，他们在这里担当的角色应该是乐队的指挥和电影的导演。

（6）基于景观都市主义的城市形态应该是什么样的？

当今城市设计所面临的挑战在于为 21 世纪寻找可持续的城市形式。面对城市的"千城一面"和大量消失的都市性及无序的蔓延，传统的城市发展模式已被证明不仅是一种浪费的、仓促的和缺乏弹性和适应性的，而且是以破坏环境为代价，同时还是一种缺乏地方性的不可持续的发展模式，急需一种建立在生态规划原理之上，综合而统筹的规划设计新途径加以应对。基于景观都市主义的景观城市正是在这样的大背景下产生的。它主张的是一种从单一转向多元，从个体转向群体，从自上而下（Top Down）转向自下而上（Bottom Up / 反规划？），从封闭的形式转向开放的场域，从"硬"的刚性结构走向"软"的弹性系统，从城市与自然互为二元的对立面转向"人工中孕育着自然"和"自然中蕴含着人工"的复合型城市形态。这种新型城市形态是有厚度的、由积聚的斑块组团和层叠的景观基础设施廊道网络共同构成的一个大公园。这里"公园"不仅仅意味着休闲，而是在更广泛的层面被理解为能行使"城市"功能的公园，所谓 City = Park 的景观城市（翟俊，2010）。因此，作为当今城市建设和发展的新理论，基于景观都市主义的景观城市为可持续发展的城市建设打开了一扇通往未来的大门。

本书意义

理论意义：景观都市主义理论虽然起源于 20 世纪末的美国，但伴随着西方城市化过程高潮的结束以及近些年持续不断的经济危机，进行相关理论实践的机会并不多，涉及城市建设的案例大多停留在片段化的修补和改造上。相反，中国正处在高速城镇化的发展阶段，而且未来中国的发展动力主要来源于城镇化，特别是中小城镇的城市化，因此中国是研究景观都市主义理论及其实践方法最理想的基地之一。然而，景观都市主义在中国的研究才刚刚起步，当前我国学者的研究还主要停留在概念认知和梳理，以及国外单一项目的介绍方面，如棕地的改造、生态修复等，目前还没有形成结合我国国情的研究方法，更没有真正意义上相关实践案例的出现。因此本书的出版，对促进景观都市主义理论本土化、丰富和完善景观都市主义的理论体系，特别是在方法论和结合实际项目的模式和策略探讨方面，必将对我国新一轮的城市化发展提供一定的借鉴作用，因而具有突出的理论价值。

现实意义：作为国际城市发展的前沿理论，景观都市主义体现了一种学科交叉、跨学科的思考和合作关系，它不光提供一种新的视角，也蕴涵着新的世界观和方法论。这种思想是在经过了西方数百年工业化和城市化发展，对传统城市中习以为常的城市发展模式深入思考后，对此提出的挑战。在我国的快速城市化进程中，也逐步面临西方城市和社会所经历的种种问题，而在土地面积和人地关系方面却面临着比西方更为紧张和严峻的现实。因此，探索结合我国实际的景观都市主义的具体操作与应用方法同样具有突出的现实和实践意义。

参考文献

[1] Charles Waldheim. A Reference Manifesto//Charles Waldheim. The Landscape Urbanism Reader. New York：Princeton Architectural Press，2006：13-19.

[2] Corner，J.（2010）. Landscape Urbanism in the Field. Topos，no. 71，pp. 25-29.

[3] Hanna Assargård（2011）. Landscape Urbanism-from a methodological perspective and a conceptual framework（MA-LP）. Swedish University of Agricultural Sciences，Uppsala.

[4] 翟俊. 基于景观都市主义的景观城市 [J]，建筑学报，2010（11）.

第1章

景观都市主义的脉络

The Context of Landscape Urbanism

　　道——中国最基本的关于自然之秩序与和谐的思想。这一伟大的思想产生于遥远的古代，通过对大自然的观察得出——日月星辰的出没，昼夜的轮回，季节的交替——预示着一种规范着天地间一切形式的神圣自然法则的存在。它的最初目的是使社会生活与自然（道）的力量和睦相处。这是生存和健康的关键。

——史迈玫

近 20 年来世界范围内兴起的对景观都市主义理论和实践的浓厚兴趣，主要是源于当今城市性质所发生的深刻改变：首先，景观都市主义概念的产生与全球范围内城市的无序蔓延和日趋严重的城市环境问题密切相关；其次，历史上城市是一个被郊区和广阔乡村环绕的行政或经济中心的观念，如今在很大程度上已经被多核及网状扩张的区域大都市所取代。这里交通运输、电子通信、与生产消费相配套的服务，以及城市基础设施和物流远比人为划分的行政区块和土地边界更加重要。人流、车流、物流和信息流组成了我们"日常城市系统"的结构。该体系同时还呈现出了一个动态的和暂时性的都市图景，而这种动态的过程不仅在本地、区域，甚至是在全球范围内同时展开的。因此城市研究的重点应该从城市的空间形式转移到城市化和网络化的过程，景观都市主义正是在这一不断变化的城市环境背景下产生的，它是以景观的概念为核心，通过过程导向来探讨城市发展的新兴理论。然而，景观都市主义的理论、方法、模式和策略并非全然创新，其中隐藏着 20 世纪以来有关城市及生态规划的许多痕迹。因此，我们有必要追根溯源，厘清它发展的来龙去脉。

1.1　现代主义与后现代主义

现代主义是从建筑设计发展起来的一种充满变革的思潮，它反对传统的建筑形式，转而把材料、功能和技术上的要求视为设计指标。在城市规划中，现代主义强调功能主义和理性主义，将城市划分为不同的功能分区，与此相配套的是一个可以满足不同运输方式的分级交通系统。现代主义规划师试图把城市设计成一个高效的机器，在分区制原则和标准化住宅类型里都可以看到这种"机器"大规模生产的产品，现代主义也因此发展了机械美学，其设计中的美是伴随功能而产生的。虽然这种可以忽略自然条件的限制去创造理想城市和社会的乌托邦信仰，在今天看来有许多不适之处，但是其前瞻性的发展预测、开拓性的规划主张、去中心和有机化的城市形式以及那些代表现代技术的力量和美学观念、追求社会正义的进步思想和自然与城市关系的探讨，对景观都市主义思想和理论的形成具有非常积极的启发和借鉴意义。这方面典型代表要属 20 世纪初霍华德的"田园城市"、30 年代赖特的"广亩城市"和 40 年代希尔伯塞姆的"新区域模式"。

1.1.1　霍华德的田园城市

　　19 世纪末，英国正处在工业化时期，那时穷人和工人阶级的居住区往往是城市中拥挤、危险且污染严重的地区。许多有识之士认为人不应该居住在那样的环境中，为此他们提出了很多美化城市的设想，其中最著名的当属霍华德提出的田园城市（Garden city）。在《明日的田园城市》一书中，霍华德主张用大型生产和休闲的绿色空间作为城市的商业、住宅和工业用地的缓冲地带，提出了一个可容纳 32000 人，6000 英亩大小的田园城市的蓝图（图 1-1），其中 5000 英亩的面积须保存为农地使用的规划模式。整个城市以一种对称的方式配置，核心地区是一个大型公园和公共建筑，公园周边围绕拱廊形式的购物街。购物街的外围为花园住宅，与更外一圈的工业区相隔一条约 140 米宽的花园林荫道。这个新城镇最外围则被可以通往其他城镇的铁路环绕。该模式要求严格控制城市规模，当任何城市达到一定规模时，应该停止增长，其过量部分的人口应当由邻近的另一个城镇来接纳。在规划蓝图的背后，田园城市规划概念不仅仅是实体城市空间形式的规划，也包括了现代生活的经济、政治与社会组织方式等方面。它既是一个多中心的城市形式，同时也是一种多中心的社会：每一个居民都共同参与到新镇开发里而成为地产主的一部分，他们共同分享被创造出来的土地价值（杨沛儒，2010）。

　　然而这种蓝图式的规划完全忽略了既有的城市环境与社会背景，在原有的城市体系与社会组织之外，选择创造一个全新的城市，而这一全新的城市并不是依据当地的自然条件和大地的肌理，因地制宜设计而成的，而是将一种固定的形式人为地强加于场地之上。因此这样一种模式无疑还是乌托邦式的设想，可想而知其追随者在现

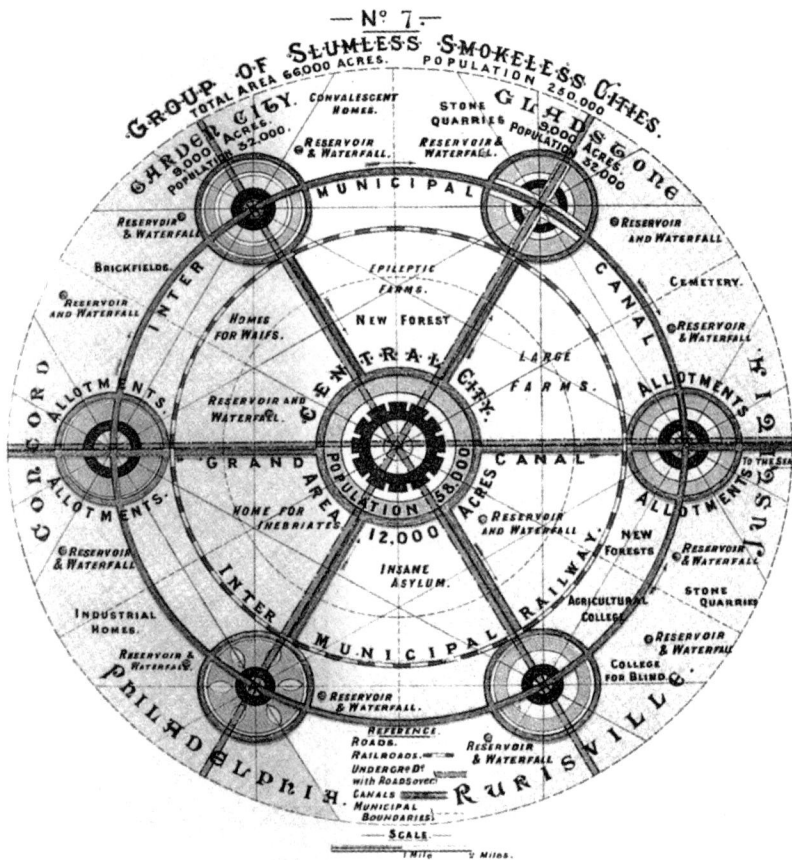

图 1-1　田园城市

实世界中遭遇到许多挫折，终归不得不以失败而告终。

霍华德的田园城市虽然没有成功，但是作为深刻影响了 20 世纪初城市规划的理论，对 20 世纪中期的环境主义运动和后期的可持续发展理念都产生了积极的影响，在同样面对城市拥挤和城乡扩张所造成的蔓延现象的今天，田园城市将"城市和乡村结合起来"、将"生产性景观引入城市"的观念在今天看来仍有其借鉴意义。

1.1.2　赖特的广亩城市

同为去中心化和分散化的城市规划，霍华德的田园城市是机械式的、普适性的城市发展模式，而赖特（Frank Lloyd Wright）的广亩城市（Broadacre city，1934～1935），植根的则是美国中西部大量空旷的土地，他试图创造的是一个适合北美地域条件的有机城市形态（图1-2）。

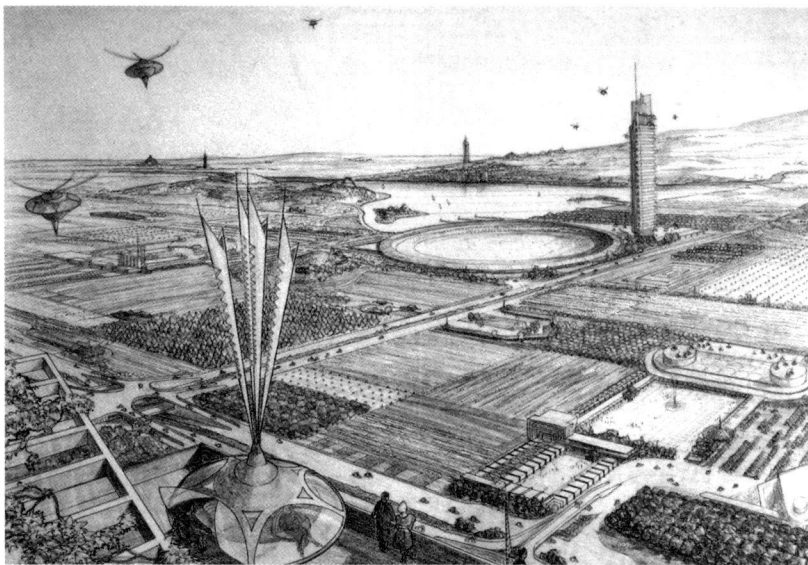

图1-2 广亩城市

与霍华德的"机械"式的自然与文化融合的形式不同，赖特的这个基于城市分散理论的项目主张有机地溶解自然与文化的二元对立，同时提出了一个彻底的去中心化和分解传统城市形体的方法，即将建筑、街道、广场等溶解到景观之中。这种形体溶解于场地的设想打破了传统的城市与自然一直以来毫不相干的做法，从而开启了郊区化的地域主义在北美的发展。

赖特通过对当时大城市问题的分析，倡导工作、家庭、食物和市民生活之间的有机结合，提供了新的应对工业城市带来的负面影响，如经济发展不平衡、环境卫生、城市和社会病等问题的方法。这个项目的特点是弱化了建筑在自然环境和工程设施之间的媒介作用，重新定义了景观在公共空间和私人空间的有机组合中所承担的角色，这里赖特的公共景观是丰产的农业用地。由此可见，赖特定义的景观，不仅仅是一个美丽图景或一个自然的环境，而拥有更广泛的内涵，使得景观能够超越尺度，协调更大范围的区域环境和社会现状之间的关系，尤其是公共生产和生活空间在景观中的表达。此外，赖特在这个项目中还揭示了设计表现的重要性，如地图、规划、图表和鸟瞰图作为工具来分析城市化地区不同尺度之间的关联性——这些工具在当代城市规划实践中经常被用来理解项目的基地，揭示跨尺度的生态环境和基础设施之间通常觉察不到的关系。

消解城市和农村、村庄与农田以及城市和景观，这正是当今城市发展和景观都市主义的关注点。由此可见，赖特的理论是颇具先见之明的，它预示了未来城市去中心化的发展趋势，为当代城市规划提供了一个新的方法。此外，这个项目开始尝试将景观的方法应用于当代的城市规划中，明确地为景观塑造了一个新的认识和操作层面。不过，赖特的广亩城市在促进城市与自然融合的同时，也助长了第二次世界大战以后北美城市郊区化的蔓延（Urban sprawl）。此外广亩城市没能结合作为当代城市的主要特征的社会、文化和技术的变化发展，缺少当代城市化中所必需的过程化思维模式及应对变化的机制。广亩城市另一个不足之处是生态思想的缺失，该项目对生态的认识还仅仅停留在简单图解的层面上（Waldheim，2016）。

1.1.3 希贝尔塞默的新区域模式

继赖特的广亩城市之后，德国建筑师和规划师路得维希·希贝尔塞默（Ludwig Hilberseimer）以其提出的另一个美国中西部去中心化的城市模式——新区域模式（New Regional Pattern，1945～1949）而著名。第二次世界大战之后由于汽车的广泛使用，彻底开启了美国郊区化的城市发展模式，希贝尔塞默的新区域模式正是在这样的背景下产生的。

"随着汽车工业的兴起，底特律的人口迅速增加。但没有任何计划来引导城市的快速增长。这种增长是完全无序的……城市的结构是错误的，它不能仅仅靠增加交通设施来改善。只有城市结构的变化才能带来必要的秩序（Hilberseimer，1949）。"

希贝尔塞默去中心化的城市应对的是工业时代所带来的城市中

心的污染、卫生状况差、犯罪和交通等问题。他认为工业化发展的第一阶段是基于生产集中和城市与乡村之间的分离，第二阶段应针对分散化和多样化的生产方式，以及城市和乡村之间的密切关系。希尔伯塞姆通过指出福特公司的发展带来的周边城镇的变化，来说明加速的去中心化是北美定居模式成熟的标志。希尔伯塞默认为只有通过"结构性变化"一个完整的去除和重组传统城市形态才会带来必要的城市秩序。依据这样的想法，希贝尔塞默发展了一个低密度北美城市格局，即新区域模式。它是基于区域公路系统和自然环境条件作为其主要秩序系统的城市化战略的新格局，在这一新城市格局里，住房、农场、轻工业、商业和市民的日常生活彼此相邻（图1-3）。

图1-3 新区域模式

　　这种新区域模式的组织结构没有依据抽象的网格，而是依据自然环境的特征：如地形、水文、植被、风向等，围绕水平景观场域的交通分布和通信网络组织而成。希贝尔塞默的新区域模式是结合了基础设施系统、人工景观和场地的自然环境条件产生的，同时他还提出用景观作为载体来建构城市（郊区）环境之间现存的自然环境和工程基础设施系统，因此这种新区域模式是深深扎根于北美大陆现实的聚落模式（Waldheim，2016）。

在希贝尔塞默的新区域模式中，居住单元是其分散城市的基本社会单元。它们是农业、工业的基本生产单位，原则上还包含社区生活的基本功能。这个居住单元是一个抽象的系统，应适应每个地方的特殊性，需要了解景观，自然和人工环境：土地、地理、地形和地区的资源。根据具体环境情况，它的大小和性质也不同，但其基本原则是规模不应该太大，要符合一个小社区和生活在里面的人的步行距离。在居住单元中，所有物体都被自然包围着。为了营造低密度，较低的房屋隐藏在树木和灌木之中，允许人与自然有直接的关系，希贝尔塞默称之为一种天然的伪装。而较高的公寓楼则为绿色提供多种选择和观景视角。此外，自然在希尔伯塞默都市主义中有不同的含义，它将休闲和农业生产结合到一起，如定居点旁边的蔬菜园将同时用于娱乐和农业生产，作为"丰产的公园系统"，以此减少对休闲区及其养护管理的需求（Rivas Velázquez & Diego Barajas，2011）。

上述两个20世纪中期的理论性研究项目——赖特的广亩城市和希尔伯塞姆的新区域模式，都超前地提出在北美中部建立一个适合该地区地域条件的有机城市形式。通过倡导工作、家庭、食品和市民生活之间的有机结合，广亩城市和新区域模式提供了新的应对工业城市的负面影响，如经济发展不平衡、社会生态和环境卫生问题的处理方法。两个项目的共同特点是减弱了建筑在自然环境和工程设施之间的媒介作用，重新定义了景观在公共空间和私人领地有机组合中所承担的角色。赖特和希尔伯塞姆定义的景观，不仅仅是一个美丽图景或一个环境问题，而拥有更广泛的内涵，使得景观能够超越尺度，协调更大范围的区域环境和社会现状间的关系。尤其是公共生活空间在景观中的表达，赖特的公共景观是丰产的农业用地，而希尔勃赛玛的公共景观则是已有的和具有多功能的公园用地。针对城市与自然界的关系，反映当地条件如个人住宅和公共基础设施，这两个项目都指向了当代景观都市主义的方法和实践（Waldheim，2016）。

1.1.4 钱学森的山水城市

与西方现代城市规划追求普适性的理论相比，中国杰出的科学家钱学森在20世纪90年代提出的山水城市的概念，则扎根于中国的传统文化和地域特征，表现出的是人类在探索美化人居环境过程中的东方人的智慧。钱学森设想的山水城市：是把中国传统园林思想与整个城市结合起来，让每一个市民生活在园林之中，而不是要市民去找园林绿地、风景名胜。北京林业大学教授孙筱祥先生认为山水城市的核心是"居城市须有山林之乐"。它包含两个层面的含义：一是既要享受城市的物质文明，又要享受大自然的美，人工构筑物和建筑物与风景园林绿地，要成适当的比例，从而使人工的美与自然的美相互辉映。城市的中心应该是园林，它的外围也是园林，城市应该在公园里，即所谓公园城市。二是城市和居住区的规划设计，要摒弃中轴对称的几何模式，而采用因地制宜的自然式布。清华大学教授吴良镛先生则从更宏观的层面来阐述，认为山水城市这一命题的核心是如何处理好城市与自然的关系。其中"山水"泛指自然环境，而"城市"泛指人工环境。中国传统城市常将山水作为构成城市的要素，因势利导，形成各个富有特色的城市构图。如能将城市依山水而构图，把联结的大城市化成为若干组团，形成保持有机尺度的"山—水—城"群体，则城市将重视山水景观的活力。山水城市是提倡人工环境与自然环境相协调发展，其最终目的在于"建立人工环境"（以"城市"为代表）与"自然环境"（以"山水"为代表）相融合的人类聚居环境（吴宇江，2010）。

山水城市有关消解城市与自然二元的对立、主张"人工中孕育着自然"和"自然中蕴含着人工"的混合型城市形态，特别是将园林"溶解"于城市之中，把无序蔓延的大城市化成为有机尺度的生态组团，让每一个市民生活在园林般的城市之中的观念，对笔者提出基于景观都市主义理论的景观城市的概念起到了积极的启发作用。

1.1.5 新都市主义

作为对现代主义批判的后现代主义运动，反对现代主义城市规划缺乏对城市审美体验和文化的关注，倡导基于传统价值观和历史名城的建筑形式和符号，主张用设计的美丽和事件丰富性作为设计的原则。在后现代主义城市规划中，作为从现代主义依据机器制造的城市到后现代主义对传统城市模仿转变，并在今天仍然有市场的一个具体代表，就是新都市主义（New Urbanism）。

新都市主义作为一种新的城市规划运动，产生于 20 世纪 80 年代的美国。这场运动针对城市无序蔓延、郊区化和交通拥堵等城市问题，试图通过城市规划和建筑设计的原则来创造人性化的、适于步行的社区，并重温传统老城镇的慢节奏和慢生活，从而创造远离动态和复杂现实的城市环境。为此，新都市主义者针对当代城市，发明了一种包含 6 个区段的城市规划模式（图 1-4），又称为传统街

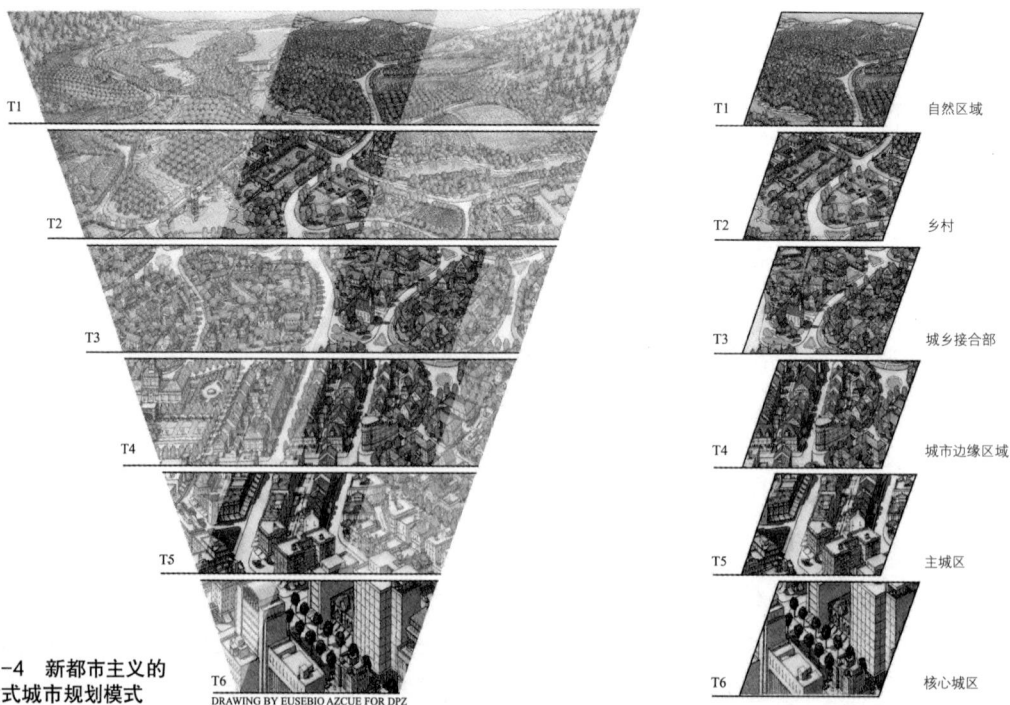

T1
T2
T3
T4
T5
T6
DRAWING BY EUSEBIO AZCUE FOR DPZ

T1 自然区域
T2 乡村
T3 城乡接合部
T4 城市边缘区域
T5 主城区
T6 核心城区

图 1-4 新都市主义的 6 段式城市规划模式

区规划模式（T-zones），他们试图在新的城镇规划中采用这种更加紧凑的模式，来取代当时盛行的以小汽车为主导的"摊大饼"式的土地扩张模式。这种6区段模式是以街道的可达性、用地的综合性、公共交通的便捷性和居住形式的多样性为主导的新的街区结构，致力于打造丰富多样、适于步行的、紧凑的、职住相结合的环境，以此鼓励土地多样性开发。在美国，从20世纪80年代开始，许多新的住宅社区开始遵循新都市主义的规划设计原则，有超过600个新城镇和街区已经规划或正在建设。其中经典的案例有海滨城和庆典城，两者都位于佛罗里达州，也都是国际知名的景点，每年吸引着大量游客的到访（图1-5）。

图1-5 佛罗里达海滨城

　　然而，这种寄托于回归传统城市形态的方法同样遭到了很多人的批判，他们认为新都市主义只不过是城市扩张的另一种形式而已，因为大多数该类建设项目正是建在原本开放空间上。为此环保主义者声称，新都市主义无非是一种新的蔓延——一种在传统外衣伪装下的蔓延（en.wikipedia.org）。

小结

人类进入工业化时代，面对环境污染以及纷繁复杂的城市问题，试图探索各种理想化的城市模式。同为现代主义的城市规划，在如何应对新的城市发展问题方面，霍华德、赖特和希尔伯塞姆都主张采用分散式的城市形态，只不过霍华德采用的是一种机械的模式，而赖特和希尔伯塞姆采用的是一种更为有机的模式。

作为中国现代城市设计理念，钱学森的山水城市与西方有机城市规划概念的出发点其实并不一致。霍华德、赖特和希尔伯塞姆出于对大城市的不满和对美好的乡土环境的热爱，而山水城市则是融合了中国古代山水诗词、山水画和古典园林特色，追求的是具有中国文化个性的城市。霍华德、赖特和希尔伯塞姆主张的是新的城市空间布局，归根到底都是破旧立新，是绝对的理性主义，而钱学森的山水城市则是追本溯源，相对比较感性，更多的是基于东方人对美好人居环境的追求，它是重新发现自身文化历史、东方与西方、新与旧交融的城市，从这个层面上讲，山水城市在某种程度上存在着后现代主义的影子。

山水城市与后现代主义的新都市主义存在着某种相似之处，两者都是在对现代主义"千城一面"、忽视地方性的大背景下产生的。不同的是，山水城市从东方人的视角探索人与自然、现代与传统之间的关系，不仅强调优美的绿化环境，同时还强调城市景象的文化属性和城市个性，强调中国传统园林艺术与城市规划和建设的结合，从而能够更好地将社会、历史文化、"新"与"旧"和自然有机地融合在一起。相比之下，新都市主义虽然也是在人们对传统城市具有的活力和混合功能街区的渴望之下产生的，但其倡导的城市化模式和现代主义的其他模式一样，仍然是一种理想化的模式，从根本上来说仍然过于简单和程式化。新都市主义之所以今天仍有一席之地，是因为它实际，并且便于复制，同时对于如何实施规划有着成熟的方法和模式。但是人们最主要的质疑是这种过于程式化的模式如何能够解决当前和未来城市纷繁复杂和不确定的问题，例如，如何解决当代"新"的城市中，残余着"旧"的城市形式的现状。因此，基于后现代主义的新都市主义是一个单纯从建筑角度出发，无法有效地应对城市中所存在的诸多问题和发展的要求。

然而需要指出的是，虽然山水城市是东方人人居环境崇高的理想目标，但目前仍停留在理念层面的探讨，还没有成功的实践案例。而作为一种观念，山水城市的含义也不够明确，有待于进一步完善。同时山水城市的最终实现还有赖于切实可行的方法论的指导，这方面同样需要我们继续努力探索。

1.2 生态学与生态规划

城市发展与自然环境的关系，自古以来一直非常密切。在城市发展史的相关文献中，人类栖息地的区位、布置、建材与其周边自然环境和资源有着密不可分的关系。人类在早期的建造城市的经验和过程中就已经整合了自然因子和生态原则。因此景观都市主义思想的形成过程不仅受到了上述现代主义和后现代主义城市规划理论的影响，还受到现代生态科学以及生态规划对于人居环境营造日益深入的影响。

生态学从定义上来讲，是研究生物体之间和生物体与其周围物理和化学环境之间的相互作用。它是一个相对年轻的科学领域，其现代萌芽出现在 20 世纪初期，研究植物群落间的相互影响的美国植物学家弗雷德里克·克莱门茨（Frederic Clements）和亨利·格里森（Henry Gleason）的著作中；随后，研究动植物群落与环境间关系的英国植物和动物学家阿瑟·坦斯利爵士（Sir Arthur Tansley）于 1935 年创造了"生态学"这一术语。这些先驱们在各学科间的工作成果推进了生态学的发展；起初在 20 世纪初期生态学被植物生物学所统治，之后成了植物学、动物学和环境学新的综合科学的基础，最后成为我们现在所熟知的生态系统生态学（Reed et al.，2014）。

作为一门学科，生态学探索环境因子对动植物和生态系统的影响以及它们对所受影响的反应。因此生态研究致力于保护和改善环境；了解自然过程，如生态演替和水循环；生物多样性，包括珍稀物种、鱼类和野生种群；景观元素，如湿地和河岸走廊等。从这个意义上说，生态学对城市和景观规划设计具有显著影响。生态学为解读有机物和环境之间的动态关系提供了一个模式，可以用来增加对以时间为基础的设计项目的预测性。

生态学理论自 20 世纪 60 年代以来发展迅速，60 年代之前的生态理念主要关注自然系统平衡理论，评估生态系统是建立在这些系统不受外在影响的前提下展开的。然而当代生态学研究发现，生态格局和过程之间的相互作用是极其复杂的，而且始终处于不断的变化之中。因此生态系统已经从过去的"平衡说"发展到今天的"非平衡说"，人们试图用流动和交换来解释自然界，认为生态系统始终被输入和输出的物质循环、能量流动以及跨界个体持续影响着。

就城市而言，生态学在理论和实践中的价值最早主要是通过景观设计师的工作来体现的——景观设计师对场地环境的分析、规划、设计和管理。景观设计师把生态学作为城市系统所固有的，而不是独立于城市之外的部分（Meyer，1997）。对很多景观设计师来说，生态系统在作为城市基础设施、丰富复杂的社会活动和实际交往、应用棕地改造技术修复过去的被污染的工业遗存、将被边缘化的地块或空地转变成城市经济可用地，并使之重新成为城市肌理一部分等方面具有很大潜力。景观设计师已经将生态学的复杂性、关联性、适应性、弹性和自然演替的概念结合到他们的设计中。总之，生态学的这些理念为他们制定和执行设计决策提供了有力的依据。面对不断变化和日益复杂的城市环境，我们越来越需要用具体的生态学理论来指导我们在城市方面的实践。以下我们将溯源城市规划思想的发展与演变过程，依据不同时期，在现代规划史约百年的文献中，梳理具有生态取向的城市规划设计观点，厘清它们的谱系和发展脉络，从而为景观都市主义的缘起获取一个清晰的轮廓。

1.2.1 派特里克·盖迪斯的生态区域

帕特里克·盖迪斯（Patrick Geddes）不仅是一位哲学家、生物学家，而且还是一位规划师。作为生态规划史中最具影响力的先驱，早在 19 世纪末就注意到了工业革命、城市化等一系列的城市问题对人类社会带来的负面影响，并在将近 100 年前就提出了自然融合城市的优托邦城市规划观念。

20 世纪初期，西方城市面对的是大量的贫穷劳工、拥塞简陋的住房和脏乱差的城市环境，一些知识分子期待工业现代文明的进步，可以成为解决问题的前进方向；另一部分人则怀抱着浪漫主义，企图恢复工艺的传统。盖迪斯明确的生态思想在其中显得独树一帜，他想从生态学的视角研究人和环境的关系来决定现代城市成长和变化的动力："有多少人曾经反复思考过绿叶的意义？绿叶是生命的主要产物与现象，这是一个绿色的世界。我们依赖绿叶而活 ...... 依赖金钱而活的观念有些奇怪，这些人认为世界运转的能量是经由钱币的流通所产生的。"这个有机的世界观，同样让盖迪斯提前近百年预见到人类发展及其将面临的环境危机（杨沛儒，2010）。

与那个年代许多思想家一样，盖迪斯也是乌托邦城市规划的代表者，但是他的乌托邦概念与别人截然不同，前人的乌托邦概念一直是"不存在的地方"（No place），是一个理想的模型，是人类社会不断追求，渴望达到，但最终也无法实现的城市梦想。但是盖迪斯将乌托邦（Utopia）的概念转化为优托邦（Eutopian City），他认为优托邦城市规划是一种自然融合的城市，是美好的地方（Good place），可以通过理想与现实不断辩证的过程来实现，在此我们看到了人文主义规划传统最原创的精神所在（金经元，1998）。

在《进化中的城市》一书中，盖迪斯提出并发展了"生态区域"（Bio-region）的概念，在"城市调查"一章中，他提出了："调查—分析—实际的规划"的城市规划方法，其中调查先于规划，认为调查城市所在区域及周边的自然资源，是一切规划的第一步。因为只有通过认真的调查才能得到一些基础的数据和资料，这是规划的基础。然后在分析这些资料和数据的基础上选择规划体制。盖迪斯特别注重保持地方特色，认为每一个地方都有一个真正的个性。盖迪斯以流域作为一个空间的基本单元，流域的调查可以让规划者清晰地察觉大城市最基本元素。为了形象地反映气候、植被以及动物的分布与其间人类活动的情况，盖迪斯认为规划师通常使用的平面图并不能十分有效地说明这一问题，他们应画出从山林到海岸的纵断谷地剖面（Valley Section）来作为分析的基础（金经元，1998；杨沛儒，2010）。在其1905年著名的谷地纵断面分区图中，盖迪斯依据海拔高低，从山顶一直延伸到海滨，生动地表现了"地点—事件—人"的相互关系：在海拔最高的地区，通常是矿工工作的地方；在次高的地区分布着森林，那里是伐木工人工作的地方；再往下则是猎人和牧羊人工作的环境；靠近低地的地方则是农人和园丁工作耕耘的地方；海拔最低的海岸附近则是渔民捕鱼和生活的场所（Steinitz，2001）（图1-6）。这个谷地剖面分区图第一次将人的活动与此相对应的区域生境结合在一起，盖迪斯的贡献在于把规划建立在研究客观现实的基础之上，即周密地分析地域环境的潜力和限制对于居住地布局形式与地方经济体系的关系，强调把自然地区作为规划的基本框架，开启了基于地域特征的生态规划的新篇章（翟俊，2015）。调查先于规划的做法，在今天已经是大多数城市规划从业者的标准工作程序，然而在盖迪斯所处的那个年代，将地理学作为规划基础却是十分具有革命性的。更重要的是他强调的不是单纯的调查地点、事件或人，还有它们之间的相互关系。

另外，在"城市的进化"一章中，盖迪斯厘清了技术变革、城市和环境变迁两者的关系。他以"前工业时代"（Paleotechnic）和"新

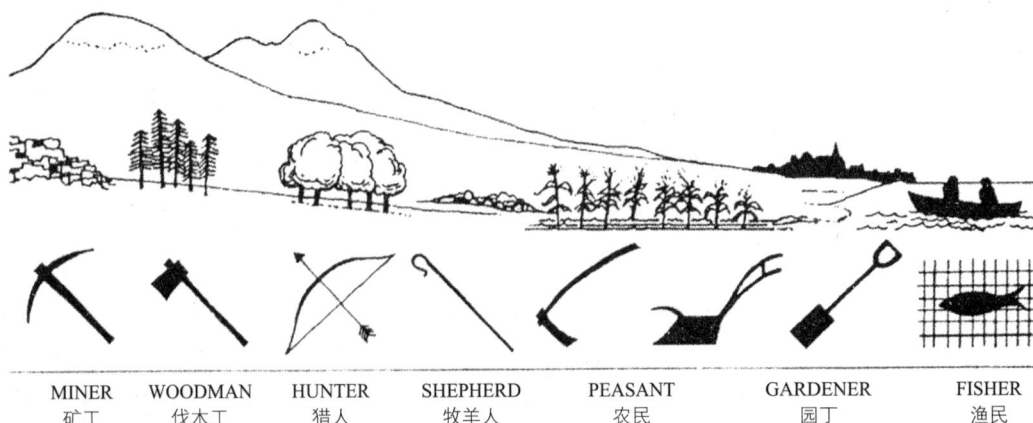

| MINER | WOODMAN | HUNTER | SHEPHERD | PEASANT | GARDENER | FISHER |
| 矿工 | 伐木工 | 猎人 | 牧羊人 | 农民 | 园丁 | 渔民 |

图1-6　谷地剖面

工业时代"（Notechnic）为例，说明技术和城市的形态密切相关。20世纪初期技术进步所带来的是过度消费和金钱导向的社会，并未考虑到生活质量以及对于有机物（自然）的可能造成的危害。值得注意的是，在面对技术进步与环境问题这对矛盾，盖迪斯并未陷入现代主义经常出现的二元对立的说法：不是深信技术终将解决所有环境问题，就是认为技术在本质上是一种反生态。相反，他提出的是城市发展与自然相互融合的设想，亦即"城市必须停止像墨水玷污白纸般的扩散蔓延，而是应像植物般的生长蔓延。城市中的人们将可以生活在乡村的景观与气味中"（杨沛儒，2010）。

在20世纪二三十年代，城市规划设计极度倾向于艺术传统，忽略了它与科学及其所在区域的关系。盖迪斯提出的区域规划理论以及两部著作：《城市发展》和《进化中的城市》体现了他的人本主义的规划思想，通过把自然地域作为规划的基本骨架，来探究城市及其周边区域自然地理与人类聚落之间关系，这种思想超越了以城市的界限来分析人类聚落模式和区域经济背景的方法。此外，由盖迪斯所提出的生态规划方法，将城市科学（Urbanology）引入城市规划术语中，让城市规划走出了当时盛行的城市美化运动（City Beautiful Movement）的思潮。盖迪斯提出的通过"地点—事件—人"的地区的理解，成了50年后麦克哈格生态规划理论的基本原则。

1.2.2 伊恩·麦克哈格的"千层饼"规划

第二次世界大战后，西方的工业化和城市化发展达到了高峰，郊区化导致城市蔓延，环境与生态系统遭到破坏，人类的生存和延续受到威胁。与此同时，受环保主义思潮的影响，生态学及环境科学对城市规划的影响日益显现。此时逐渐成熟的生态规划方法，虽然有许多观念仍承袭传统自然资源保护的观点，但已产生了全新的变革。一方面，不再仅以个别的环境因子来进行资源分析，而将环境视为一个系统；另一方面，除量化分析外，更扩及地理空间的分析，如空间与土地使用模式。在城市生态规划理论中，以伊恩·麦克哈格（Ian McHarg）及其于1969年的著作《设计结合自然》一书最具代表性。在书中麦克哈格首次提出了运用生态学的思想和方法进行规划和设计的观点，建立起了当时景观规划的准则，使景观设计师成为当时正处于萌芽阶段的环境运动的主力军，标志着景观规划设计专业承担起"二战"后工业时代人类整体生态环境规划设计的重任。这本具有里程碑意义的专著甚至在今天仍然在规划领域中具有极高的地位和影响力。

在书中，麦克哈格阐述了景观是一个完整的生态体系的观念，人为景观和都市不是孤立的，它们都是全球生态体系的一部分，这个体系还包括地质、地貌、地形、水文、土地使用、植被、野生动植物、气候、人文等诸多因子。《设计结合自然》一书的主要贡献是建立了一套以土地适宜性分析（Land suitability analysis）与环境因子分层分析和地图叠加技术为核心的规划方法论，被称之为"千层饼模式"（Layer cake）（图 1-7）。这一理论把景观学扩展到了一个更

人们必须听景观规划师的，因为他告诉你在什么地方可以居住，在什么地方不能居住，这正是景观设计学和区域规划的真正含义。不要问我你家花园的事情，也不要问我你那区区花草或你那棵将要死去的树木，关于这些问题你尽可以马虎对待，我们（景观设计师）是要告诉你关于生存的问题，我们是来告诉你世界存在之道的，我们是来告诉你如何在自然面前明智地行动的。
——伊恩.麦克哈格

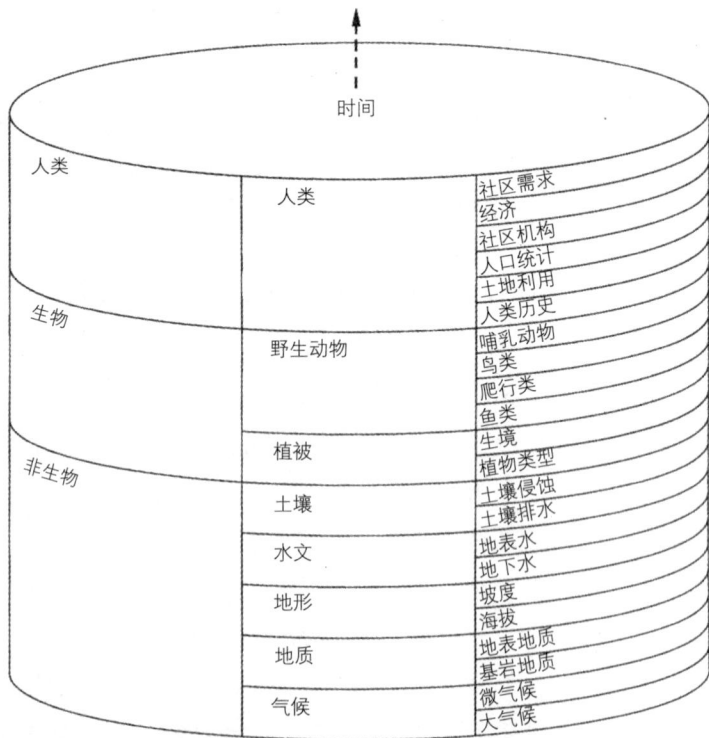

图 1-7　千层饼模式

广阔的领域，即区域规划和城市规划。麦克哈格一反以往区域和城市规划中功能分区的做法，采用生态科学知识为基础，分析各种环境因子并划定出区域中的环境敏感地区。该方法强调土地利用规划应遵从自然固有的价值和过程，即土地的适宜性。通过对经济、社会以及构成特定自然生态系统各个组分进行分析，判断各种发展事物对自然环境的影响，最终推荐出最合适的土地使用方案（图1-8）。麦克哈格的土地适宜性分析法为使用土地的经营者和规划者提供一个土地的使用与生态系统之间"匹配"的操作方法。在他看来设计建造一座城市的时候，自然与城市两者缺一不可，设计者需要着重考虑的是如何将两者完美地结合起来。这其中包含着他将人类和自

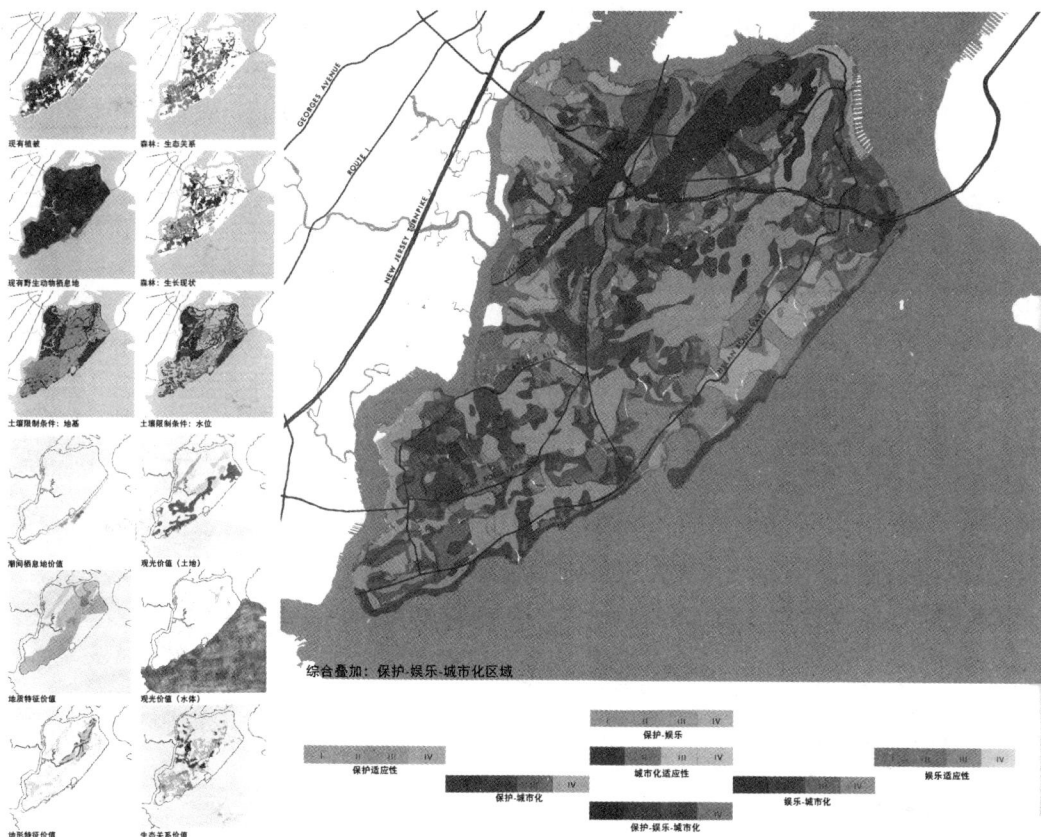

图1-8

然看成是一个有机整体的生态思想。他还对城市生态系统进行了分析，认为整个自然生态系统与人类的各种活动是一个互动的过程，当自然无法承受来自人类活动的压力时就会崩溃，因此人类活动应该尽量避免与自然发生冲突；尤其要保护的是某些非常脆弱，根本不适合人类活动的生态环境。

值得注意的是，麦克哈格还传承了自盖迪斯的生态规划传统以来，生态区域规划中极为重要的流域空间单元的概念。相较于盖迪斯的"谷地纵断剖面"，麦克哈格的"大河谷鸟瞰"涵括更丰富的环境科学知识（图1-9）。这个生态与城市发展兼容的聚落空间模式，纵向由轨道系统串联，横向与自然地形特征相互交错，一方面在陡坡的环境敏感地区采取低度利用，另一方面于河岸缓冲区的规划既避开洪水平原可能的洪泛灾害，同时引入自然环境与生态的多样化（杨沛儒，2010）。在这个星状的城市聚落形式中，人工与自然类似于叶脉与叶面的关系，这个模式成为20世纪年代后期生态城市的原型。

麦克哈格的实践开启了城市、郊区和自然环境之间的相互关联的理念。从1959年开始，麦克哈格在美国宾夕法尼亚大学设立"景

图1-9 大河谷鸟瞰

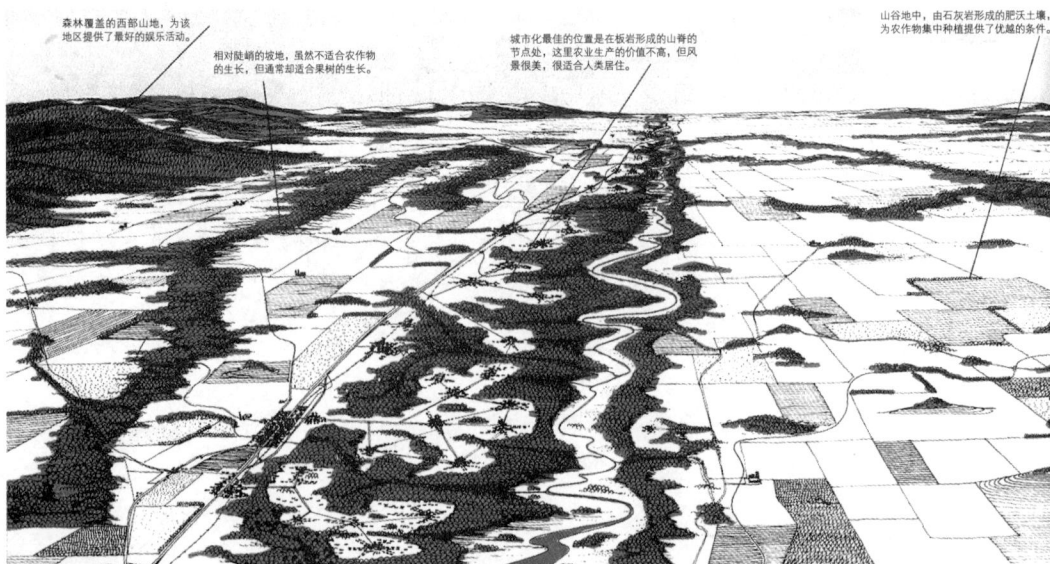

观与区域规划系"，开设"人与环境"课程，介绍生态系统复杂的自然过程，强调设计专业者在人类与自然关系中特有的责任与使命，以及 1969 年出版的《设计结合自然》的生态规划方法迄今，已经广泛影响了几代的城市规划师、建筑师与景观设计师。而宾夕法尼亚大学在横跨 30 多年期间内，培养出了大批的从业人员与研究学者，包括数以千计的毕业生、150 名以上的教授学者，他们遍及全球的许多国家的规划设计相关学院与机构（杨沛儒，2010）。

然而必须指出的是，麦克哈格的《设计结合自然》在今天看来仍然存在一些不足之处。其中，不关注设计而只注重大尺度的规划、未能认识到社会文化系统中的生态系统和生态过程、适宜性叠加图分析法只能叠加"自然因子"，而无法叠加"城市因子"等是其受到的主要批评。另外"千层饼"的模式只注重生态因子的垂直叠加，而忽略了生态因子的水平流动，这显然与当今城市发展和生态系统的动态过程不相吻合。

1.2.3　理查德·福尔曼的景观生态学

即使是在麦克哈格的理论方法一直被沿用的那一段时期，关于生态学的新观念也在不断出现。其中一些理论是基于从大型生态系统中获取和记录数据的新的观察和分析技术，将地理学中的空间 / 区位与系统生态学中的进程 / 体系相互结合，从而使生态学空间化。这方面的工作要数哈佛大学理查德·福尔曼（Richard T. Forman）的研究最为显著。在 20 世纪 80 年代和 90 年代期间，他通过陆地卫星图像和计算机辅助地理信息系统（GIS）分析，成为了那段时期应用生态学研究的一个新方向。福尔曼的工作是在哈佛大学设计研究生院进行的，在那里他发展了生态系统新技术和对生态系统新的理解。他认识到了生态系统动态、活生生的本质——不仅是麦克哈格体系中物质因素的垂直叠加，还应该包括物质世界的材料如何支持生态物质（水、种子、野生动物等）的运动和交换（Reed et al.，2014）。福尔曼撰写的有关景观生态学的两本巨著：1986 年出版的《景观生态学》（Landscape Ecology）为设计师提供了一个"斑块—廊道—基质"的生态空间格局和土地利用模式；而1995年出版的《土地镶嵌体》（Land Mosaics）则进一步将生态作为一种复杂关系的格局理论拓展到更广泛的区域尺度之中。福尔曼通过将地区环境的生态系统和各种类型的土地使用的分布进行整合，将整个"城市—区域"视为一个土地嵌合体，并用斑块、廊道、基质三种空间元素来描述在区域及景观尺度里空间模式的过程与变迁。在这个架构下，景观生态学与传统的生态科学迥然不同，它并不限于研究"纯粹的"自然环境系统如森林、湿地、溪流等，其研究角度侧重于"生态学的空间化"（Spatialize ecology），并隐含着成为"空间的生态学"（Spatial ecology）之意图（图1-10、图1-11），特别关注受到人为影响与改变下的自然系统形式、功能运作与空间模式（杨沛儒，2010）。

从人类的知觉与感知范围而言，土地嵌合体涉及空间与时间两个维度。它所包含的"空间"形态是土地嵌合体形式或景观空间模式；而它所跨越的"时间"轴向，则包含了从水文过程、生物迁徙过程、植被演替过程一直到镶嵌体空间模式的变迁过程。土地嵌合体形式包括了各种空间尺度。从人类知觉与感知的尺度来说，景观尺度的土地镶嵌体系亦即一个景观单元（Landscape unit），由各类的地景空间元素所组成，是一个由地形、植被、土地使用以及城镇聚落模式所共同构成的空间形态，提供一个特定的地区生态系如何运作的种种信息。从更大的尺度而言，土地嵌合系统可扩充为一个区域单元（Regional unit），是由许多重复与类似的景观单元构成的一个更为复杂的整体（杨沛儒，2010）。

将抽象的生态学数据转换成形象的图解，福尔曼对规划设计领域的贡献是巨大的，毕竟形象的东西更容易被我们（设计师）所理解。我们因此可以想象城市和公园是不同生物栖息和斑块体拼凑而成的土地镶嵌体，每一个斑块组合根据季节、水文和光照条件等进行改变。如果景观是人类发展和自然过程之间的界面，一种由能量和物质流动连接起来的生态系统间的镶嵌体的话，那么就意味着景观生态学关注的是人类发展和自然两个过程间对话发生的介质。而福尔曼基

图1-10 植物学研究单个植物、生态学研究植物之间的关系、而景观生态学则是研究空间格局与栖息地之间的相互关系

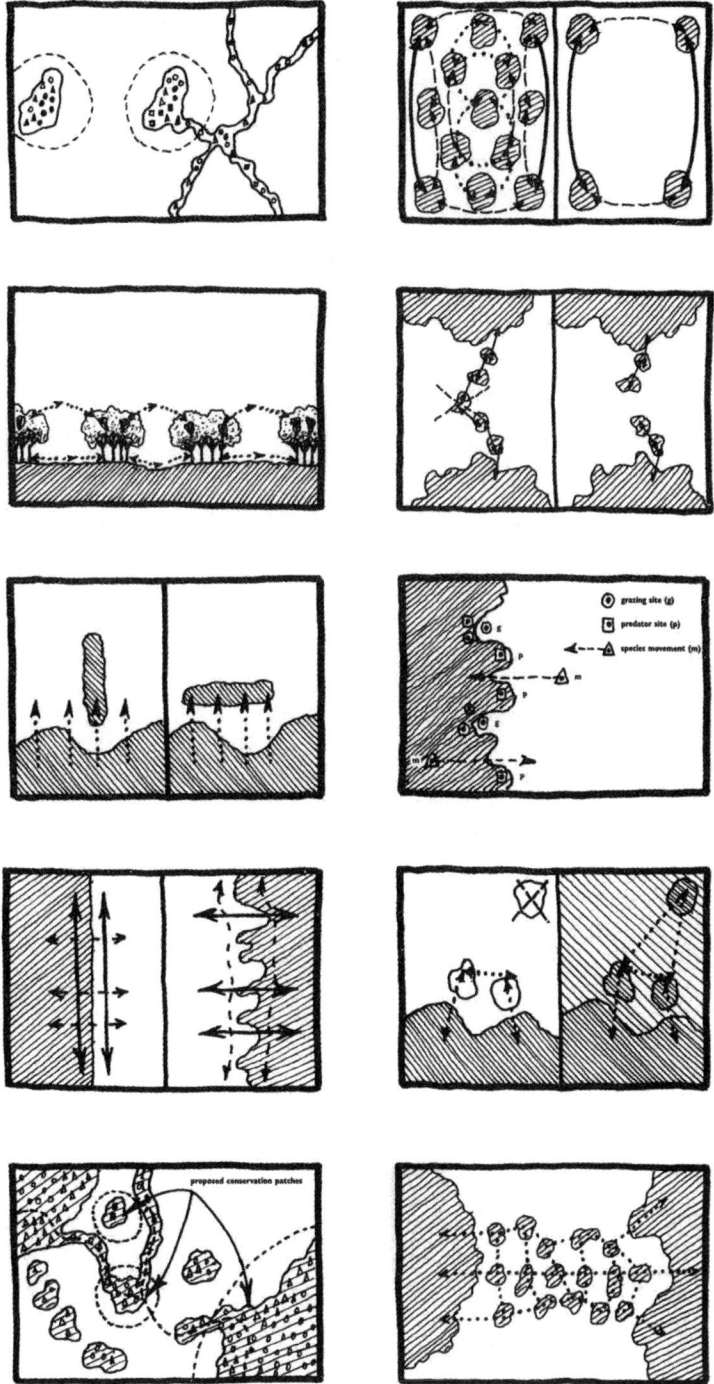

图 1-11 运动图解：
斑块、边缘、廊道和
镶嵌体

于景观生态学发展出的"空间的生态学"则为城市规划设计提供了一个概念性的框架，应用这个框架，规划师和设计师能够探究土地结构及其相关生态过程的形成。它为设计师提供了一种通过景观来创造生态复杂性的景观空间格局切实可行的方法。福尔曼的景观生态学和土地镶嵌体理论为笔者提出依据景观单元作为生态斑块和以景观基础设施作为廊道建立景观城市的概念奠定了理论的支撑。

1.2.4 霍林的生态弹性与适应性管理

加拿大生态学家霍林（C. S. Holling）与福尔曼的研究是处于同一时期，他的工作在当时同样也很受关注。作为弹性概念及其对适应性管理实践应用的先驱，霍林是第一个从生态角度对弹性下定义的人，他认为弹性是"系统中持久性的关系"和"这些系统消化状态变量、驱动变量及其他变量变化，并能够继续存在的能力"（Holling，1973）。换句话说，弹性是指系统在受到干扰的情况下，能够保持其自身的功能和应对干扰的能力（图 1-12）。这一概念后来发展为"生态弹性"。

弹性的概念在城市中的运用，是受到生态系统相关研究的启发，借用生态研究中生态系统应对外界因素压力和干扰的能力发展而来，并逐渐被运用到城市的社会系统、经济恢复、灾害重建甚至安全系统（如应对恐怖袭击的能力）等领域。弹性城市是指一个系统、社区或者社会在遭受灾害的情况下，能够抵御、吸收和消化并且能够及时和有效地从灾害影响下迅速恢复，包括保护和修复其自身的基本结构和功能。

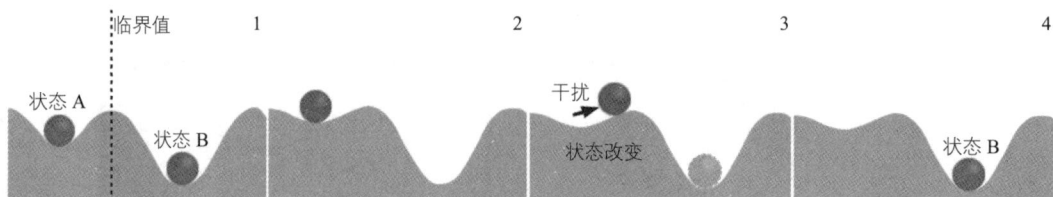

图 1-12　表现了生态弹性的几个主要原理：多个稳定的状态，盆地吸引力，临界值和状态改变。生态和人类系统通常具有交替的稳定状态（1、2），当受到干扰有可能会发生弹性和状态的改变（3、4）（改绘自乌建国 2013 文章中的插图）

霍林对生态学应用的另一个重要贡献是适应性管理（Adaptive management）。这项工作对于决策制定具有重要性，但他并没有与设计师合作，而是与他当时的研究对象——大型资源管理，典型的北美景观相结合。他认为适应性管理是在面对不确定性面前，一个结构化的、强大的决策重复过程，其目的是随着时间的推移，通过系统监测来减少不确定性。这样，无论是被动或主动的，决策同时可以满足一个或多个资源管理的目标，从而累积改善未来管理所需要的信息。适应性管理是一种工具，同时还是一个基于学习的过程，它不仅可以用来改变系统，而且还可以用来了解系统，从而改善长期管理的结果。但是使用自适应管理方法的挑战在于找到获得改善未来管理的知识和根据目前的知识实现最佳的短期效果之间正确的平衡点（Holling，1978）。从设计角度讲，就是找到设计是为当下还是为未来之间的平衡。

弹性理论在经历了30多年的发展变化之后，最新的一些研究进一步拓宽了霍林最初的有关生态系统的弹性定义，已经从过去的"平衡说"发展到今天的"非平衡说"。所谓平衡说是指系统在受到干扰以后能够恢复到稳定的平衡状态。显然这种说法不适用于城市及其所在的区域，因为城市始终处于不断的变化过程之中；而非平衡说则注重系统适应和调整内部和外部变化和抗干扰的能力，重点不是强调系统在受到干扰之后一定要回到在一个平衡点或者达到某种最终状态，而是系统依据自身的特性或功能能够承受或抵御干扰（灾难性事件或趋势），让其快速回应、恢复并且适应这些干扰，从而使影响最小化，并始终保持一种可持续的状态。显然这一观点对城市规划设计来说更具有实用性，因为它代表的是一种动态和演进的思维，能够把城市系统的结构和功能与过程联系起来（Pickett，2004）。霍林弹性概念及其对适应性管理实践，为本书提出景观作为生态系统的模式和策略奠定了基础。

1.2.5　景观都市主义的兴起

通过以上人类100多年的现代城市规划发展历程的回顾，我们不难发现，源于建筑学的传统城市规划和设计理论和方法——无论是现代主义的功能分区，还是后现代主义的历史借鉴，在城市发展所面对的日益复杂的问题与矛盾面前似乎都显得力不从心，急需一种建立在生态规划原理之上，综合而统筹的新途径加以应对。在这样的大背景下，景观都市主义应运而生。景观都市主义作为研究城市发展的新兴的理论，在 20 世纪 90 年代中期首次被提出，便立即在学术界和规划与设计领域引起了高度的重视。在过去的 20 年里，作为逐渐成熟的标志，景观都市主义理论体系不断完善，并在全球范围内迅速融入对城市规划和设计的实践之中，相关项目也在全球范围内不断涌现。在这一思潮中，比较引人注目的代表人物包括宾夕法尼亚大学设计学院景观系前系主任詹姆斯·科纳（James Corner）、哈佛大学设计学院景观系前系主任查尔斯·瓦尔德海姆（Charles Waldheim）、普林斯顿大学建筑学院前院长斯坦·艾伦（Stan Allen）及英国 AA 联盟前院长及哈佛大学设计学院现任院长默森·莫斯塔法维（Mohsen Mostafavi）等。

在城市这个重新组织的人工系统中，生态是与景观结构联系最紧密的组成部分。景观既是联系和建设当代城市的载体，又是一个理解和表现城市的透镜。在这个城市不断扩张、去自然化和去工业化的时代，我们可以透过景观这个镜头来审视大都市的复杂性和多样性。景观都市主义把景观当作创建城市可持续发展的基本框架，这里景观被作为一种组织城市形态的手段而被重新认识，人们关注的重点是城市结构和景观系统的结合，强调的是过程而不是形式。其核心是它的结构特质而不是作为装饰建筑和城市的背景。换言之，景观都市主义汇集了由景观概念生成的不同理念来塑造和组织城市空间结构，过去简单的城乡分离，景观、基础设施和建筑被理解为单个对象的传统城市形态不再有效，取而代之的是一种以景观为媒介和载体，其间充满了大量动态系统相互作用的高度结构化的新兴城市形态。

这些都是景观都市主义极富设计潜力的方面，它直面了新都市主义试图回避的问题——城市发展的不确定性、暂时性和必须具备的弹性和可塑性，同时突破了现代主义时间指向一点的总体规划，开始倾

景观都市主义是用来描述20世纪后半叶城市化景观研究的一个术语。可以这么说，景观都市主义集合了先前理性主义、功能主义、实践主义，是它们三者结合的产物。与之前那些城市设计师有诱惑力思想截然相反的是，景观都市主义并不是直接在处女地上构建理想的城市，其首要任务是解读几十年中城市景观的巨变，及对此采取的应对措施。
——克里斯托夫·格儒特

向于用过程的、动态的方法应对当代复杂的城市和环境问题。人类的活动由社会过程与自然过程相互交织而成，景观正是其空间的表现。因此自然与社会两个过程在空间向度的整合，正是景观都市主义之所以能够发展成为一门新兴的规划设计理论的根本原因之一。

小结

过去的 20 年，我们见证了生态理念和生态思维在城市形态、社会、文化和设计领域中的复兴。在科学领域中，生态学从关注稳定性、确定性和秩序的传统刚性决定论和牛顿还原论中脱离，倾向于动态系统的变化和适应性，以及弹性和可塑性的相关现象的现代诠释。这些观念在很多领域，尤其是在设计文化领域，逐渐地被看作是有效的启发式决策制定和文化产生的模式或比喻。如此的思考方式将景观设计学科置于一个独特的学术和实践领域——将生态学作为一个应用科学、一个应对变化的结构和一个文化现象或设计的模式（Reed et al.，2014）。

生态学与生态规划的关系经过一个多世纪的发展，大致可以分为三个阶段：第一个阶段发生在 20 世纪初到 70 年代初，由生态规划师和景观设计师盖迪斯、奥尔多·利奥波德（Aldo Leopold），芒福德及麦克哈格引领，生态规划师和景观设计师开始表明他们对生态学的认识，生态学被作为一门客观的自然科学来指导一个理性的城市规划过程。这期间，以麦克哈格于 1969 年出版的《设计结合自然》一书最具有代表性。

第二个阶段的发展是在 20 世纪 80 ~ 90 年代，景观生态学家理查德·福尔曼提出以景观生态学作为一个处理复杂的城市关系的模型，通过将空间格局与生态科学相联系，及地区生态系统和各种土地使用分布的整合，来强调自然过程与城市发展相互交织的关系。该模型将整个城市——区域视为一个土地镶嵌体，用斑块、廊道、基质三种空间形态元素来描述在区域尺度里空间模式的组织和变化。福尔曼研究的并不只是纯粹的自然环境系统，而更多关注的是受到人为影响干预过的自然——人工环境系统的形式、功能和空间模式。

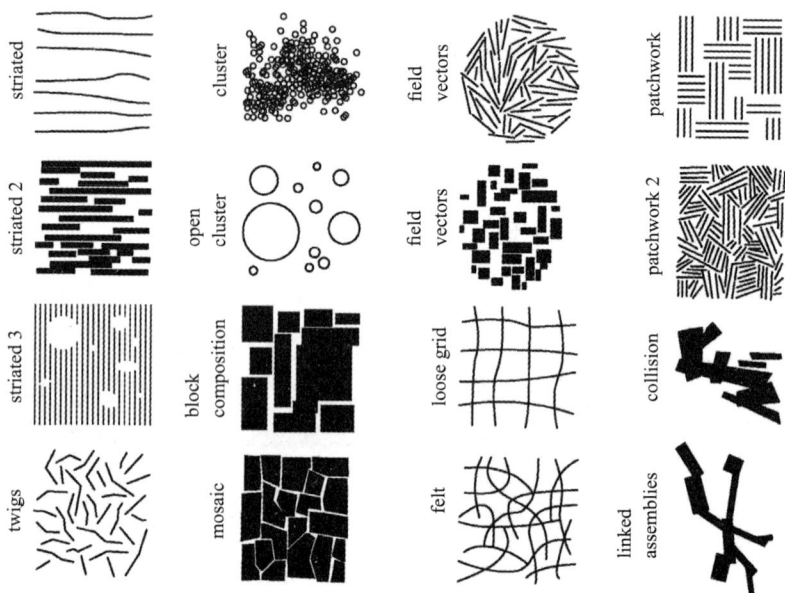

图1-13 场域条件图解

与传统的生态学不同，景观生态学的空间语汇，为当今的生态规划提供了一个易于沟通和操作的界面，它让生态科学和城市规划设计两大领域的研究者、规划师和设计师可以在这一共同的平台上进行交流与合作。

第三个阶段是在过去的20年中，随着生态思维和研究的转变，以及面向过程化的设计实践的发展，为设计和城市开辟了一个新的世界。建筑师斯坦·艾伦认为新的生态学以及工程系统是"物质实践"的重要领域,该领域关注的重点不是事物是"什么样子"而是它们"能做什么"。艾伦明确借鉴景观生态学家福尔曼的研究成果，将动态生态学的操作性和行使功能的特性与新兴的设计理论相结合，把复杂可适应系统的讨论从限制性的环境保护主义和原始生态景观的研究转变成设计语言和理论探讨的中心议题（图1-13）。他主张用生态和景观作为城市化过程一种模型或者比喻，发展以景观为载体的城市发展演变的方法（North et al.，2013）。景观都市主义正是在生态思维和研究的转变，以及对现代主义建筑及城市规划设计中功能主义取向和对新都市主义过于简单和程式化、缺乏对复杂城市环境考虑的批评中产生的，它是以景观为核心概念作为组织城市空间生成、演变和发展的基本结构单元。这里景观是一种工具、媒介、载体和视角，被用来创造包括建筑、基础设施在内的整体空间形态和生态系统。

本章总结

新的城市发展如何应对 19 世纪人类进入工业化时代以来所出现的社会和环境问题？霍华德和柯布西耶主张的是机械模式，只不过霍华德采用的是"分散"的城市形态，而柯布西耶所提出的是一种"集中"模式，即在常规的城市范围之内通过提高建筑密度和高效率的交通系统来寻求合理的解决方案。虽然他们在建设新城市的办法是"集中"还是"分散"相持不下，互不相同，但有一点是相同的，那就是严格的功能分区和对既有的城市环境与社会文化背景的忽略。然而面对当今城市纷繁复杂的现实问题以及不断变化的动态特征，这种相对简单单一的机械论思想所推崇的"功能分区"规划模式并不能够完美地解决所有问题而不引发新的问题。

而赖特和希尔伯塞姆主张的有机模式，却紧紧扎根于北美中部的环境与社会背景之中，即反过来将建筑、街道、广场等溶解到景观之中，从而从根本上溶解了自然与文化的二元对立，并在"集中"和"分散"之间、"功能分区"和"功能复合"之间寻找平衡。这种形体溶解于场地的方法打破了传统的城市与自然一直以来互不相干的做法，从而成为地域主义和郊区化的根源。虽然这两个设想彼此相隔 10 多年，由观点完全不同的建筑师提出，但他们都预想了一种去中心化的城市形态，这正是当今景观都市主义的关注的焦点。今天看来赖特和希尔伯塞姆的理论是颇具先见之明的，早在半个世纪之前他们就已经开始尝试将景观的方法应用于当时的城市规划中，为当代的城市规划提供了一种新的方法。同时他们的设想还预示了未来城市去中心化的发展趋势——消解城市和农村、村庄与农田以及都市主义和景观，从而发展出第三个术语——即景观都市主义。因此这两个项目明确地为景观塑造了一个新的认识层面，从而为当代景观都市主义的实践阐明了方向。然而，这两个项目与当今的景观都市主义的相似性仍然有限，特别是缺少城市化中所常见的过程化思维方式。此外，广亩城市和新区域模式都没能结合作为当代城市的主要特征的社会、文化和技术的发展，因此不能有效地应对变化。另一个不足之处是生态思想的缺失，在他们的方案中，这方面的应用还仅仅停留在简单的绿化和图解的层面上（Waldheim，2016）。

综上，景观都市主义的兴起一是由于当今的城市规划设计方法无法跟上城市快速变化的步伐，二是传统的城市设计策略无法应对后工业时代遗留下来的诸多环境问题，以及人们对于基于生态原理的城市建设越来越多的诉求。总体来说它是经过了西方数百年工业化和城市化发展之后，是在对于城市的客观发展态势和现行城市设计的主观意识走向的深入反思后，对"千城一面"的建筑都市主义提出的挑战。从某种意义上讲，如果说麦克哈格的"设计结合自然"思想是一种应对城市发展，"自然"的生存策略的话，那么景观都市主义思想则可以被视为是应对城市发展过程中各种问题，"城市"的生存策略。景观都市主义试图摆脱人们对自然的僵化认识，而是将自然放在城市的框架中进行研究，从而发展出一种包括自然多样性和城市复杂性在内的新的城市生存观。

参考文献

[1] 杨沛儒. 生态都市主义：尺度、流动与设计 .[M]. 北京：中国建筑工业出版社，2010.

[2] 吴宇江."山水城市"概念探析 [J]. 中国园林，2010（06）.

[3] 金经元. 近现代西方人本主义城市规划思想家：霍华德、格迪斯、芒福德 . 北京：中国城市出版社，1998.

[4] 卡尔·斯坦尼兹. 景观设计思想发展史（下）——在北京大学的演讲 [J]. 中国园林，2001（06）.

[5] 翟俊. 基于剖面图的景观分析研究 [J]. 中国园林，2015（06）.

[6] Ludwig Hilberseimer[EB/OL]. [2016-06-18]http://isites.harvard.edu/fs/docs/icb.topic844613.files/week9/DECENTRALIZATION_draft_March%202011.pdf.

[7] Ludwig Hilberseimer [EB/OL]. [2016-06-18]www.a-u-r-a.eu/upload/research_
radicalurbanism_100dpi_2.pdf · 2011-9-13.

[8] Ludwig Hilberseimer. The New Regional Pattern. Industries and Gardens.
Workshops and Farms; Paul Theobald, Chicago, 1949.

[9] NewUrbanism [EB/OL]. [2016-06-18]https://en.wikipedia.org/wiki/New_
Urbanism.

[10] Alissa North and Charles Waldheim .Landscape Urbanism: A North American
Perspective. *Resilience in Ecology and Urban Design: Linking Theory and
Practice for Sustainable Cities*, Future City[M]// S.T.A. Pickett et al. (eds.),
Springer Dordrecht Heidelberg: New York London, 2013.

[11] Charles Waldheim. Landscape as Urbanism: A general theory[M]. New Jersey:
Princeton University Press, 2016.

[12] Chris Reed and Nina-Marie Lister. (Ed.) . parallel-genealogies. Projective
Ecologies. Cambridge: Harvard University Graduate School of Design, 2014:
22-39.

[13] Elizabeth Meyer. The Expanded Field of Landscape Architecture [M]. Ecological
Design and Planning. George F. Thompson, Frederick R. Steiner (Ed.) . John
Wiley &sons, Inc., 1997.

[14] Holling C S. . Resilience and stability of ecological systems[J]. Annual review of
ecology and systematics, 1973: 1-23.

[15] Holling C S.. Adaptive environmental assessment and management. (Editor)
London: John Wiley & Sons., 1978.

[16] Pickett S T A, Cadenasso M L, Grove J M. Resilient cities: meaning, models,
and metaphor for integrating the ecological, socio-economic, and planning
realms[J]. Landscape and urban planning, 2004, 69 (4): 369-384.

第2章

定义景观都市主义

Defining Landscape Urbanism

景观是一个复合词（land和scape）。这可以一直可以追溯到它的起源，其中土地（land）意味着限定的空间，一个有界限的空间……景（scape）曾经意味着相似物体的组合……因此景观是合成空间，一个人为叠加在土地上空间系统。

——约翰·布林克霍夫·杰克逊

如果仅仅从词源来看，景观都市主义多少是一个相对容易引起误解的概念：首先景观都市主义是由"景观"和"都市主义"两个独立的词语组合而成，它的结构关系存在误导性；其次是景观都市主义本身不是一种严格意义上的学科，并在理论和实践中都运用了许多其他相关学科（诸如生态学、建筑、规划、基础设施等）的知识。此外，这些不严谨的问题同时还在作为组分的两个词语——"景观"和"都市主义"中都有所反映。尽管从表面上讲"景观"和"都市主义"是非常主观的词语，但它们反映的却是关于人类与其生存环境之间的相互作用的一种变化和动态的概念。

2.1 什么是景观？什么是都市主义？

既然景观都市主义是由"景观"和"都市主义"复合而成，因此要定义景观都市主义，我们需要从"景观"和"都市主义"这两个词语内涵及其外延的发展说起。

2.1.1 什么是景观？

长期以来人们对景观概念的认识一直都相当局限：景观往往被看作是对现代快节奏生活的补偿，景观设计的标准通常是类似"桃花源"般的田园绘画。其目标是创造理想的、静态的风景，而寻求的则是一种表面上人类与自然的和谐统一。

一般认为："景观"一词是在 16 世纪后期，由荷兰风景画家引入到英国，并以 landschap 形式出现的。它是当时荷兰风景画家使用的一个术语，因为当时荷兰风景画正处于其巅峰时期。

现在所使用的"景观"（Landscape），则是由 landschap 演变而来，并在 1598 年被首次使用。来自荷兰语的 landschap，由 land（土地，小块田地，区域）和后缀 -schap 组成，其中 -schap 等同于英语中的后缀 "-ship"（构成名词，表示相互关系）。虽然 Landschap 在荷兰语中有审美的含义，但主要还是表示土地和区域。然而 Landscape 一词开始在英语中使用时，却只剩下审美的表象，被用来描述土地的外貌、自然和原生态的风景画，一种理想状态的画面，而不是寻常的景观。

钱伯斯字典对景观的解释使这种画境的描述愈加明显："景观作为名词指的是人眼能够立即观看到的某一区域的土地整体外貌；一个国家所呈现的外貌特征，或是用来表现这一外貌特征的图片或是照片"（chambers.co.uk）。而维基百科对景观的定义则更加大众化，仅仅停留在对地球表面现象的描述上："景观包含了一块土地上的可见特征，其中包括地形和水体等物质元素，如河流、湖泊和海洋；地表覆盖物，如植被；人文元素，如土地使用、建筑和其他构筑物；以及转瞬即逝的自然现象，如闪电和天气状况（en.wikipedia.org）。"这一模式下的 landscape 呈现的是表现的、照片的以及绘画的。"景观"在上述情形下，无疑成为一种画境的和绘画的表现技法。这样的定义不可避免的会引导景观与如画的风景和浪漫主义的画境园林（Picturesque）结缘（图 2-1、图 2-2）。

图 2-1　英国斯托海德风景园（Stourhead）（左）

图 2-2　拙政园小飞虹（右）

几个世纪以来，这种对景观的解释在我们集体意识中深深地扎下了根，从而导致人们对景观的认识一直相对局限和狭隘：对于大多数人来说，景观这一术语仍旧是关于绘画、田园风光、小尺度以及静态的景色。与"景观"对应的是公园、绿地、花园、广场等景物,在视觉上呈现出自然和生态的特征。因此,设计的景观（Designed Landscape）一直在再现田园绘画或模仿自然美景，常见的设计手段是将郊野自然环境中的一些景观元素和特征"复制"到城市中来，当作绿色的调味品或装饰物，用来作为缓解现代城市拥挤和生活压

力的调节剂与避难所。

虽然这种如画的、田园般的景观在当下仍有它的用武之地，可以与特定的地区相关联，例如自然风景区和历史名胜保护区。然而景观这种严重依赖于静态图景的主流意识同当代城市发展中所遇到的各种问题和景观都市主义所倡导的理念在很多方面是相矛盾的。例如，由草地、绿篱、树木和水体所组成的桃花源般的传统景观概念，如何应对现代城市中诸如基础设施网络、废弃的后工业用地或是被污染的河流？如何从景观都市主义所关注的这些非表象的现象中找到一个景观所具有的现代联系：超越视觉局限的尺度、穿越地表的厚度、跨越场域的过程呢？当代的一些有识之士批评了景观这一太过狭隘的主流意识，认为景观反映出的不仅仅是审美的表象，还有动态和过程方面的特征。因此为应对当代城市和环境的诸多挑战，景观的内涵和外延必须丰富和拓展。

（1）从静态图像到进化的系统

美国著名的景观理论家、评论家约翰·布林克霍夫·杰克逊（J.B.Jackson）批评了这种太过窄化的景观概念认识，但同时他也意识到这种概念存在的价值，将其称为"第二景观"（第一景观应该是非人工、完全自然的景观）：与自然共生是重要的，人类离不开大自然。我们不仅要向大自然学习也要给予其足够多的关爱，并将其转化为持久完美的状态。"第二景观"使我们意识到对大自然的反思可以揭示无形的世界和人类自己。但同时这种意识使我们认识到只存在一种形式的景观：一种以静态、保守的社会秩序为特征的景观，并将"第二景观"视为唯一存在的自然哲理（Jackson，1984）。

杰克逊是第一位认为景观表象以外的概念可作为新的设计基础的当代理论家之一。他注意到了美国二次大战之后景观的迅速变化，包括快餐店在建成几年后就被拆除，土地上的农作物种植根据全球市场的需求而不断发生着改变，房车公园的兴衰等等。这些由于经济、社会变化而导致的景观变化，并不适应于那种趋向于理想的、以风景化套路为导向的"第二景观"概念。因此，杰克逊发展了以进程为导向的"第三景观"的概念：

"景观不只是自然风景，他不是一个行政单元，它实际上是一个集合体，是地球表面上人造的空间体系。不管其形状和大小怎样，它从来就不是简单的自然空间或自然环境的某些特征；它总是人造的、总是合成的、总是容易遭受突如其来或不可预见的变化。我们创造它们并需要它们，因为每一个景观都是我们建立的人类自身空间和时间的组合。那里我们把自然生长、成熟、凋零和缓慢的自然进程放在一个以不同的历史不断取代的地方。景观是我们加速或延缓或是改变宇宙原本的安排，施加人类自我意识和做法的地方，它们是自然现象和文化相互作用的产物（Jackson，1984）。"

正如杰克逊对景观的定义所示，Landscape 通常用法并不只限于严谨的科学定义，描述人类对景观的影响是这一术语的关键所在（哪怕这种影响仅仅停留在视觉的描述上）。Landscape 描述的应该是人类干预过的土地状态，而不是未受到人类影响的处女地。这里，杰克逊清晰地表达了景观不再有一个理想的静态图景——桃花源般的景色——而是一种暂时的，同时存在于时空过程中的动态系统。这种景观新观点使得那些渴望维持特有的、持久的、一成不变景象的想法变得不切实际，当下不断加速的现代化进程迫使我们去接受这一观念：即景观始终处于不断变化的状态之中。

（2）从异质到同质

近些年来，这种对景观的认识在文化领域得到了进一步发展。其中与上述杰克逊"新景观"概念最一致的表述是由德国环境历史学家斯福里斯（R. P. Sieferles）提出的。他讨论了因工业化和现代化的影响，景观在过去 200 年来发生的巨大转变。化石燃料的出现使得大批量商品生产成为可能，同时运输也在变得更加便捷，这些都导致了景观元素的不断同质化。如今，随处可见的预制房屋、购物中心、工厂厂房、加油站、农场、公路等看起来都大同小异。随着工业化和现代化进程的深入，城市和农村景观也越来越雷同，以至于斯福里斯只能将这种单一且不断同质化的景观定义为"整体景观"（Total landscape）。得出这种结论的原因之一就是无法区分出城市和农村："这种（城市和农村）对比曾对农业文明十分重要，而今这种对比在某种程度上开始淡化，都市和乡村的传统关系，城市特征和乡村气息甚至发生了逆转。城市变得安静，农村变得喧闹；农村呈现出繁忙景象、实用主义、传统消失；而城市变得安静、建设节奏放缓、重视对历史遗迹的保护（这主要是指北美城市空心化的现象）。最终，城市有了环保意识，而乡村却讨厌自然，试图想尽一切办法去清除自然"（这似乎与国内"美丽乡村建设"的乱象很相近）（Sieferles，2004）。斯福里斯因此将整个景观视为人造系统——甚至连自然保护区都成了人工建造的，因为它们的命运完全取决于需要人类的决策和保护。

除了人工化之外，这种"整体景观"另外一个特点就是缺少风格。由于受到人流、物流以及城市化过程的影响，只有那些没任何特征的形式，才会短暂的存在，从而导致一些原本非常异质的元素以一种统一的外观出现。过去那些从一定区域文化传统中发展而来的风格已不是影响景观风貌的重要因素，全球产品生产线成为影响景观外观的主要因素。所有这些因素致使"整体景观"一直在变化之中：当下的转换阶段并没有明确的目标，同时它不像以往阶段的转换，存在风格特征的转变，新样式取代旧样式。相反，我们发现了一个普遍放松、文化去中心化的形式，其中没有什么稳定的形式将会持久呈现。与其得到一个特定的、某种风格的颜色，我们可以用来贴上"现代化"的标签，相反我们得到一整套万花筒的颜色（Prominski，2005）。

（3）从自然环境到社会环境

人类是符号动物，景观是一个符号传播的媒体（Lynch and Hack，1998）。景观是有含义的，它记载着一个地方的历史，包括自然的和社会的历史；讲述着动人的故事，包括美丽的或是凄惨的故事；讲述着土地的归属，也讲述着人与土地、人与人，以及人与社会的关系（俞孔坚，2002）。

美国宾夕法尼亚大学景观系前系主任，著名景观设计师詹姆斯·科纳是20世纪80~90年代"景观复兴"（Landscape recovery）运动最主要的倡导者和参与者。从90年代开始，他就开始广泛探讨并撰写有关这方面议题的文章，试图将景观从纯粹的表现手法和审美模式的束缚下解放出来，恢复景观的本意，同时扩充其内涵和外延。

他指出，英语 Landscape 的本意类似于德语的 Landshaft。Landschaft 的字首 Land "土地"，在古日耳曼语中的意思是"沼泽"、"大草原"或是"空地"。在中世纪的进程中这一词被赋予了政治含义。现在的"土地"也包括人类,社会集体的田间劳作,并包含了行政区块。这一含义还出现在一系列词语和地名中，如"Landmann"指的是在大草原上工作的农夫。"Landschaft"一词的词根，schaft 指的是组成或是整体形态——与英语 scape 的意思相近。因此"Landschaft"指的是空间中的内容，一个完整的空间形态。此外，"schaft"和古英语"schaffen"（塑造）也有关联，所以它更偏向于人造的景观特征，而强调的重点还是在整体景观形态上。

他同时认为 Landshaft 实际上表达的是演变过程中的景观，不是景色。景观是指人们工作劳动（干扰过）的环境：一个由住户、牧场和田野组成，周边由未被开垦的森林和草地所围绕的劳作场景，而每一个场景都与历法和星座有关（图 2-3）。因此 Landshaft 这个词，不仅指一种空间组织，它还暗示了这个空间里的居住者以及他们彼此间的义务和对土地的责任。换句话说，Landshaft 揭示了一种人与土地之间深层次和更加紧密的关系，这种关系不仅体现在农户和田野的关系上，而且还体现在人类居住、行为活动和与此相关的空间

图 2-3　景观是劳作场景

格局上。从这个意义上讲，Landshaft 与德语中的另一个词语"礼俗社会"（Gemeinschaft）意思相近，通常是指构成社会的形式和理念（Corner，1999）。

劳作的景观是由团体共同造就，体现了生产性和参与性的日常生活和工作相结合，更多的是根据使用的需要而不是艺术和形式的需要。他将这个意义进一步延伸，认为城市也是一种参与性的景观，就像高度技术化的农场，以及遍布城市表面的交通空间一样。其中，农田的形式是由耕作的方式决定（图2-4），而城市形式则取决于其中的人流、物流以及城市化过程的影响。他同时认为，在劳作的景观中，行为和事件优于外观和符号：城市居民在日常生活中总是在一种不经意的状态下体验景观，更多的是通过其生活习惯和使用，而不仅仅凭借视觉感受。他们对场所的印象更多的是与可感知、可触觉的事物相关联，而非视觉想象。因此，景观作为场所和环境要远比作为景色能提供更真实的影像，因为场所的营造能够帮助场地和使用人群之间建立更深层次的社会和物质方面的联系。那些将景观视之为一种风景、一种资源或者一种简单的生态体系都是对其内涵

图2-4 庄稼种植的行距是由机器决定的

的缩减。同样，仅仅从视觉、形态、生态或者经济的角度来研究景观，是不可能发现景观复杂的相互关系和内在的社会结构。正如著名人文地理学家丹尼斯·科斯格罗夫（Denis Cosgrove）指出的那样："景观不仅仅是我们看到的世界，它是一种结构，是我们看到的那个世界的构成（Cosgrove，1999）。"

美国宾夕法尼亚大学景观系另一位前系主任，安妮·威斯通·斯伯恩（Anne Whiston Spirn）在其"景观语言"（The Language of Landscape）一文中也表达了同样的观点，她指出"景观"的本意表达的是人与场所之间的紧密关系。她从语言学的角度进行分析：在丹麦语中，景观为 Landskab，在德语中为 Landshaft，在荷兰语中为 Landschap，而在古英语中则为 landscipe。其中字首，Land 意味着场所和居住与此的人类，skabe 和 schaffen 意味着"塑造"；而字根 -skab 与 -schaft 如同英语中的字根 -ship 的含义相同，表示一种联合、合作的关系（Spirn，1998）。

我国学者俞孔坚，在"景观的含义"一文中也表达了类似的观点，认为景观是人与人、人与自然关系在大地上的烙印，每一景观都是人类居住的家。人类栖居的过程实际上是与自然的力量与过程相互作用，以取得和谐的过程，大地上的景观是人类为了生存和生活而对自然的适应、改造和创造的结果。同时，栖居的过程也是建立人与人和谐相处的过程。因此，作为栖居地的景观，是人与人、人与自然关系在大地上的烙印（俞孔坚，2002）。

的确，景观并不仅仅是单纯的景色、自然现象、一种物质或者可测量的实体，而应该是透过文化折射出的和加工过的自然，是客观世界和人类主观世界共同创造的结果；不仅仅是为了阅读和理解场地，解码不同人类活动已经和将会留下的信息，而且要为连接和统一不同的组成部分，使得它们形成一个整体。

（4）从单一物体到整体场域

景观从一个垂直的图像（物体）到水平（场域）的转变，即景观作为地表或场域的思潮是由理论家斯坦福·克温特（Sanford Kwinter）和后来的亚历克斯·沃尔（Alex Wall）、斯坦·艾伦（Stan

Allen）、詹姆斯·科纳（James Corner）等人20世纪90年代中期提出的，主要是受到物理的场域理论、非线性动态变化、计算机模拟渐进性变化以及从个体模拟到数字化场域转变的影响。其中艾伦和沃尔是两位景观都市主义早期的理论家和实践者，当时讨论地表和场域思想的主要文章都是由他们两个人所撰写的。他们用景观作为水平场域，而不是传统的图案和图底关系的模式来理解和组织城市和它内部的物体（Gray，2006）。他们的工作促进了城市整体场域空间形态优先于场域内部个体形态概念的形成。沃而指出景观应该被考虑为水平走向的地图和平面，而不是作为一个垂直被冻结图像。这类似于艾伦、科纳将景观解释为表面和场域而不是作为衬托建筑和城市的背景。

如果将当今城市视为一种水平方向上不断延伸的场域，那么景观就是这一场域的载体。在这个景观为载体的场域状况下，设计师可以开展多种操作，从而将城市的各组成部分连接在一起。用这种模式来分析和构筑城市，比使用传统刚性的形式与结构来得更加有效和灵活。地表或场域的理念涵盖了景观的动态特征和行使功能的方方面面：如坡度、硬性或柔性、渗透性、深度或土壤化学成分，以及影响地表特性方面的其他变量……从排水或蓄水到支撑交通、事件或植被生长的功能等等（Wall，1999）。

（5）从表现技法到操作模式

由于景观的起源受到荷兰风景画的影响，长期以来景观一直与"画面"结缘，景观这种与表现相关的特征导致传统上建筑学一直将景观设计学看作是一门尝试模仿艺术的学科。其结果必然使景观设计作品成为第二代的模仿品（建筑、艺术是第一代），从而使得景观设计在历史上被认为是一门"模仿其他学科的专业"，并因此其应有的学术和学科地位得不到承认（Hight，2003）。因此，景观从"画面"或表现技法到操作模式的转变，对景观都市主义的形成尤为重要。

斯坦福·克温特是第一位提出这一转变的著名建筑理论学家，他设想景观或许可以抛弃那些具象化的、画境般的表现而成为一种普适（广泛）的模式。克温特关注的是大地上景观行使功能的过程，但是并不仅限于那些表面上作用于景观的动力："领地在范围和深度上都超越以人眼来定义的景观；因为领地更宽广，它所包含的远超越人眼所能及的范围，同时它的组织形式是多重动力作用的结果，而这种多重动力没有明显的正式组合（Kwinter，1992）。"注重动态性而不是固定景象是领地（Territory）和景观（landschaft）这两个词的共同特征，比起传统景观的定义，这一特征更有可能发展出景观都市主义的操作模式。

克温特和上一节科纳等人对景观本意的解释实际上都是一个宽泛的景观：分别是德语中的 landschaft 和英文中的 Territory。科纳指出 Landschaft 包含了一种深层的和亲密的关系模式，这一关系模式不仅仅存在于建筑物和田野之间，而且还存在于社会、活动和空间的格局之中。这一解释表明了人类对土地的影响，并以一种至关重要的和现代的方式将景观从静止物体转移到了动态的场域。

不难看出，景观实际上包括两个层面的含义：一方面是景观的主观和表象层面：田园的、绘画的和情感的联系；另一方面指的是景观的客观和技术操作层面。而景观都市主义注重将景观从如画的风景、以人眼来定义的景观，转变为积极的、可操作的，可为人类使用的一种模式。同时将关注的重点从被动的风景转变为人类的活动和过程。这一转变强调景观在随时间变化过程中是如何行使功能的，而不是看起来怎样。

2.1.2　什么是都市主义？

都市（Urban）和都市主义（Urbanism）——前者是关于密度集中或是人口密集的聚居地，而后者则视角更为广泛。都市主义作为一种城市生活方式，与城市的物质形态（尺度、密度、空间、结构）多样性特征相关联，同时还与城市发展的经济、文化和社会活动相联系。

都市主义一词源于拉丁语（Urbanus），它曾经和景观一样，充满着自然的色彩。城市规划先驱，西班牙的塞尔达（Ildefons Cerdà i Sunyer）在 1867 年是这样定义都市主义的："都市主义是有关人类在不同时间和尺度上定居的科学，其中包括乡村的网络体系。"虽然随着时间的推移，这个都市主义最初的定义被逐渐加入了时代的特征，除以城市中的人类为主要要素之外，还扩展到包括经济、政治、社会和文化等方面的因素。然而塞尔达最初有关人类发展对自然体系影响的"乡村的网络体系"似乎已从当今的定义中消失了（Gray，2006）。如维基百科：

都市主义是研究城市的地理、经济、政治、社会和文化环境，以及所有这些要素对人工环境的影响。它是城市规划（从物质层面设计和管理城市的空间结构）和城市社会学（从非物质层面研究城市生活和文化）（en.wikipedia.org）。

总的来说，都市主义是研究城市的学科，但不同专业关注的侧重点有所不同：城市规划和建筑学关注的是城市的形式和结构；社会学关注的是城市范围内的社会活动；而历史学家也许只对城市的发展和变化的格局感兴趣。但是，就我们当下所从事的都市实践的现状而言，与其说都市主义是对人类在城市人居环境中客观需求的研究，倒不如说只是建筑的扩大和道路的延伸。受经济利益的驱动，都市主义原本有关关注生活在城市里人的需求、人类生活基础依托的设想，在今天的城市发展过程中似乎早已丧失殆尽。对都市主义的理解被认为只是对都市区域内建筑、道路、地表和空地的建造，而不是一个城市人居环境内人类需求和活动的关怀。经济效益和房地产开发的利润驱使似乎已经取代了任何都市主义为人的需求而探索研究的初衷。其结果是都市主义作为研究城市中生活需求的学科在很大程度上已经被商业和零售业的经济效益所绑架（Gary，2006）。

雷姆·库哈斯（Rem Koolhaas）针对上述问题，在"都市主义出了什么问题？"一文中提出建筑设计是为"质量"还是为"数量"，这一相互博弈的问题。试图探讨如何应对不断增长的都市，设计出形式与内涵更为合理的建筑，而不仅仅是更多"数量"的建筑。他批判了在全球迅速城市化时代，那些不考虑环境背景的建筑设计："现在留给我们的是一个没有都市主义的世界，有的只有建筑，甚至更多的建筑 ... 都市主义已经死亡——人们在建造那些如寄生般安全感

从几百米的高空看大城市，整体而言它们并没有呈现出一种整齐有序的外观，庞大是它们最显著的特征。所有的质量都淹没于绝对的数量中，无序空间占主导地位。建筑在市中心堆积并向郊区随意分散。少数的绿地及游客所知风景优美的去处，掩藏于触角般向周围乡村扩展的、灰色无形的块状迷宫中。城市的确切边界无法界定，垃圾废弃物地带和乡村相接。如果我们停下来审视一下现代城市，想一想规划下的城市该是什么样子，我们最终承认，撇开它的巨大活力不谈，城市是人类创造的最主要的败笔之一。
——乔斯·路易斯·赛特

的庇护所的同时——酿就了无处不在的城市洪涝灾害：更多的实体被嫁接到已经营养不良的（城市）之根上（Koolhaas，1995）。"

他接着批判道："现代主义炼丹术般的承诺：所谓通过抽象和重复的手段就可以将数量变成质量的说法，已被现实证明是一场败局、一场骗人的把戏、一个没有变成功的魔术。它们的理念、审美、策略已成为过去。现代主义所有寻求一个崭新开始的企图，最终都以失败而告终。这一惨败所带来的羞辱给我们理解现代性和现代化留下一个巨大的缺憾。"正如库哈斯所说，尽管都市主义20世纪早期的承诺显得雄心勃勃，然而面对全球范围内巨大规模的城市化运动和爆炸式的城市人口速度的增长，都市主义未能发明一种神丹妙药来履行其满足人口增长诺言。20世纪的都市主义最终以失败告终，人们无法解释当下自相矛盾的情形：即在当代表城市化的都市实践正在世界每一个角落方兴未艾之时，都市主义作为一门理论却已销声匿迹了（Koolhaas，1995）。

的确，20世纪都市主义的实践，似乎验证了这样一个事实：在面对小尺度上，比如建筑或者公园尺度时，设计师似乎把握的得心应手；但对于大的尺度，比如都市尺度，在强大的市场经济、政治因素和地产开发所带来利益的驱动下，设计师的掌控能力则迅速消失殆尽。我们常见的是一栋栋建筑在没有章法的都市之中争奇斗艳（上海浦东的陆家嘴和阿联酋的迪拜就是很好的例子）。建筑洁净的外表是它的诱惑力所在，它被用来界定、排除和限制与都市中其他组分的关系。对单体建筑功能的使用最终耗尽了都市主义有可能为我们带来的所有潜力，而那恰恰是我们可以用来创造和更新城市想象力的源泉。

至此，现代主义给我们带来的是一个没有都市主义的都市。如果硬是要说都市主义的话，也只能是建筑的或者是基础设施的都市主义，而不是充满社会和生活活力的都市主义。因为城市里有的只有建筑和道路，更多的建筑和道路，城市环境实际上只是一个紧挨一个由建筑和道路组成的街区。虽然建筑师现在开始谈论绿色建筑，但他们关注的仍然仅仅是建筑本身，而不是城市的整体环境。现代主义和代表后现代主义的新都市主义（New Urbanism）的失败，归其原因就是人们要把动态的城市过程强行地放在一个固定而僵硬的空间形式和功能分区之中，而这种形式和分区既不能"汇"（Facilitates）也不能"编"（Organizes）穿越其间动态的事件与过程。因此城市为了能够延续，都市主义必须发明新的"新生事物"——新的城市形态。

小结

　　景观是了解生命和土地之间错综复杂关系的基础，自然和文化的特征都在土地上得到体现。自然和文化特征的融合构成了景观的可见特征。景观是人类和自然之间的界面（Ndubisi，1997）。当今景观的内涵和外延在文化概念及在参与城市发展的方法和技术两个方面都发生了深刻的变化：首先，景观从强调如画的视觉表现转变为强调操作模式；从而使景观从视觉审美概念延伸向社会、经济、生态相互联系的体系。这两个方面的转变都是以景观内涵的拓展和概念的转变，以及景观的操作性获得重视为基础的。其次，景观在当代城市设计中被看作前景（而不是建筑和城市的背景）和结构要素，并成为关注的焦点。同时景观成为城市整体的空间形态和生态系统，这在城市、建筑和景观之间的关系中，是一个具有颠覆意义的图底关系的逆转。最后，随着对当代都市主义和景观设计学理论与方法间联系性讨论的深入，景观被认为是一种变化的中介（Waldheim，2006），一个具有潜力的场域（Allen，1995），基底和载体（Forman，1995），加厚的地表（Wall，1999），一种语言（Spin，1998），更重要的是整体或者参与的体验（Berleant，2011）。景观已成为一种将科学与艺术、自然与文化、外部与内部、图画与诗歌、形象与文字、视觉与故事、对象与语境、空间与时间相统一的概念（Koh，2008）。并在城市化、公共政策、城市设计和环境可持续发展的讨论中扮演一个更加积极的角色。

2.2　景观都市主义的诞生

　　作为20世纪80~90年代"景观复兴"运动最主要的倡导者和

参与者,詹姆斯·科纳是在那一时期一系列有关"景观的营造"和"景观的复兴"会议上第一个提出"景观作为都市主义"（Landscape as urbanism）的学者。这些会议的关注点以当代景观学理论的复兴为主题，目的是丰富和拓展景观的内涵与外延，并与当代的城市和环境问题相关联：从这些会议中产生的理念和论文之后被收集在他 1999 年编辑出版的"景观的复兴"一书中，该书被作为当时科纳领衔的美国宾夕法尼亚大学设计学院研究生课程的主要参考书。随后科纳的学生，设计学院建筑专业毕业的研究生，时任伊利诺伊大学芝加哥分校建筑学院研究所教学主任的查尔斯·瓦尔德海姆，在 1997 年首次提出景观都市主义（Landscape urbanism）这一术语，同时在该校设立了"景观都市主义专业"。同年他又以这一新词为题，在宾夕法尼亚大学召开了一次国际研讨会。这次会议和先前科纳在英国 AA 联盟举办的会议促成了世界上首个"景观都市主义研究生学位"（Master of Landscape Urbanism）在 AA 的建立，并于 1999 年在时任 AA 院长的默森·莫斯塔法维（Mohsen Mostafavi）领导下首次开始招生。与此同时，瓦尔德海姆也在他主持的伊利诺伊大学芝加哥分校的建筑学院开始将景观都市主义纳入建筑学硕士学位的课程体系之中。

2.2.1 景观都市主义：一个组合词语？

作为一个组合词语，理解景观都市主义可以根据组分"景观"和"都市主义"，以及组分间的关系进行理解。然而就像前面提到的那样，在这个试图消除二元对立的词组中隐藏着某些矛盾：如何将这个由"景观"和"都市主义"混合而成的形式进行调节，以确保他们达到某种积极的平衡，如何应对"连续性、混合性、空间交错性"是关系到景观都市主义作为实践手段而不仅仅是空洞理论所不可回避的重要问题之一。

2.2.2 相关定义及主要出版物

虽然景观都市主义自其出现至今已有 10 ~ 20 年的发展历史，但是由于它是建筑师、景观设计师、城市设计师以及规划师共同智慧的结晶，由于其视角和应用的范围广泛，目前仍然是一门发展中的理论，还没有各方都认可的、统一的定义。以下是不同视角的有代表性的一些观点：

景观都市主义的方法论从它的定义来看涵盖多个学科领域，从景观设计的传统拓展到思考当代城市动态变化的复杂性，它将环境工程学、城市发展战略、景观生态学、工业发展和建筑学这些相关学科的知识和技术融合在一起（AA研究生课程，2005）。

景观都市主义通过集中多方的智慧去建造一个新的实践模式，在这个模式中，历史上被称为景观设计的技术和操作模式可以和都市主义的领域融合在一起。景观主要被用来提供一个主体和定量的方法，直接与持续重组城市的各种作用力的系统相结合。它为重新确定城市问题和针对具体环境条件重新审视通常的实践提供了双重的机会（AA网站，2006）。

传统上景观被认为是水平表面的艺术，（而当今）景观正逐渐成为都市主义的模型。景观与当代城市的扩展，以及人们对地形学的新的兴趣呈现出显著的关联性。通过仔细观察这些表象条件——不仅是外形，而且还有物质性和功能性——设计师可以以此激发空间活力并使之产生都市效益，而不需要传统空间营造的方法（Allen，1997）。

景观都市主义是一个号召将城市设计里里外外的传统实践，转变为由开放空间和自然系统来建造的城市形态，并用它来取代建筑和基础设施系统（Durack，2004）。

景观都市主义是一种跨学科、跨领域的新型理论，它用景观作为城市规划设计相关专业的媒介，通过跨专业的分工合作与协同整合来综合而统筹地解决城市发展过程中所遇到的问题，并以景观为载体创造一种新的城市形态和空间结构。它是当今城市建设以及处理人地关系新的世界观和方法论（翟俊，2010）。

澳洲学者、现任宾夕法尼亚大学设计学院景观系主任的理查德·韦勒（Richard Weller）试图从主张什么和反对什么的角度来探讨景观都市主义：

景观都市主义主张：

1. 使自身与当代科学保持一致，将自然作为一个复杂的、自组织的系统。将城市理解为一个复合生态系统并直接参与其中；

2. 强调生态学的创意和随时间发展在城市生活形成中的重要性，而不是假设一个文化和自然之间的理想平衡；

3. 将景观、基础设施和建筑等包括在整体的设计之中，并在景观设计、景观生态学和景观规划不同的尺度之间架起桥梁；

4. 应用计算机辅助的创造性实验方法来探究影响一块场地的社会和生态力量，以便更接近复杂的动态景观；

5. 通过设计来实现结构的功效和工具性的目的，将场地和功能理解为创作主体和机遇，强调对场地的理性认识，而不是设计师的主观感性意识；

6. 将景观作为城市前景（而不是背景）和一切来往过程的首要系统，并以此作为城市的模板。

景观都市主义反对：

1. 花园（桃花源）作为景观设计学的比喻——（而用城市来取而代之）；

2. 景观作为都市主义的一个被压抑的、性别化的和被动的层次；

3. 将纯粹的自然恢复到某种程度来满足自然和文化之间的平衡；

4. 设计以固定和最终的产物或审美的构图形式为目标；

5. 以风格、形象、场景和象征性作为设计的主导；

6. 新传统主义的"新都市主义"和前卫主义的原创性；

7. 建筑和景观设计为设计彼此孤立的物体；肤浅的语境和商业化的地方风格，或在某种程度上仅仅是周围环境的补偿工具；

8. 现代主义规划常见的在设计过程缺乏创意的行为；

9. 麦克哈格式的自然与文化的对立（Weller，2008）。

迄今为止，在出版的有关景观都市主义的专著中，最有影响的要属宾夕法尼亚大学景观系前系主任詹姆斯·科纳在1999年编著出版的《论当代景观建筑学的复兴》（已经由吴琨等翻译成中文出版）、哈佛大学设计学院景观系前系主任查尔斯·瓦尔德海姆于 2006 年编著的《景观都市主义》（已经由刘海龙翻译成中文出版）和 2016 年刚刚出版的《景观作为都市主义——一种普遍性理论》，以及哈佛大学设计学院现任院长默森·莫斯塔法维在 2003 编著的《景观都市主义：机器景观实用手册》（图 2-5）。

图 2-5 景观都市主义
主要出版物

虽然理论上景观都市主义还没有各方都认可的、统一的定义，但是通过上述有关景观都市主义重要的历史和形成背景的阐述，我们可以大胆地提出景观都市主义的操作性定义：景观都市主义是开放空间的规划和设计方法，它是以景观作为城市结构性的载体，来组织城市的空间形态，认为水平场域比垂直的物体更为重要；其次，它描述了景观从画面到操作的转变；换句话说就是过程（在分析和设计两个方面）比静止的最终形式更重要。这一广义的操作定义提供了一些对这一理论发展至关重要的知识背景的架构。它不仅展示了自然和文化的二元对立的消解，同时也展示了景观作为一种积极的操作性工具的理念。

小结

为适应城市不断变化的需要，建筑师在过去相当长的时间内一直在寻找建筑的动态特质。他们采用各种方法来探索建筑连续的可变性、不确定性和暂时性，甚至不惜将外在的"运动性"强加于建筑之上，以求随外力的变化而变化（图 2-6）。然而这些在建筑物静态载体之外的力量影响下所产生的"运动性"只不过是一种幻觉，毕竟不是建筑形体本身。此外建筑师还试图用图式化的横向规划和事件空间等手法，将不确定性和暂时性引入到建筑形体之中，同样这些只是建筑的使用特性而不是建筑本性。相反，景观却能为城市演变提供一个高度结构化且具有层叠性（多功能性）、无等级性（开放性、无中心、可蔓延）、弹性（可塑性）和不确定性（暂时性）的模式（翟俊，2010）。

图 2-6　外界事件引发的动态性

景观都市主义的兴起是由于景观在我们变化的世界中所承担角色转变而导致的。那些对景观都市主义持怀疑态度的人，可能会将景观都市主义误解为是某种在"景观设计伪装下"的都市主义。然而事实是，景观都市主义是由建筑学背景的学者首先提出，而景观设计师无论是在其概念的发起，还是在相关案例的实践中，都是建树最少的。这一概念产生是建筑师、城市设计师、规划师和景观设计师共同合作的结果，其产生主要有两大原因：一是他们意识到传统城市设计缺乏对城市历时变化，以及对这一变化过程的理解；二是传统建筑的方法无法创造性地在城市规划和设计中运用与生态学相关的知识和概念。而景观却恰恰提供了这些方面的可能性。景观是积极的、动态的、操作系统的特征加强了景观学科自身与城市大环境的关系。如同建筑和城市规划一样，景观设计学也是不断发展变化的一门学科，通过确立与其他相关学科以及城市发展的关系，来拓宽学科的内涵与外延并重新定义其自身的角色。

2.3 景观都市主义的两种模式

如果我们想阻止大规模技术进一步控制和歪曲人类文化活动的各个方面的话，我们只能借助于一个完全不同的模式，这个模式不是来源于机器，而是从生物有机体和有机的复合物中产生……

——刘易斯·芒福德

景观都市主义经过过去 10～20 年的发展，在意识形态上已经逐步形成两种主流模式：它们分别是英国 AA 联盟为代表的机器模式（Mechanic mode）和美国宾夕法尼亚大学为代表的场域操作模式（Field operations mode）。这两个模式一个是通过对基地自然系统的和作用于基地的各种作用力的抽象提取来设计基础设施系统、建筑形式和绿色结构；另一种是以场地整体系统设计为原则，在建筑物、基础设施网络以及自然生态系统之间进行操作，设计不确定的、终端开放的模式、系统和策略。

2.3.1 机器模式：从动态的因素到固定的形式

机器模式是通过将基地分析中发现的影响因素作为抽象的动力，来创造一种景观化建筑的形式，可以简单地概括为建筑化的景观都市主义。设计方案的组织系统直接来自基地，其结果（最终作品）是静止的、固定的形式。这一模式很大程度上被由英国的 AA 联盟所推崇。

机器化的景观这一术语出自 AA 出版的《景观都市主义：机器景观实用手册》一书，该书是由时任 AA 院长默森·莫斯塔法维所编写。景观都市主义在这个模式中的运作是通过创造机器化的载体来处理都市项目中信息的多样性，特别是组织协调跨尺度、跨学科的信息和综合暂时的和非物质的动力。这里的机器化被描述为"技术控制的筛子"，它不仅仅要能够接收和管理信息，并且还要能产生组织系统和原型，以及最终达到对材料的特点和对精密尺度的细致表达。该模式的实践通常是由电脑程序模拟和参数化设计来产生一系列的图解以及随后产生的景观化建筑的形式。

然而仔细阅读后不难发现，《景观都市主义：机器化景观实用手册》一书中阐述的理念和所展示的相关作品之间有着显著的差别：项目的图解和方案目标明确地指向建立固定的人工形式，变化的只是这些固定形式生成的过程和周围的环境。换句话说，动态变化只是体现在影响场地的因素和计算机的模拟过程，而设计结果（最终作品）却是固定的。

来自机器景观最后的产品是景观化的基础设施或者建筑的一部分，但是这些静态的作品看上去明显与时空进程中场地中的那些不确定因素所产生的复杂性相违背。考虑到一个促使景观转变的关键理论是从表现到操作，机器景观一个明显的问题就是动态系统被形式化的表现限定在景观化的基础设施或建筑之中。设计过程中那些复杂的因素和系统只有在图解或是建筑物形成过程中得到有机的发展，而最终得到的基础设施和建构形式却是这些动态过程的间断，这里场地的生态特征无法在终端产物的组织结构中找到（图 2-7）。因此"这种

图 2-7　机器模式（西安园博会）

追逐最终产品的方式仅是生命的幻影，并不是生命原始生态的本身（Lootsma，2003）。"

　　此外，该模式的危险还在于机器化景观机制中对使用数据范围的界定和分析成为自身的一个终点。换句话说说，在这一模式下的景观都市主义实践就是去创造一个数据库，最终只能够自我参照，但却不能融入自我衍生的真实世界之中。机器化景观的组织机制只是由简单的抽象动力"挤压"而成的模式，事实上数据只是作为形成设计、产生形式的手段而已。如果用这一方式理解它的组织结构的话，实际上它与仅仅为形成设计的解构主义的设计过程没有太大的差别（Gary，2006）。回到前面提到的景观都市主义所倡导的：如不确定性、不断变化的自然生态系统等并不适用于一个最终的、固定不变的最终产物，因此从根本上说机器模式并不能满足景观从画境和表现方法到可操作模式的转变。

2.3.2　场域模式：协同整合的开放系统

　　"场域操作"这个词可以在几个地方找到它的出处：最直接的是科纳发表的文章和他以这个词语命名的詹姆斯·科纳场域操作设计事务所（James Corner Field Operations）。此外这一观点与他先前的老搭档，建造师斯坦·艾伦提出的"场域条件"（Field conditions）和德国建筑师亚历克斯·沃尔的"规划城市地表"（Programming the urban surface）模式相似。

　　与"机器模式"不同，"场域操作模式"的终端产物并不是一个静态的建筑形式，而是错综复杂和综合交错的生态、基础设施、建筑物和城市发展的景观格局，一个相互融入、充满活力和健康生态环境的软系统（图 2-8）。这一模式主要关注的是可以被用来转变地表或场域的关键动力，以及针对这些动力，场地中关键的"操作"手段，并在不确定过程中去开启生态系统的修复和使用功能的安排（Lucy，2006）。詹姆斯·科纳不仅是开创这一模式的理论家，而且还是重要的实践者之一，他为纽约清泉公园（Fresh Rills landfill）所做的规划可以被认为是在这一模式下的典型实践案例。

图 2-8　场域模式（纽约清泉公园）

　　基于这一模式营造出的是一个充满活力的设计的景观（Designed landscape），这里景观超越了单纯的风景美，成为一个积极的催化剂，而这一催化剂所催生的产物并不一定要以固定的形式呈现。它的目的是支持场地动态的和未知的功能，而不是局限于固定的形式。这也正是为什么我们应该在"场域模式"下理解景观都市主义。科纳在"流动的地表"（Terra Fluxus）一文中了提出贯穿该模式的4个主题：即历时过程、搭建表面、操作或工作方法，以及想象力。

（1）历时过程

科纳强调城市是由经济、生态和社会系统的相互作用而成，城市化是一种动态过程，一个空间—时间的生态学（A Space-Time Ecology）。他将生态学视为一个透视镜，通过它去理解当代城市复杂的相互关系。"场域模式"比起那些远离城市的自然系统对生态概念运用更深了一步：它将传统上属于生态范畴的"自然系统"和与其相互作用的社会文化和经济系统，都统统放入整体的城市生态系统之中。"空间—时间"生态学的发展包含城市区域所有动因和中介，并把它们看作是相互关联的连续网络。与传统的生态学不同，当代生态学的实践一直关注于暂时的相互作用和动态系统，因此对"空间—时间"的理解是城市的暂时性而不是单纯的空间形态。这些对城市暂时性的关注有可能让其他表面上不相关联的系统之间显露出新的联系，而这种新的联系能反过来产生进一步的促进作用。城市因此不再被定格于某一处或某一时间段，而是处于全方位不断变化的过程之中。

（2）搭建表面

尽管场域（Field）和地面（Surface）这两个术语很大程度上可以互相替换，但两者之间还是有些许差别，因此有必要在应用之前进行阐述。虽然在景观都市主义的语境下，尤其是在场域模式主导的实践中，"地面"的含义直接与城市基础设施相联系。但是初读"地面"这词的感觉可能会是一个没有厚度的二维体，正因为这一原因，"场域"代替"地面"被用来描述这一模式。同时，它的实践内容不只是简单地处理城市基础设施，而是科纳所强调的"搭建表面"，被用来探讨城市基础设施如何能够为未知的将来提供所需要的支撑。与建筑实践单一"消耗场地的潜能"的做法不同，场域操作模式提出让场地为将来的使用做好准备，并为不确定的未来发展提供灵活的基础设施的支撑。

（3）操作和工作方法

为了处理城市，这一大范围的系统，所需采用的操控手段和规模各不相同，每一个项目都有众多的参与者，因此场域操作模式的工作方法和技术手段必须要有广泛的适应性，同时还需要挑战传统的方法使设计和规划变得具有想象力和创造力。为此，科纳强调学科交叉和综合，认为景观都市主义要综合运用各种设计手段：从传统的颜料、墨水、黏土，到最新的CAD、GIS、参数化设计等数字化技术；从来自景观学科的场地调查、编目、测量、管理、叠加图等，到来自建筑和规划的图解、组织、聚合、分配、分区等；再到与房地产开发商和工程师打交道的同时，与代表当代文化水准的思想者和文化人保持联系。科纳的多伦多当斯维尔公园和纽约清泉公园的竞赛方案充分展示出这些操作方法，这两个方案在处理多重影响和数据方面特点明显，来自于景观和生态科学的方法和技术被大量引入到对城市和公园形态及其发展演进的研究和实践中。这既区别于过去那种以创造"如画"的图景为目标的景观设计，同时与传统的总体规划在项目描述和表现方面又有明显的不同。

（4）想象力

想象力，科纳的这最后一个主题，在富有创造性的同时也充满着诗意。"早期的城市设计和区域规划失败的原因是太过于简单化，那些简单的形式大大削弱了实际生活的丰富性。"想象力所包括的是现代城市所呈现的多样性和丰富性，以及这种多样性和丰富性如何在人们的生活得到充分的展示。人们精神上与宇宙和环境的联系不应该在表现图解和城市规划中丢失。景观都市主义或许可以以某种方式为我们生活的环境中看得见的和未知的事物提供展示的机会，并让我们城市重要的公共空间能够保留其"集体的记忆和愿望"，从而从这些地理的和社会的场所中延伸出新的关联和一系列新的可能性。"景观都市主义的设计自始至终都应该是一种富于想象的创造、一个充满各种可能性的丰富多彩的融合。"一个好的设计师必须能够将图解和策略编织到与触觉和诗意的关联性之中（Corner，2006）。

小结

虽然上述两个模式都将城市发展和城市本身视为景观，并同时提供一个相近的方法去分析和协同它们所关注的当代城市的状况：从大范围底层结构，去识别和操控那些动因、过程和格局，其中过程和事件是相互联系的。此外支撑体系和基础设施服务的构想在两种模式中也都很常见，但是如何将这些构想落实到具体项目上两者却有着很大的区别。首先，在对基地数据信息的综合和使用上："机器模式"是运用场地调查分析中发现的动因作为调控机制来创造一个抽象的建筑形式；而"场域模式"则是用它们来创造一个复杂而综合的软系统，并通过应用各种设计和规划工具的组合来获得一个积极的、健康的、生态平衡的环境。其次，在设计的成果上："场域模式"的方案似乎不容易形成某种固定的产品或形式，它倾向于通过多种情境和丰富图解产生的不确定路径来解决场地中的复杂问题。它能够识别、参与场地过程，并在一个跨越不同尺度的场域上运作；相比之下，"机器模式"则是用一些抽象的建筑形式来固化场地中不确定的动因，目的是为了获得某种固定的产品或形式，而场地现状的动态性仅仅表现在设计过程和组织方法中，并不能真正反映在最终建造的形式上。再次，在表现方法上：虽然两种模式都明确地使用电脑技术来生成、组织和表现形式，但"机器模式"似乎更专注于电脑模拟作为过程化设计的主要方式；而"场域模式"是一种更为开放的模式，展示的是人与场地的互动，它不仅鼓励来自电脑的创造性，还鼓励来自设计师使用的其他工具要素，以及人和其他中介互动的创造性。最后，与"机器模式"相比，"场域模式"包含了更多的有机成分和诗情画意。

景观都市主义是理论和实践相结合的产物，能够在处理大规模城市问题的同时关注小范围场地特有的问题。什么样的操作模式允许在尺度上如此跳跃呢？景观都市主义这门综合性学科又是如何实践的呢？由于"场域模式"能够更好地回答上述问题，同时能够更有效地应对当今城市发展变化所具有的动态特征，因此以下的章节将主要以"场域模式"为研究对象，探讨景观都市主义兴起之后的后续发展，并同步探讨理论与实践的结合。

本章总结

在过去的 20 年间，学术界对"景观"一词的内涵和外延的认识发生了深刻的变化：从静态图像到动态的系统；从个体到场域；从自然环境到社会环境；从表现方法到操作模式。这些新的变化着重强调了之前景观概念讨论中被忽视的三个方面：不确定性、过程和关系。由于场域的时空性和多变性，景观以一种不可预知的方式不断变化着，这种变化取决于场地与场地要素间的关系所引发的动态系统而不是静态图像。从画境园林的田园牧歌转变为人工环境的综合系统。J.B. 杰克逊称之为"动态的人造空间体系"，而斯福里斯则称之为"整体景观"。

毋庸置疑，景观作为最综合的设计学科之一，已逐渐成为一门在重塑城市空间形态方面具备强大潜能的学科。它整合了多种处在不断变化状态中的自然和文化因素、提供了许多激发设计创意的潜在因素，由此产生的景观都市主义在探索当代城市方面带给我们许多由景观产生的新的想法。例如景观被作为一种整体的空间形态、一种整体的生态系统、一种新的世界观和方法论。这些新观点将在接下来的章节中深入探研。

参考文献

[1] J.B. Jackson. Discovering the vernacular landscape [M]. Yale University Press. 1984.

[2] 俞孔坚 . 景观的含义 [J]. 时代建筑 .2002（01）: 14-17.

[3] Wall，A.（1999）. Programming the Urban Surface. In Corner，J.（ed.）Recovering Landscape: Essays in Contemporary Landscape Architecture. New York: Princeton Architectural Press，pp. 233-250.

[4] James Corner.（Ed.）. Recovering Landscape as Cirtical Cultural Practice. Recovering Landscape: Essays in Contemporary Landscape Architecture[M]. New York: Princeton Architecture Press，1999: 1-26.

[5] Denis Cosgrove（1999）. Liminal Geometry and Elemental Landscape Construction and Representation. In Corner，J.（ed.）Recovering Landscape: Essays in Contemporary Landscape Architecture. New York: Princeton Architectural Press，pp. 103-119.

[6] Sieferle，R. P.（2004）. 'Total Landscape'. Topos，47，9/04，6-13.

[7] Anne Whiston Spirn. The Language of Landscape [M]. New Haven and London: Yale University Press. 1998.

[8] Hight，Christopher. "Portraying the Urban Landscape: Landscape in Architectural Criticism and Theory，1960-present" in Mostafavi，Mohsen and Najle，Ciro（ed）. *Landscape urbanism : a manual for the machinic landscape.* Architectural Association，London，2003，p26.

[9] Kwinter，Sandford. "Landscapes of Change: Boccioni's Stati d'animo as General Theory of Models" in Assemblage 19，1992，pp50-65.

[10] Gray，C. D.（2006）. From Emergence to Divergence: Modes of Landscape Urbanism. Dissertation（MA-LA）. Edinburgh College of Art School of Architecture，Scottland.

[11] Urbanism [EB/OL][2016-06-18]. https: //en.wikipedia.org/wiki/Urbanism.

[12] Koolhaas，Rem. Whatever Happened to Urbanism? S，M，L，XL[M]. New York: Monacelli Press，1995: 958-971.

[13] Forster Ndubisi. Landscape Ecological Planning [M]. Ecological Design and Planning. George F. Thompson，Frederick R. Steiner（Ed.）. John Wiley &sons，Inc.，1997.

[14] Koh，J.，2008，On A Landscape Approach to Design andAn Eco-poetic approach to Landscape，Proceedings ofECLAS 2008，27-38.

[15] James Corner. Landscape Urbanism//Mohsen Mostafavi and Ciro Najle. Landscape Urbanism: A manual for the Machinic Landscape. London: AA Publication，2004.

[16] James Corner. Terra Fluxus//Charles Waldheim. The Landscape Urbanism Reader [M]. New York: Princeton Architectural Press，2006.

[17] Charles Waldheim. Landscape as Urbanism. //Charles Waldheim.（Ed.）The

Landscape Urbanism Reader [M]. New York: Princeton Architectural Press, 2006.

[18] Allen，Stan. "From Object to Field" inArchitecture After Geometry, ArchitecturalDesign，vol 67，no.1/2，Jan-Feb 1997，pp24-31.

[19] 翟俊. 基于景观都市主义的景观城市 [J]. 建筑学报 .2010（11）: 6-11.

[20] Richard Weller. Landscape（Sub）Urbanism in Theory and Practice [J]. Landscape Journal，2008，27（2）: 255-278.

[21] Lootsma，Bart. "Biomorphic Intelligence and Urban Landscape" in Brayer, Marie-Ange & Simonot，Béatrice（eds）. Archilab's Earth Buildings: Radical Experiments in Land Architecture. Thames & Hudson Ltd，London.2003，p34.

[22] Bullivant，Lucy. "Field Operations: softsystems of landscape，ecology, infrastructure，architecture，urban development and livingpatterns" in A+U: architecture and urbanism，no. 1（424），Jan 2006，p158.

第 3 章

景观都市主义作为新的世界观
Landscape Urbanism as a New Worldview

对许多专业人士来说，横跨一系列学科的交叉，景观已经成为表现城市的透镜，又是建设城市的载体。

——瓦尔德海姆

作为一个复杂的混合体，景观都市主义不只是一种单一的图像或形式，而是一种社会思潮、一种态度、一种思维和行动的方式。在许多方面它可以视为对过去传统城市规划设计失败的回应，这种思想可以指导我们在当代城市实践中更有效的操作。

——詹姆斯·科纳

当我们谈到什么是景观都市主义的原则，或者在实际工作中如何操作和执行这些原则时，这也是人们开始感到困惑并产生误解的时候。人们试图用他们熟悉的事物去界定和理解它——比如他们会问你是不是在谈论公园、街道、绿地甚至是绿色屋顶？而答案通常是否定的，景观都市主义并不是针对这些事物中的某一种特定事物的原则和方法，而是一种新的认知和思维方式——关于你如何看待、理解、决定和解决问题，以及如何寻找适于在大的城市环境背景下的指导思想和操作方法。

正如詹姆斯·科纳、查尔斯·瓦尔德海姆和斯坦·艾伦所说的那样：首先景观有镜头一般的特质，通过景观这个透镜，人们可以窥见当代城市的脉络，从整体形态和系统上研究城市的比喻性和象征性，以及各个要素之间的相互关系。其次景观又是一种媒介和载体，通过它人们可以综合协同不同的城市要素和过程，构建当代的城市。这里景观承担着双重角色：首先，景观都市主义是新的世界观——一种思考或构想的模式。从景观视角的思考和比喻来描述当代城市的现状和预测未来的发展，并且通过历史发展的自然和文化过程对其加以阐述。作为一种新的世界观，景观都市主义涉及更宽广的城市范畴，既包含物质基础又涉及上层建筑：如物质与空间情况、生态环境、基础设施、时空尺度、发展框架、社会文化、愿景和想象。其次，景观都市主义还是新的方法论—— 一种操作的方法与行动的模式。将景观动态变化的特性作为城市发展过程中的设计模式，这种模式是以实践为导向，并建立在跨学科的构架之上。景观都市主义自此可以从理论和实践两个层面对当代的城市进行解读。本章我们将从理论层面探讨景观都市主义作为一种新的世界观，接下来的章节再来通过实践层面探讨景观都市主义作为一种新的方法论。

一般来说，科学术语和规划术语通常都包含有三个层次的内涵，概括起来有意义、模式和比喻。重要的是要知道在一个实践中，一个术语哪些层次的内涵会被实践者用使用，什么是核心的含义，或隐含哪一种模型结构。通常在比喻性的对话之后必须跟随一个清晰的、具有核心定义的确切模式（Pickett et al.，2004）。本书将通过案

理解生活，构筑表达生活的方式，这才是最伟大的艺术……我已经认识到：一个人理解艺术和生活，必须深入所有事物的根源：自然……

自然规律——"美"的规律——是最基本的，不能被纯美学的自夸所动摇，这些规律不可能总是被有意识地理解，潜意识的理解总是在它们的影响之下。

我们对自然的形式世界研究得越多，就越觉得自然形式语言具有丰富的创造性，细腻和具有流变性。我们越来越深深地认识到：在自然王国表达是最"基本"的。

——伊利尔·沙里宁

例来诠释从比喻到技术含义再到模式和策略的过程。为了全面而系统地诠释景观都市主义作为一种新的世界观的观点，我们提出景观作为"整体空间形态"和景观作为"生态系统"两种概念化模式，并以此作为分析和研究当代城市的方式。这种对城市环境全面而整体的思考，表达了瓦尔德海姆透过景观的镜头来审视和展现当代城市的观点（Waldheim，2006）。通过景观比喻来阐述城市复杂而综合的动态过程和历时变化的特性，组成了这种新的世界观的核心。其中，景观作为"整体空间形态"更加形象，而景观作为"生态系统"则较为抽象，但两者相辅相成，都意味着对当下和未来的关注，以及注重设计产生的影响而不仅仅是形式本身。然而，无论是景观作为"整体空间形态"，还是景观作为"生态系统"都用到了比喻，因此我们有必要先谈一谈什么是比喻。

3.1　比喻作为新的城市形态和系统想象力的工具

比喻是一种强大的工具，可以用来创建新的概念和概念组合，它可以将一个领域中开发出来的理念或方法运用到另外一个完全不同的领域（Pickett et al.，2004）。比喻拥有一种情感的力量和一种聚集的清晰，使人们能够更形象地把握并关注那些可能容易被忽略的东西。长期以来，比喻一直是寻找规划与生态科学之间关联性的一种工具。例如，之所以在生态学的基础上出现了景观生态学，就是为了建立生态和视觉的、并且具有景观意义的模式。因为大多数生态学家不像大多数设计师一样具有视觉思维能力，在景观生态学出现之前，生态数据很少能够成为景观规划师能够直接利用的信息。这就阻碍了建造和管理具有好的生态结构景观和城市的可能。

此外，比喻对科学与社会文化之间的沟通也很有用，它在社会文化方面的使用能反映生态学生成的科学知识。生态学经常被用来比喻自然世界里人们珍视的一些事物。然而，比喻被选作来做什么会直接反映出不同类型人群的意识和价值观。例如，在环保人士的眼里，生态代表的也许是自然界脆弱的结构和关系；但对生态学家来说，生态代表的是一个系统在面对干扰时所具有的稳定性、持久性或可塑性和弹性。它还可以用来代表多样性或系统性，例如生物多样性和营养元素的循环等等；对生物生态学家，生态学代表的是本地物种与大环境之间的变化关系；而在城市设计领域，生态学被用来比喻城市范围内建筑物、基础设施或景观与人的关系。

景观都市主义作为促进学科交叉和跨学科对话的设计和规划理论，比喻被视为一种必要的工具。一方面景观是物质的，是自然的或人造的空间结构；另一方面，景观又是一个形象或象征的符号，两者相互依存，相互影响。空间的形象作为模型塑造了景观的形态；空间的物质性则是景观形象转化为真实的景观结构的前提和目的。

3.2 景观作为整体空间形态——展现城市整体形态的一种比喻

什么是景观都市主义？这门新兴学科代表了一种设计思想的转变，即从在城市肌理上强调图底组合到以城市地表作为一个生成性的场域来"汇"、"编"穿越其间动态关系。这里尤其要强调通过操作性的平面作为载体来解读人工环境中的主体——个体和群体之间的相互作用。

——利安娜·米尔

上述引文说明景观都市主义主张从关注城市中单个物体转移到由地表和场域组成的广泛而整体的城市空间形态。这里的场域，指的不仅是绿地和建筑物之间的空地，还有能激活功能和安排事件的，用来连接和组织城市的地表。这一领域中的建筑和基础设施都不是独立存在的，而是作为更大整体的一部分。由地表和场域组成的整体空间形态超越了传统的景观或绿色空间的概念，包含了城市及其周围环境的支撑结构。按照沃尔的说法，一个成功的城市表面不仅能适应当下，还应该能预判未来可能发生的事件，并动态地做出改变以应对未来需求和条件可能发生的变化（Wall，1999）。

由地表和场域组成的整体空间形态涉及广泛而多样的物质、功能及组织结构，被景观都市主义认为是代表当代都市状态的一种有效的模式。这种模式对城市的关注点发生了从建筑到景观作为一种结构性载体的转变，改变了景观和建筑的传统等级关系，同时这种模式将时间和过程视为影响城市发展和演变的重要因素。本章接下来的内容将对与此相关的理论进行阐述，并以它们出现年代的前后秩序进行组织，目的是展示景观作为由地表和场域组成的整体空间形态的理念是如何发展而来的。

3.2.1 斯坦福·克温特：时空的非线性

建筑理论家斯坦福·克温特（Sanford Kwinter）在景观都市主义这一术语诞生之前，就倡导用景观作为一种媒介和操作方法。值得一提的是克温特主要强调的是这种新模式中自然的一面。他通过引入过程和非线性，包括空间和时间，而不是以前的直线、直角模型的思想来解释景观。通过将景观模式作为一种思维方式，他在 20 世纪 90 年代创造了"景观主义"（Landscapism）和"软都市主义"（Soft urbanism）两个术语。克温特将"软都市主义"描述为：流动的都市主义，一种各种力量互动的都市主义……[它] 是一个动态的、灵活的、暂时的、非秩序的都市主义（不去对确定性，可预测性或永久性进行控制）（Gray，2006）。在其 2008 年一篇《荒野：新都市主义的前言》文章中，克温特用"荒野"（Wildness）做比喻进一步阐述了上述软都市主义的观点："荒野"是动物的王国（兽群、鸟群和蜂群）和非刻意安排的自然世界（暴风雨、地震、繁衍、灭绝）的生成逻辑，是复杂的自适应系统。克温特呼吁对设计项目和更广泛的都市项目进行重新定性，以表现或保持混乱、间接、开放和不确定性的基本特征：主张去模仿那些生态的力量和结构，从荒野自然的各个方面去挖掘，通过借用和转换自然形态过程，来发明和创造适宜人居的人工环境的建造手段（Reed，2014）。这表明克温特在描述"软都市主义"时，是受到自然及其动态特征的启发。克温特早期的研究无疑对景观都市主义的兴起，特别是景观作为整体生态系统的解释起到了影响和促进作用。

3.2.2　斯坦·艾伦：场域状况

　　普林斯顿大学建筑学院前院长、建筑师艾伦和科纳是长期的合作伙伴，他们的设计和研究领域频繁跨越学科和专业的边界。他们在21世纪初期联手共同参加了多个有国际影响力的竞赛，在景观都市主义形成的过程中起到了举足轻重的作用。艾伦还是最早认为景观可能作为场域操作载体的理论家之一，景观这种适宜性是他一些相关性文章探讨的主题，例如1997一篇发表在《建筑设计》（Architectural Design）杂志上，名为《几何形体之后的建筑》的文章，就介绍了建筑从个体到场域在理论和视觉实践上所经历的转变，同时他把这些最初的想法进行扩展，并对其在城市建筑和都市主义方面应用的可能性进行探索（Allen，1997），而之后的《从个体到场域》一文明确地给出了场域状况的观念，可以被认为在促进景观都市主义早期发展，特别是对景观作为整体空间形态的理念起到至关重要作用的一篇文章。

　　艾伦是这样定义场域状况的：（场域）能够统一不同的元素，同时尊重每个元素的形式或空间组合。场域结构是松散的组合，具有渗透性和与基地互联、互通的特征。场域整体的形状和范围是高度流动的，其中场域组分的内部秩序是决定性的。场域状况是自下向上的现象：它们不是由总体几何形体，而是由复杂的本地连接来确定。物体的形式固然重要，但物体的形式没有物体之间的关系来得更重要（Allen，1997）。

　　由此可见，场域状况包含了某些景观城市主义关于景观作为地表的特点：反对自上而下的规划，注重系统的设计及其相互关系，而不仅仅是最终形式的设计；同时通过策略和一个大的系统组织框架来应对未来的变化和可能出现的突发事件。场域状况不能（也不打算）产生一个建筑的形式和组合理论（Allen，1997）。但是艾伦提出的这一概念，可以作为产生形式的方法。这将在本书以后的章节中进一步讨论。

　　场域既是抽象无形的现象，又是有形的物质形态，"有形"指的是它的整体空间形态，而"无形"则是各个要素相互作用的关系，因此可以作为一种隐喻来解读景观。景观被解释为水平的场域，各种功能和活动都在其上发生，并将基地与城市连接起来。艾伦认为这样的场域是可以无限蔓延的，通过场域来建立一个载体和框架，自然过程和人文过程都可以在其中发生，一种新的城市形态将由此产生。

3.2.3 亚历克斯·沃尔：城市地表的功能规划

德国建筑理论家亚历克斯·沃尔继艾伦之后，丰富并且发展了艾伦有关景观作为地表和场域的策略。沃尔把营造当代的城市表面作为研究对象，在他 1999 年一篇颇具影响力的《城市地表的功能规划》一文中，提出一个关键性的城市规划设计观念的转变：即从针对物体的设计到针对地表和场域的设计。沃尔认为城市设计应通过功能编排来激活地表，为某些特定的事件编排功能，而不是以一种程式或规范化的方式来塑造和造型。对于沃尔来说，景观是组织城市及其过程的地面结构，景观不仅仅是建筑物之间的地块，如停车场、剩余空地或自然的绿地和休闲空间，而是广泛而包容性的城市地面，其中还包括了建筑物、道路、公用设施、社区、开放空间和自然环境。沃尔同时认为都市地表功能编排策略重要的是对其中暂时性和不确定性的强调和关注，这种重点强调功效的做法类似于科纳有关景观应该注重其行使功能的特征（景观能够做什么）而不是表面图案形式的组合（景观看上去怎么样）的思想。他通过将城市的表面与具有不同功能、形状和不断变化着的农田作对比，认为农田的外观是根据人们的用途和需要而改变，因此城市的地表应该能够通过设计来增加其支持在不同条件下满足多样化活动的能力，甚至是那些不能预先确定的活动（Wall，1999）。这类似于艾伦将场域研究的重点放在灵活性的框架策略上，而不是组成和形式上的观点。

介于景观和都市主义之间，首先，沃尔描述的"城市地表的功能规划"的方式所强调和关注的并不是简单的建筑物之间的空间，而是将城市表面作为一个连接组织来激活功能并激发活动。重要的是，沃尔描述这一"表面"（Surface）不仅仅是绿色和自然的空间，而是支撑着各种活动和动态功能的城市地面结构。作为一个支持结构，城市表面提供这些活动所需要的基础服务。同时沃尔提倡以一种动态的方式看待城市，认为一个成功的城市表面还应该能够预测（判）（Anticipation），并为未来需求做好准备："因为这一城市表面是动态的和具有应对能力的，就像是一个催化剂，其本身就是随时变化的事件。"通过将城市表面理解为一个积极的动态过程，目的是远离传统上仅仅以美化为导向绿色空间设计或模仿自然的设计，而是将城市表面作为一个充满活力的舞台来加速或减缓，同时激活不同的功能活动，为不确定的未来去提供支撑和服务。

其次，沃尔主张放弃传统的城市类型学：认为城市中以公园、广场、小区或花园等呈现出的单一功能形态在当今城市中的重要性与传统城市相比已经没有那么重要，而多种功能混合的基础设施、网络和非限定空间则应该是研究的重点。他认为，设计师通过参与诸如基础设施的改造，为多功能的地面增加动态性和灵活性，可以重新给设计专业注入活力。因为这些新兴的任务挑战了规划师和设计师的传统方法。参与地表功能的规划不仅要关注物质形态，同时还要关注城市的社会和文化的现象。他为设计城市表面提出了强调功能及其产生功效的 6 种方法：加厚（Thickening）、折叠（Folding）、新材料（New materials）、非限定使用（Nonprogrammed use）、暂时性（Impermanence）和运动（Movement）。这其中的加厚、折叠、非限定使用 3 种方法将在以后的章节着重探讨。

3.2.4 詹姆斯·科纳：地表策略

科纳在 2003 年和 2006 年发表的两篇文章分别从适应性和结构性两个方面阐述了景观的地面策略：

（1）地表的适应能力

2003 年，科纳在题为《景观都市主义》一文中，从水平性（Horizontality）、基础设施（Infrastructure）、过程形式（Form of process）、技术（Techniques）和生态（Ecology）5 个方面阐述了景

观都市主义理论与实践之间关系及转换。其中科纳的水平性概念包括了 3 个层面的地表策略,这些策略是对艾伦的"场域"和沃尔的"城市地表的功能规划"的进一步补充。

科纳认为 20 世纪后半叶社会的发展使得"水平性"越来越成为重要的一个关键词(图 3-1)。社会结构从分级的、中心化的、中央集权的组织转向非等级的、多中心的、分散的组织。城市现象也相应地呈现水平扩张蔓延和多中心的发展趋势,这方面以洛杉矶为代表的世界上许多大都市区蔓延最为典型。对景观城市设计师来说,他们关注的重点已经从单一转向多元、从物体转向场域、从单项的线性系统转向开放的网络。水平性使城市要素的漫游、联络、互连、聚集和移动的可能性最大化——所有这些互动允许差异性的产生、增长和扩散。因而水平表面结构成为景观都市主义最为关注的对象。因为表面是组织的底层,它能够汇聚、散布和浓缩所有在其上运作的力量(Corner,2003)。科纳进而归纳了景观都市主义对于地表的 3 个层面的操作策略:它们是划界(demarcation)、基础设施(infrastructure)和渗透性(Permeability)相互叠加的模式:土地划分、分配、划界和地面的构造构成了土地使用的第一步;第二步是在地表上建立服务和筑路以便为未来的项目提供支持;第三步是确保地块之间有足够的渗透性,以便应对未来的安排、联系和适应。这些地表策略是对景观比喻性和操作性两方面的解释。首先,它们作为一个整体:划界、基础设施和渗透性共同构成了加厚的景观地表。其次,

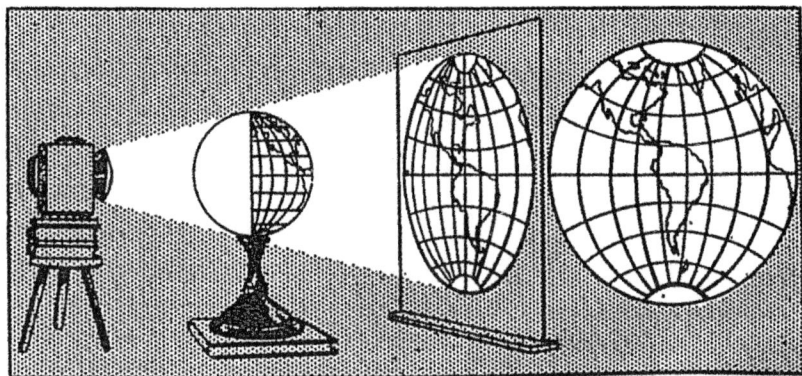

图 3-1 地表就是地球的水平投射

它们同时参与对一个特定场地的搭建和对未来变化需求的适应，这又是一个操作层面的维度。

其中：第 1、2 层，"划界"和"基础设施"类似于传统的城市规划策略，如一个新区域的建设需要划分不同的建设用地和构筑基础设施。而第 3 层"渗透性"，是一个非常规的方法，它包括了一个面向过程的维度。地表策略通过引入第 3 层来实现规划上的适应性和弹性。由于该层的加入，使地表策略成为了一个更动态和灵活的规划模式。适应性意味着城市应该能够应对未来的变化，并适应这些变化所带来的影响。第三层"渗透性"同时还为其他的层注入了动态和过程的概念，因为"渗透性"是以过程为基础的层，随着时间的推移可以影响"划界"和"基础设施"这两个层，从而让整个地表更具灵活性。以上 3 层通过一个叠加模式有助于不同层之间的互动，以及层与层彼此间的相互影响。在实践中，这意味着"划界"和"基础设施"层随着时间的推移能够集纳新的功能。作为一个可塑性和弹性的地面，可以适应不同的用途而不需要改变表面的整体结构（Assargård，2011）。在此过程中，"格网"和"层叠"被认为是一种有效的场域操作：从一个组织策略框架扩展到一个巨大的地表，并适应随时变化的弹性发展。同时这种组织还给予地表易读性和秩序，允许每一部分的自治和个性化发展，并且保持着对于历时转变的开放性。给地表安排秩序和基础设施，允许大范围的适应融合，这是类似于艾伦的场域状况中框架的设想：可以适应变化，但不会失去自身的特点。如库哈斯和屈米的拉维莱特公园的竞赛方案，都从静态转向从动态规划，依据基地所处的阶段，在适应性的框架内建造（删除、添加）和更新。

适应性是在景观都市主义语境中一个很有吸引力的理念：一个城市可以应对和吸收变化并从这种变化中获益，而不是被破坏；一个场地随着时间的变化在发挥功能的同时，不失去自身的特点。这里不仅有生态效益，同时也有社会、经济和文化方面的效益。然而地表策略中的边界在实践中还需要进一步的研究，如何实现一个渗透的边界？在 OMA 拉维莱特项目中条带的边界在现实中看起来是

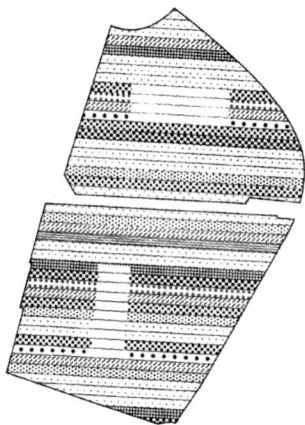

图 3-2 "条带"系统

什么样子（图 3-2）？而且，当这些条带涉及具体材料时如何能够做到可塑性？这些都有待进一步研究。因此，科纳的表面策略最适用于大尺度、需要较长的建设周期项目的早期。在此类项目中，在建筑结构、基础设施和功能意图不确定之前，可以保持一个开放的态度，以应对未来的设想和需求，上述策略可以作为一个引导场地发展的整体概念模式。但是一旦建筑物和基础设施都到了位，灵活性和适应的可能性就会就此减弱（Assargård，2011）。此外，在规划实践中，单纯为了追求灵活和适应，将框架设计的过于宽松和不确定，可能是一种风险。这一点将在 OMA 当斯维尔公园（Downsview park）方案讨论时加以说明。

（2）地表的组织能力

在上述地表策略提出 3 年之后，科纳在"流动的地面"（Terra fluxus）一文中再次给出了组织景观都市主义的 4 个主题：即历时过程、地表搭建、操作或工作方法和想象力。这方面的内容已经在上一章关于"场域操作"中讨论过了，这里主要将针对其中的地表的组织能力进行探讨。相比于上述注重灵活性和适应性的地表策略，这 4 个主题则更侧重景观作为城市结构性载体在组织城市要素方面的潜力。

正如我们已经了解的那样，地表在景观都市主义的语境中远不只是薄薄的平板。因此科纳的第 2 个主题"地表搭建"是关于地表、场域或场域的行动。地表包括了整个的城市领域，从人行道到街道，从建筑到基础设施，公园到绿地。科纳认为，"地表搭建"包括二层含义：第一层含义集中在连续的水平面上，其中建筑、基础设施和景观成为一个统一的整体，这和沃尔折叠的理念类似；第二层含义重点放在景观作为基础设施，这种基础设施同时是当今和未来城市发展的催化剂和组织架构（Corner，2006）：

基础设施及其网络所具有的连续性为城市形态的发展和演变提供

了一个有力的基底，而景观具有建立基地、地区、生态系统、网络和基础设施之间的联系，组织大型城市领域的能力（Corner，2006）。在此，科纳进一步提出将"地面"不仅理解为容纳事件和活动的场地，同时也理解为城市基础设施的网络，从而发展了以景观这种适应性的"软系统"来代替市政的刚性"硬系统"作为一种组织空间的更好途径的思想。通过为土地搭建基础设施的网络，为城市土地从现在到未来发展过程中出现各种变化的可能性提供支撑。这些地面策略允许创造大大小小连绵的场域，允许多种多样的和灵活易变的安排，涉及几乎无限的范围（华晓宁等，2009）。科纳通过被誉为"翡翠项链"的波士顿后湾公园（图3-3），来说明城市景观能够起到如雨洪调序等基础设施方面的组织能力，认为波士顿"翡翠项链"这类景观系统对改善城市居民福祉具有重要意义，它们不仅说明景观的过程和系统可以构建城市，还表明景观具有在区域生态环境中通过尺度转换来构建城市肌理，确立环境的动态过程与城市形态之间的关系，从而可以从一个区域的视角与生态的议题来分析基地背景和状况。通过在分析中发现的动态环境过程，如一个基地的水文系统，并将它用于城市形态的生成过程中去（Corner，2006）。

图 3-3　波士顿后湾公园

景观作为基础设施可以成为城市的一个组织结构。科纳认为这种有序的景观结构，可以为城市构建一个绿色的结构肌理，同时具有足够的灵活性，允许未来不确定的使用和改变（Corner，2006）。这些未来的不确定性可能来自社会文化、环境和经济等不同的过程，因此景观作为一个组织结构，不仅可以提供地表策略的灵活性和适应性，而且还能够协同城市的社会文化、环境和经济因素，促进它们之间的融合。这种能够发挥联系和组织功能的结构元素，不仅组织了物体和空间，也能够组织穿透其间的动态过程和事件。景观作为一个充满活力的地表结构，为它所支持的事物和事物间新型关系的建立和相互作用构筑条件。因此景观不仅是当下，同时也是未来不确定情况下的城市结构元素。

小结

由地表和场域构成的景观整体空间形态意味着一种整体性的思维，是景观都市主义决定性的观点之一。它通过将景观地表和场域作为一个加厚而连续的地面，来协同穿越其间的不同过程和事件。为了掌控城市场域的动态特征和增加其弹性，艾伦提出了可塑性框架的概念，目的是强调城市设计的重点应当从单一的物体转向到物体之间的关系及其相互影响。为实现地面的灵活性，沃尔建议注重功能设计，不是形式设计。而科纳则用地表和分层的适应性和组织性策略来应对城市的过程和动态条件。与艾伦和沃尔有关场域的研究偏向于"硬系统"相比，科纳的理念更是以景观为导向，将景观元素包括在城市设计中，推崇的是一种"软系统"。但他们都有一个共同特点，就是用景观的比喻来解读场域和地表，这样的解释便于产生操作的模式和策略。用景观作为比喻来解释地表和场域，主要在于其能够应对城市变化的动态特征。针对这一点，艾伦和沃尔的策略是通过增加灵活性，但他们的战略不是直接来源于景观本身。而科纳的策略则明确表明通过景观的组织能力来构筑城市。同时艾伦和沃尔的策略和模式有不同程度的抽象成分，而科纳的理念更多地涉及景观的功能和过程，并将它们应用到实际的设计中，这使得相关的方法更加具体。

景观作为整体空间形态的讨论，强调的是景观在当今重建城市的复杂性和密度中所扮演的新角色。重点是放在将广泛的地球表面重新组织成流畅、连续的载体，来有效地组织城市环境中不断增加的异质元素，并使之成为一个整体。这种合成形式的创造力来自于景观、建筑、城市规划、市政工程等所有传统的学科，而景观在这里扮演的是交响乐队的指挥和电影导演的角色（图3-4）。

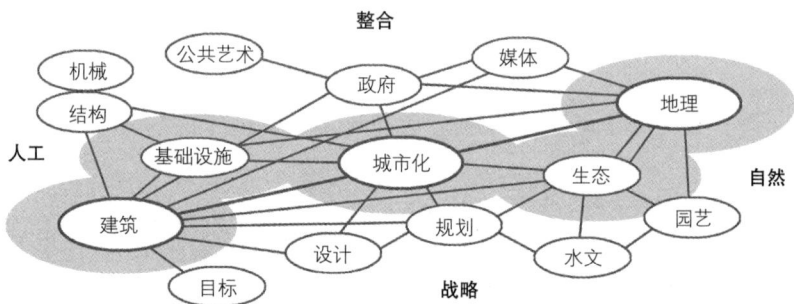

图3-4 景观作为相关学科的媒介和载体

3.3 景观作为生态系统——描述城市整体系统的一种比喻

用生态学作为一种比喻，已经成为物质世界中概念设想、构造和动态关系之间的一种对话。比喻对最初看来可能毫无共同点的科学领域间的沟通交流非常有用，而在形成新的生态学的模型方面同样至关重要。常见的生态系统的比喻，如"进化"，表明一个不断发展或生长出来的形式。"演替"在生态学中是指植物群落的结构和组成的变化，或一个生态系统随时间变化的过程。"竞争"最初是一个反映对公共资源争夺的社会学概念。"干扰"作为一个技术术语，最初是用来反映专业的生态学家忽视生态系统内部自然扰动的一种术语（Pickett et al., 2004）。这些术语被景观都市主义所借用，并在其语境下赋予了新的含义。

景观作为生态系统是将城市比喻为一个动态的生态系统。景观地表涉及广大的、水平的、分层叠加的地表，不是没有活力的平板，而是积极的、代表着大量变化过程的、能够行使功能的载体。水平状态的地表、动态的生态系统和穿越其间的事件和过程，彼此相互作用共同组成了当代的城市景观。景观作为生态系统就是用来描述地表的这些过程和动态特征，通过生态学这一透镜观察城市，并将其视为一个进化着的过程体系。这里景观和现代生态学整合了自然和文化过程，表明生态系统不仅受到生态过程的影响，而且还受到社会、经济和历史文化过程的影响。

将城市解释为一个生态系统，说明景观都市主义一个根本的关注点是城市不同组分的相互关系。生态学恰巧提供了这种事物复杂而相互联系的观点，当应用生态学分析城市的不同组分以及它们的相互联系时，处理这些联系的工作方式可以作为模式来使用。因此操作层面的解释能够促进和协同不同过程的综合方法和策略来阐述城市状况。这些由生态学引发的模式和方法将会在接下来的章节中着重阐述，本节将主要从世界观角度探讨景观作为生态系统的动态、协同和过程的原则。

3.3.1　生态学作为跨时空的自然与文化系统的结合

在城市范畴内运用生态学并不是景观都市主义的创新。麦克哈格于 1969 年出版的《设计结合自然》一书中就强调了城市规划中的生态维度，在他的理论和实践中景观和生态学间有着强有力的联系（Muir，2010）。麦克哈格的理论并不侧重景观视觉方面的审美，而是专注于地质、植被和水文过程为导向的生态思维，并根据景观的这些特征为之后的开发确定适当的场地。科纳认为《设计结合自然》中区域生态规划方法为景观都市主义的许多思想奠定了基础（Corner，2006）。

这里需要指出的是，麦克哈格的《设计结合自然》一书研究的对象主要是城市以外，那些自然条件较好的地区。然而，20 世纪后期以来城市化和城市蔓延已成为全球现象，不断碎片化的土地使得有价值的自然环境或者敏感地区逐渐缩小。因此从方法论的层次而言，只能"叠加自然因子"，而无法"叠加城市因子"的环境限制的适宜性分析和叠加图的生态规划设计方法，在面对当今全球城市环境议题时，已逐渐显露其局限性（翟俊，2013）。

继麦克哈格之后，生态学在城市中的应用得到了显著的发展，研究领域已经从过去研究"城市中的生态"（Ecology in cities）：仅仅将城市中的自然元素看作为生态来研究，发展到今天的"城市生态"（Ecology of cities）：将城市所有的组成部分看作为一个生态系统来研究。生态系统也已经从过去的"平衡说"发展到今天的"非平衡说"。现代生态学认为生态系统是动态的、开放的和自组织的，同时是难以预测的，因为它们为了应对和适应当地的、区域的甚至全球尺度的改变而不停地发生着变化，从一种状态发展到另外一种状态。20世纪80年代福尔曼提出一种通过景观生态学这一透镜研究景观规划设计的全新方式。福尔曼的景观生态学展现出新的理论和方法，该理论强调了空间环境、格局、斑块和廊道以及它们间的相互联系的重要性，认为景观生态学应该被视为空间环境和生态过程之间的互动，其中空间是理解生态系统的一个重要的因素。将设计师的空间设计和想象能力与生态学家的科学研究方法结合在一起，从而创造出了城市设计的一个新模式：将设计和环境综合起来，并在研究范围中包括了城市和人类的影响。这也意味着在处理历时变化的空间环境时，将自然系统和人文系统结合起来。这一理论使得设计策略的新方法得以出现。将生态系统作为一个模式，可以让设计策略应对复杂的社会和文化特征，并强调了设计一个能够适应变化和从干扰中恢复的弹性系统的重要性（Muir，2010）。

3.3.2　城市作为一种整体的生态系统

景观都市主义应用现代生态学和自然过程的知识来阐述复杂的城市生成、发展和演变过程，并通过动态的现代生态学的透镜来认识和理解城市。科纳认为这种生态模式还可以被运用到当今城市的建设中，城市中的建筑和基础设施可以做到像森林和河流一样生态（Corner，2006）。

（1）动态性与暂时性

科纳在"流动的地表"一文中讨论了当代城市所具有的动态性

与暂时性的特征，指出地球上的所有因子都存在于相互依存和相互作用的生态系统之中，它们瞬息万变且充满暂时性。同时系统中各因子之间的相互关系无法用线型、机械的等级式模型进行解释；其次个体因子的作用能起到累积和叠加作用，从而逐步改变一个环境的特性和它的外部形态。因此城市不会定格在某一个特定的阶段，而是存在于全方位的动态过程之中，其中任何一种空间形态都是暂时的，是过程之中的形态。那些最初被误认为是随意、凌乱、互不相干或难以理解的情形也许正包含了一种特殊几何形体或空间上的新秩序（Corner，2006）。科纳将城市看作为相互联系的动态系统，而流动和过程是其主要特征。像生态系统一样，城市中某一部分的变化将影响到整个系统。科纳把城市的这种状态叫作 Terra Fluxus（流动的地表），以此区别于 Terra Firma（静止的、不变的、确定的地表）。

（2）整体性与关联性

现代生态学还把不同种类的自然和人文过程理解为一个整体的系统。首先，作为整体系统意味着生态系统所有部分相互关联：科纳认为城市中的社会文化、政治和经济过程同样需要与自然系统协同整合和相互交错，而景观都市主义的目标就是处理城市区域内所有运行的系统和过程。在景观都市主义的理论体系中，城市区域被看成一个随时间不断变化的整体生态系统。

其次，作为整体系统还意味着生态系统所有尺度相互关联：一个区域尺度的改变可能影响场地尺度上的改变，反之亦然。这让设计的关注点不仅是单一的尺度，还需要放在不同尺度的来回转换上。为了让空间营造的过程变得具有生态性、都市性和社会性，这种不同尺度之间的转换需要一种跨学科的途径。按照科纳的说法，用整体方法对待当代城市需要面对诸多复杂的问题，需要采用一种跨学科手法对场地及周边环境进行调研。这就需要将相关专业和其现今各自为政的体制进行整合，形成一种新的协同的设计文化，从而使得空间——物质的实践能够以批判的眼光和深度的想象力将不同的尺度联结起来。景观都市主义的途径就是依据网络和过程的整体系统来审视一块场地的。除大尺度之外，科纳也强调细节：即实实在在和可触摸尺度的重要性，他认为一个好的设计师必须能够将图表和设计策略与触觉和情感相联系起来（Corner，2006）。此外，景观作为生态系统的解释不仅是为了理解这种生态进程的作用以及如何与其合作，还包括了与操作方法相融合的整体视角。

（3）偶然性和弹性

由于人们不可能被完全预测生态系统的进化过程，因此将生态作为设计的模式，首先意味着要做好应对那些不可预测的偶然性的准备，与此同时容许意想不到的事件的发生。在景观都市主义的语境中，意外被认为是景观的一种重要的潜在特质，被视为是设计中不可分割的一部分。意外可以被作为不确定的因素和意外的惊喜被考虑进设计中，例如一个经常逛公园的人，每次来公园都会在生态、审美和休闲方面经历不同的体验，因此这些不确定的因素可以产生体验的多样性。然而，这种不确定性必须是建立在总体可控的设计策略框架之上，设计策略需要统筹和指导场地内的影响因子和过程（Prominski，2005）。

其次，生态作为设计创造力和想象力的源泉和模式还意味着强调弹性和适应性，做弹性和适应性的设计。所谓弹性和适应性设计，就是将场地想象成一个动态的生态系统，可以预判和应对当地甚至是全球尺度上发生的变化（如气候变化）。另外，一个可以统筹和指导场地因素和过程的策略需要有弹性，就像有弹性的生态系统一样行使功能、应对和吸收变化，并能从外部环境的影响中自我调整和修复而不会被影响完全改变。在实践中，这意味着一种设计观念的转变：从使用人工方法来使景观维持在某种稳定（特定）状态，到提倡一种与控制和确定性相反——容许变化和非确定性的态度。这种观念进一步呼应了适应性的设计方案，即减少对静态形式的强调，反对为建造而建造，而是研究建造的物体与其被嵌入的系统之间的反馈循环。从而使景观的自我组织类似于一个生态系统的自我组织，这对于景观长期可持续发展是必需的。大型城市公园设计竞赛，像2000年多伦多当斯维尔公园和纽约清泉公园竞赛方案就是这些观念的具体体现（Muir，2010）。

（4）过程与形式

景观作为一个生命体，是随时间而演变的物质。景观的能动性使它成为一个多产的中介，景观变化创造新的形式和功能，它没有最终的完成品。与关注构图及象征意义的传统建筑的方法不同，景观对待形式不是一种形式主义的方法（所谓的形式主义就是将设计作为形式的创造和展示，其方法是将相关的自然和文化用符号的形式来展现：将特权思想或概念进行组合，凌驾于物质和人的感官体验之上。这在传统建筑的方法上表现得尤为突出），而是一种形态演变（Morphogenetic）的方法，形式只是过程的从属，是适应过程的结果。也就是说，形式不是事先决定的，而是过程产生的；不是外在强加的，而是自然而然出现的。同时形式还是开放的、动态的，演进的，这样的形式能够对不断改变的生态过程、自然环境和社会文化的需求做出相应的回应，从而表现得更灵活、更经久和更具弹性。基于过程的设计也因此不是为了最终形式和外表，而是制定规则和逻辑（Koh，2005）。

科纳将这一观点应用到城市设计中，认为都市化进程：如全球化、市场化、资本流动、资源再分配、体制政策的放松在营造都市方面所起的作用远比空间形式更为重要。现代主义有关新的物体结构形式与功能分区能够产生新的城市形态的说法已被历史证明是行不通的。归其原因，就是它们要把动态的城市过程强行地放在一个固定而僵硬的空间结构和功能分区之中，而这种结构和功能分区既不能"汇"也不能"编"穿越其间动态的事件与过程。现代主义认为形式可以控制过程，而景观都市主义则认为形式是由流经它的过程来创造和维持的，过程可以被视为随着时间推移的空间形式，所谓"过程产生形式"（Process generates form）。科纳认为这些关注于形式的现代主义和前些年盛行一时的以"新都市主义"为代表的新传统主义模式失败的根本原因就是它们理所应当地认为空间的次序（形式）能够左右城市的历史和发展过程，然而城市动态过程的多样化和丰富性是不会也不可能被限制在静止的、无法适应城市动态变化的空间框架之中（翟俊，2010）。

科纳认为未来都市规划设计的新的可能性的迸发，必然较少来自于对形式的理解，而较多的来自于对过程的理解——事物是如何在空间和时间中运作的。由此，景观都市设计强调一种动态、弹性的规划过程，而不是那种一次定型的"总体规划"。就设计的成果而言，具体的形态让位于对于历时发展过程的计划以及对于未来发生的各种可能性、随机性和变更的容纳，为"事件景观"提供舞台（华晓宁等，2009）。

然而，景观都市主义强调过程并不等于排除空间形式，对于过程的重视也并不意味着形式和实体特征不重要，而是寻求建立一种新的对话方式来辩证地理解形式如何与流经、呈现和维持它的过程相联系（Corner，2006）。事实上，在很多方面，景观利用形式来塑造城市和景观的过程并没有改变。不同的是我们所理解的现代景观以及它们所行使的功能和一个世纪前迥然不同，以前那种田园般画境园林的形式，以及寻求模仿和再现自然的手法，大多起源于中国古典园林、英国自然山水园林和美国景观之父奥姆斯特德早期的作品，我们现在所使用的是一个注重环境背景和过程的形式，科纳认为对于过程的重视要求实体形式和材料不仅要从它们的美学品质方面，还要从它们的工具性和实效性中获得价值，并充分应用我们所掌握的科学技术和对生态系统的了解。可见过程和形式不是二元对立的，而是互相影响、互为因果的一个整体。因为过程如果没有有形的物质、外形结构来允许或阻止特定的生态流动和人类活动的话，就无景观可言。例如乔治·哈格里夫斯事务所在 20 世纪 80 年代设计的多个项目（图 3-5），以及由俞孔坚土人团队设计的上海后滩公园以及贵州六盘水明湖湿地公园，其景观布局形式都是基于场地的雨洪调蓄与河水净化过程而产生的过程化的"形式"。

图 3-5　应对洪水的过程形式

小结

景观作为生态系统同样是景观都市主义的重要观点之一。景观都市主义的生态观包括自然、人文和城市问题，旨在从总体上创建人类与环境之间的操作系统及和谐共生的关系，它是一种比喻生态学。首先，通过将城市看作为一个演进系统，并将生态系统作为城市的一种抽象的比喻模式，透过生态透镜从整体来审视城市。这意味着一种整体性的系统思维，即城市各尺度和各组分间相互关联、相互作用和相互影响。

其次，景观作为生态系统的比喻同时强调了对城市的弹性、适应性、暂时性和偶然性的关注。为了突出这些生态特征，在对场地进行设计时，除了强调诸如学科交叉、跨学科、设计"过程"和创建自我组织的调节体系等具有弹性和适应性的空间操作方法之外，还需要从城市的演变的过程出发，并随着时间的进程，逐步形成自然和社会文化的融合。就像在生物进化过程中，每一种生命有机体不仅为了尽力存活，更是为了实现繁衍。在景观都市主义的语境中，这还意味着弹性和适应性，因为好的设计不仅需要能够应对环境改变，同时还应该能够始终保持自身的活力与个性。这不仅需要策略，同时还需要像上文中所描述的"过程形式"。景观因此可以被理解为它自身的进程及其所受到的外力影响共同作用的结果。景观受到的这些不同的作用力和经历的过程随着时间产生不同的效果和形式。这些效果和形式可能是具体的、物质的，也有可能是与使用者相关的，非物质的社会和文化现象。

最后，景观作为生态系统的比喻还明确了生态过程与形式的关系。科纳的"流动的地表"是源于景观作为一种动态生态系统的比喻。对于当代城市的动态现象需要用动态的方法加以对待，科纳明确指出应该通过现代生态学这一透镜来观察城市，并把重点聚焦在设计"过程"而不是设计"形式"上（图3-6）。他认为真正的生态设计应该较少地关注设计的最终结果或形式，而更多地将注意力放在设计的过程、策略、中介和为现在及未来的功能和事件构筑平台上。同时景观

图 3-6　净化污水的过
程形式

所具有的催化和载体的功能可以创造多样性的关系，形成和建立彼此
互相连接的网络（Corner，2006）。这种多样性的关系和互相连接的网
络意味着设计需要关注于不同系统的过程及其产生的不断变化着的
形式，通过由演变过程产生出的"生命的形式"（Life form）（图 3-7）
模式，科纳帮助我们了解这种过程与形式在项目实践中意味着什么：
它的内容、形式、自然和文化的特性及其操作过程和设计师的创意，
都可以在整体上被视为一种受制于演变动力和进程的有机体。科纳"生
命的形式"的解释有助于表达一个项目如何可以通过一种整体的途径，
将其镶嵌于场地的自然与人文的过程之中，以及解答关于环境、形式、
工作方法以及设计师创意等问题。在一个演变的环境中，项目只有最
大程度地行使功能，在此过程中会产生诸如形式和社会价值等一系列
影响，才能够获得最终的成功。

本章总结

在景观都市主义理论中，景观作为由地面和场域组成的整体形

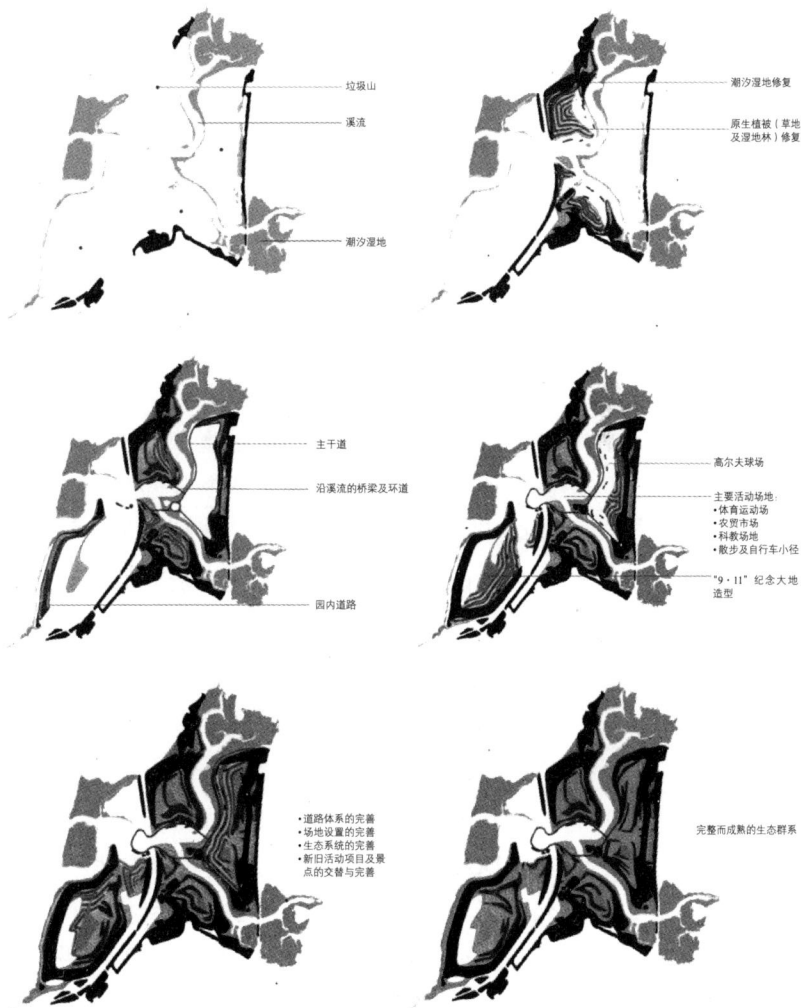

图中标注文字：

垃圾山
溪流

潮汐湿地修复
原生植被（草地及湿地林）修复

潮汐湿地

主干道
沿溪流的桥梁及环道

高尔夫球场
主要活动场地：
· 体育运动场
· 农贸市场
· 科教场地
· 散步及自行车小径

园内道路

"9·11"纪念大地造型

· 道路体系的完善
· 场地设置的完善
· 生态系统的完善
· 新旧活动项目及景点的交替与完善

完整而成熟的生态群系

图 3-7　生命景观从无到有的过程

态和景观作为由人工和自然组成的整体生态系统的理念，不应被视为是彼此对立的。乍一看，有人也许会得出景观作为整体形态是有关"硬系统"，而景观作为生态系统是有关"软系统"的议题。而事实并非如此，景观都市主义并不在"软"和"硬"价值观念之间做选择。因为这二者是相辅相成的，都是提倡促进城市整体途径的理念。景观作为整体形态和景观作为生态系统的描述都将城市视为动态的变化过程，同时二者都强调适应性和弹性，以及自下而上不同系统的整合，因此它们能够为处理动态的城市问题提供不同的模式和策略。此外，为了更好地解决当代的城市问题，虽然各自的侧重点不尽相同，但二者都反对单纯的形式组合的设计方法：

景观作为整体形态注重框架和分层策略，强调将景观作为一种构成和组织元素，如搭建地面及功能编排；而景观作为生态系统则着侧重对于过程、弹性、联系性以及尺度转换的关注。这些概念还能重叠在一起作为操作方法来组织功能编排，在景观生态系统内来处理城市的社会文化过程。应用生态系统作为研究城市的一种有效途径，表明城市中各个组成因子的关联性，因此景观都市主义是一个包括景观、建筑、基础设施和都市生活的综合实践。这种综合实践几乎正是景观都市主义自身定位所在：具备在宏观、中观和微观不同尺度之间转换的能力，超越简单化的视觉表达，并朝向充满活力以及健康系统的整体空间形态发展。

综上，景观都市主义将景观作为一种"行使功能的环境"，强调过程、弹性和整体系统设计，反对单一功能和纯粹的形式设计。景观生态学家理查德·福尔曼给景观贴上这样的标签：（景观）是一种本土生态系统的混合或者在一千多米宽范围内相似的形式多次反复的土地使用的拼图。因此，大量多次重复的空间元素塑造了一种景观（Doherty，2006）。这段话明确说明了景观作为空间形态的整体特征和景观作为生态系统的动态特征在构成景观的过程中是相辅相成、相得益彰的。这种关系同时也说明景观都市主义世界观和方法论之间的联系也是相辅相成的。在接下来的章节中，本书将从方法论及操作层面关注景观都市主义在具体的实践中是如何发挥作用的。

参考文献

[1] Charles Waldheim. Landscape as Urbanism//Charles Waldheim. The Landscape Urbanism Reader. New York：Princeton Architectural Press，2006：41.

[2] Charles Waldheim. A Reference Manifesto//Charles Waldheim. The Landscape Urbanism Reader. New York：Princeton Architectural Press，2006：13-19.

[3] S.T.A. Pickett，Resilient cities：meaning，models，and metaphor for integrating the ecological，socio-economic，and planning realmsLandscape and Urban Planning 69（2004）369-384.

[4] Muir，L.（2010）. Mapping Landscape Urbanism. Dissertation（MA-LA）. University of Manitoba Department of Landscape Architecture Faculty of Architecture，Canada.

[5] Wall，A.（1999）. Programming the Urban Surface. In Corner，J.（ed.）Recovering Landscape：Essays in Contemporary Landscape Architecture. New York：Princeton Architectural Press，pp. 233-250.

[6] Chris Reed and Nina-Marie Lister.（Ed.）. parallel-genealogies. Projective Ecologies. Cambridge：Harvard University Graduate School of Design，2014：22-3.

[7] Allen，Stan. "From Object to Field" inArchitecture After Geometry，ArchitecturalDesign，vol 67，no.1/2，Jan-Feb 1997，pp24-31.

[8] Hanna Assargård（2011）. Landscape Urbanism-from a methodological perspective and a conceptual framework（MA-LP）. Swedish University of Agricultural Sciences，Uppsala.

[9] James Corner. Terra Fluxus//Charles Waldheim. The Landscape Urbanism Reader. New York：Princeton Architectural Press，2006.

[10] James Corner. Landscape Urbanism//Mohsen Mostafavi and Ciro Najle. Landscape Urbanism：A manual for the Machinic Landscape. London：AA Publication，2003.

[11] 华晓宁，吴琅 . 当代景观都市主义理念与实践 [J]，建筑学报，2009，（12）85-89.

[12] Prominski，M.（2005）. Designing Landscapes as Evolutionary Systems.The Design Journal，vol. 8 no. 3，pp. 25-34.

[13] Jusuck Koh.2005. Ecological Reasoning and Architectural Imagination. Wageningen：Uitgeverij Blauwdruk.

[14] 翟俊 . 走向人工自然的新范式——从生态设计到设计生态 [J]，新建筑，2013（04）.

[15] 翟俊 . 基于景观都市主义的景观城市 [J]，建筑学报，2010（11）.

[16] Doherty，G.（2006）. Landscape as Urbanism [Lecture at Harvard University，Cambridge USA] (electronic). http://www.rali.boku.ac.at/fileadmin/_/ landscape-xperiments/Doherty_Gareth_01.pdf . Accessed on 15th October，2010.

第4章

景观都市主义作为
新的方法论

Landscape Urbanism as a
New Methodology

规划与设计应是个"思考的习惯"——一个富于想象力，差不多是童真的探索，在复杂、矛盾和多层意义的环境中寻找恰当的答案。

——凯文·林奇

上一章着重探讨了景观作为整体形态和景观作为生态系统两种景观都市主义的决定性的世界观。然而这些新的世界观在实践中到底意味着什么？它们以何种方法发挥作用，以此产生的形式又是怎样？尽管相信景观都市主义的方法和技术可以为当今的城市建设提供一种新的选择，但科纳承认景观都市主义在从理论转化成实际应用的方法过程中还存在着许多不确定因素：景观都市主义这么多复杂内容如何转化为操作策略？有没有可能从景观都市主义所涉及的尺度广泛和参与者众多的过程中创造设计概念和手段？如何在城市开发主要由经济利益驱动，而城市进程远远超出了设计师掌控的今天，做一名景观城市设计师（Landscape urbanist）？为此他倡导新的理念和技术，并且提出了关于这些理念和技术如何应用的一些想法：

"（景观城市设计师）既要着眼于横跨时空的多尺度的转换，又要学会勾画场地现状情况草图和做详细的工作记录，同时对比电影和舞台技术与空间标注；既要了解计算方法、计算机的数字化空间技术，还要会用颜料、黏土和墨水这些传统的技艺；既要学会与极具想象力的创意人士、房地产开发商和工程师打交道，又要对当代文化做诗意化的解读。"（Corner，2006）

虽然科纳为当今的景观城市设计师列出了一个工作清单，然而不可否认，这份清单还相对抽象，它只笼统地提供了一个内容广泛、可能应用于景观都市设计过程的多样化工具和手段的愿景，而不是具体的工作方法。

实际上，景观都市主义不是空洞的理论，而是充满实践潜力的操作方法。为了提升景观都市主义的适用性和解决实际问题的能力，必须考虑世界观到方法论的转换，理论性的论述必须与适用性的方法和实际问题相结合，这将有助于使景观都市主义变得实实在在。尽管这可能需要经历一个从抽象理论落实到具体实践的挑战，但不管怎样，同时在理论和实践两个层面去理解一个问题有可能激发出新的思路并有助于将我们对问题的认识向前推进一步。因此接下来的章节，将从方法论及操作层面重点关注景观都市主义的世界观如何指导具体的实践，同时详细探讨如何将这些理论转换成相关的工

作为一个复杂的理论，景观都市主义不仅仅是一种时髦的概念和风格：它是一种社会思潮，一种设计态度，一种思考和时间的方式。在许多方面，它被认为是对传统城市设计和规划无法在当代城市中有效实施后的一种回应。

——詹姆斯·科纳

作方法、模型和策略。这一章将从方法论的视角尝试使科纳有关景观都市主义操作方法的愿景具体化，第 5 和第 6 章将进一步从操作层面，同时结合实际案例讨论相关的模式和策略。

4.1　自下而上的设计

"自上而下"和"自下而上"作为行为和思维策略被广泛地运用于科学、管理和工程技术等领域。这两个术语在 1989 被美国的远见研究所（Foresight Institute）首次应用于纳米技术领域，以区别分子制造（批量生产原子精确度的物体）和传统制造业（批量生产非原子精确度的物体）。"自下而上"寻求由较小的（通常是分子）的组件，通过自组织或自组装构建成更复杂的组件，而"自上而下"则是寻求通过使用更大，通常是外部控制的方法，来指导个体的组装。从广义上讲，"自下而上"比"自上而下"的方法更便宜经济（en.wikipedia.org）。

所谓"自上而下"的设计就是将特权思想 / 概念（通常是设计师和领导的喜好）进行组合，凌驾（强加）于场地生态系统和社会文化之上。而"自下而上"的设计则类似于俞孔坚的"反规划"：城市设计将"图—底"关系颠倒过来，先做一个底——即大地生命的健康的生态的底，然后，再在此底上做图——一个与大地的过程与格局相适应的、可以持续增长的城市（俞孔坚等，2005）。它是一种适应场地的、综合的、动态的，且不断进化的自然而然的设计方法。

4.1.1　结合场地及环境背景的设计

英语中"设计"一词是源自"标志制作"（Designation），强调的是展示和与众不同，这里形象是设计的优先考虑，而通常忽略了与场地及环境背景的适应性，进而削弱了设计的融入和与整体环境的和谐。这种认识一方面被信奉西方文化传统，崇拜天才、权威、专家甚至神圣创造力的个人崇拜意识所推崇；另一方面被一些将艺术、时尚和设计作为社会地位及权力象征的人士所标榜。相反，景观都市主义主张寻求的是与场地及其环境背景耦合的设计，设计不是为了鹤立鸡群而是整体融合，将设计置于，甚至嵌入到环境背景之中（如叶脉与叶片的关系）。用景观都市主义的方法进行设计，就是要让设计扎根于场地，它不仅需要实地勘察，充分考虑场地的特征和所处的环境，而且需要认识到场地中的土壤、水、植物及其他物质材料都是有生命的、敏感的和有创造力的生态系统。

景观都市主义的设计方法超越了现代主义所关注的对空间和领地的扩张与占有，它将设计引导为对时间和过程的设计：时间的栽培、生长过程所需要的时间，以及收获所有意料之中的和意料之外的惊喜。在景观都市主义的方法中，设计也因此不仅仅是一种对形式的创造，更是一种融入环境背景和进程的调整。用景观的方法进行设计，超越了现代主义所关注的对空间和领地的扩张与占有，将设计引导为对时间过程的设计：时间的栽培、生长过程所需要的时间，以及收获所有意想不到的和意料之外的惊喜。在景观方法中，设计也因此不仅仅是一种形式的创造，更是一种融入环境背景和进程的调整。

4.1.2 发现为基础的设计

景观都市主义的方法是以基地的自然和文化过程为出发点，因为这些过程连接景观和它们的生成逻辑、属性和受到影响的解码。通过对景观过程和它们的形成机制的认识，设计作为一种人工干预可以被用来操纵自然过程，影响景观空间和物质的表现，并使其向预期的方向发展。这里自然过程是形式的创造者，安妮·斯伯恩和迈克尔·霍夫（Michael Hough）等人把这描述成自然过程和城市形式之间关系（Hough，1984；Spin，1984）。

在以发现为基础、基地的特殊性为策略的景观都市主义的设计方法中，基地的发展过程被融入设计之中，你在基地上发现的相关信息将构成设计的生成逻辑。因此发现和筛选基地中的何种信息作为设计的基础是一项重要任务。科纳把在基地中选择相关信息的过程称为"发现为设计基础"（Finding as design–founding），它是关于积极选择景观中有代表性的特征，并将其进一步发展，以便成为一个设计概念的基础（Corner，1999）。为此，设计师需要一种类似于生物学家在组织基地调研时经常使用的调研纲要（详细目录），这一基地调研纲要可以被视为是一种工具，它为设计师做出"以发现基础"设计概念的形成过程提供帮助（Kvisthöj，2008）。

除了对基地自然进程的发现之外，为促进不同系统的协同，基地及周边的社会、文化和经济的过程同样也应该作为必要的内容包含在调研纲要之内。因为景观都市主义主张多种类型的融合，提倡自然和文化系统的协同，不用自然和文化的二分法来分析城市。为了有效地操作基地内外不同的驱动力，自然和文化应该被视为一个整体，因为人类是通过文化因素来分析自然因素，以此决定如何编排自然因素达到预期的效果。

科纳的"发现为设计基础"的工作方法将基地的发现作为未来设计发展的基础，这些发现是设计师在基地调研中选择并提取出来的，并将它们运用到设计方案的生成过程中，起到了将基地信息应用到设计，将设计转变为现实的作用。这一过程展示了基地现状条件是如何影响设计：在基地上发现了什么将作为必要的条件来指导设计过程，这些条件包括在景观中起代表作用的过程和驱动力。"发现为设计基础"作为一种新的基地的研究方法和设计手段，不仅需要对基地历史的和当前的特征进行分析，而且还需要对基地未来发展情景做出假设和预判。

（1）广泛的基地研究

相较于传统的景观设计，景观都市主义提倡的基地研究不仅包含基地本身，还涵盖了基地以外更广泛的区域和内容。如今城市的基地更加复杂，因此需要为场地建立一个整体观并以此为基础更深刻地理解基地的背景。这种基地的研究要比麦克哈格以生态因子或基地的视觉感知的调研方法包含更多的内容，而且需要通过社会的、生态的和经济的不同视角来分析，同时这些分析还必须包括时空的因素，并延伸到基地范围之外那些对其产生影响的社会文化、人口分布、政治社会形态、经济和环境等因素。

基地研究还需要包含这些因素和过程如何在过去和现在之间起到的关联性。因此基地研究除了揭示表面现象之外，还应该了解基地为什么是这个样子以及如何变成现在这样的？这里设计师所承担的任务和角色被扩大，设计师需要研究、分析、提出问题并给出建议。为做到这些，设计师在进行基地研究时需要更加敏悟和理性。

例如，科纳的团队对纽约高线公园的现状分析，除了传统基地的分析行为：如场地上原有基础设施、植被、风、光、声、雨水及排水状况和植被之间的关系之外，基地调研还包括场地形态学和周边建筑、社区、商业活动等等，并将相关因子之间关系描写为高线公园沿线的不同微环境。当这些不同区段的现状特点确定后，被设计团队用来作为景观生成的逻辑和设计的基础。

（2）基地原有材料的使用

景观都市主义注重基地的过程设计，而不是最终的形式设计。因此设计师不要特意（或随意）将新的或外来的材料和形式强加于场地之上，材料和形式应尽量从基地中去发现，而组织结构则源于基地固有的系统。由于基地材料是动态的，因此设计师应该致力于了解当地的材料和它们的演变过程。

例如 D.I.R.T. 事务所对美国费城，原海军船厂总部前院的改造，就较为成功地展示了场地的历史和材料是如何被创新地再利用，并由此获得当代的价值的设计理念。这个案例的出发点是基地上现有材料的再利用，偏重于场地的文化过程。其他的案例如科纳的纽约清泉公园和多伦多当斯维尔公园竞赛作品则采用了更加生态的方法，偏重于基地的自然过程。其中清泉公园展示了对整体生态系统的关注，而当斯维尔公园展示的是基地的水文管理，并以此作为设计的出发点。

（3）传承场地的历史过程

每一个场地都被深深地打上了历史的烙印，历史赋予了场地深刻的特征。构建可持续场地和塑造场所精神重要在于设计师采用更加积极的态度去对待基地的历史，在关注场地现有事物的价值的同时，对场地的历史应当像听一段过去的老音乐那样，持有积极和开放的态度。研究基地历史不仅仅意味着研究它的形式或表象，并以此来用作为设计的参考，而了解基地的历史更多的是为了理解表象之外影响它的诸多因素。为此设计师需要从历史背景下观察基地，问一些关于基地现状（表象）背后的问题。因为一个基地的"现状"（表象）并不能完全提供基地如何和为什么变成现在这个样子的所有依据：例如某一基地在它变成农田、炼钢厂之前是什么样子？它的地质成因是什么？这些地质因素是如何改变或在基地上留下了什么印记？哪些是地质学、植被和水文方面的特征？基地的哪些方面适应了场地生态和气候的变化？哪些还没有？当前又有哪些因素正在影响着基地？基地的哪些方面受到了外部事件：如经济、政治和环境等因素的影响等等？这些都是我们需要了解的，表象之外的东西。分析研究基地历史的目的是为了之后更好的设计，这如同与人对话，一个人不能不听之前人们都说了些什么就盲目地参与一场对话，因为要使交谈得以继续，你必须了解之前别人都说了些什么，并最好只谈论那些能够使谈话继续下去的事情（Marot，1999）。在设计构想的过程中，设计师可以从基地和它过去被使用的过蛛丝马迹中获得灵感和启发。如彼得·拉茨（Peter Latz）设计的德国北杜伊斯堡景观公园就是这方面的成功案例之一。

　　此外，一个独特的设计往往是拿场地现有环境的制约作为设计出发点。例如在纽约垃圾场改造项目中，每一个参与该项目竞标的团队都试图强调所谓的绿色思想：比如资源循环利用，乡土植物种植以及可再生能源的利用等等。但是，除詹姆斯·科纳之外，没有人愿意正视和强调一个既成事实：那就是场地上原有垃圾山的存在（由纽约人堆放了50多年，总重达15亿吨的生活垃圾形成四个小山丘），更不用说如何利用它们了。科纳不愿意将垃圾堆填埋后，再在上面建造一个新的公园，相反，他更愿意尊重场地的现状，注重对特定场地的具体生态问题的解决。首先通过承认它、修复它，再使其转换与再生，从而将旧垃圾山变为新公园的一个重要组成部分——"9·11"恐怖袭击事件纪念园（图4-1）。通过将生态行使的功能过程作为景观实践的艺术表现对象，并加入文化、审美的内涵，从而使之服务于现代大都市。这个设计的独特之处就是把场地的现状作为延展我们设计理念一个最原始、最重要的出发点（翟俊，2012）。

图4-1 由垃圾山改造
的纪念性地形

（4）设计师角色的转变

在基于过程的景观都市主义的实践中，设计师需要认识到他的
设计作品是由"多作者"（Open authorship）共同完成，设计师对场
地的贡献只是其发展过程中诸多影响因素之一。这一策略强调了设
计师将扮演一个非专制的新角色，这是基于对场地的动态条件、偶
然性和开放性系统的认识。设计师要有不完整（留白）的思维，因
为与传统的建筑设计不同，景观设计没有"完成"的作品，也就是
说设计不是建立在最终的解决方法上，而是提出问题、播撒"种子"、
构建策略，提出潜在发展的可能。因此项目发展的构想（设计框架）
是影响设计的首要因素而不是最终形式的表现。为做到这一点，设
计师需要强调实施和维持景观发展所需要的步骤，同时尽量使这些
步骤可视化。因为使这些过程和阶段可视化不仅仅有助于项目的实
施，而且可以帮助那些为该项目投入了时间和资金以及日后使用的
人理解你的方案。科纳的清泉公园方案就是这样一个在操作和表现
两个层面上都颇具特点的案例（图4-2）。然而对设计的概念和对设
计师角色的重新定义对大多数设计师而言可能是一种挑战。这个给
自然和文化过程留出一定的发展空间、非专制的设计师新角色挑战

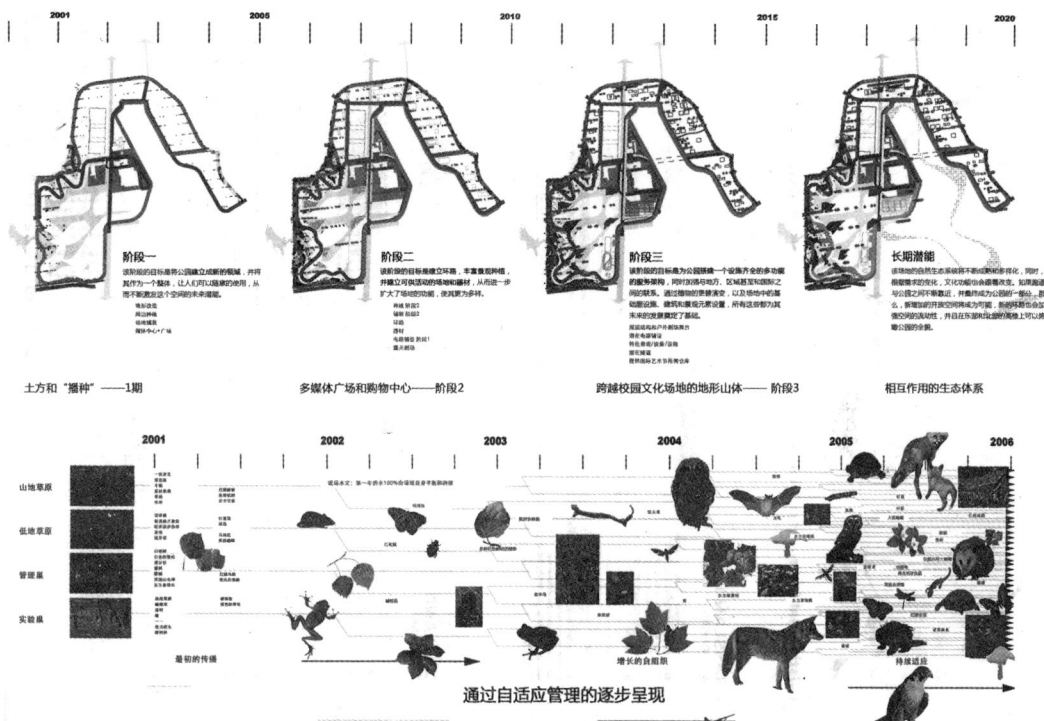

阶段一

该阶段的目标是将公园建立成新的领域，并将其作为一个整体，让人们可以感受到的使用，从而进一步扩大了场地的未来潜能。

阶段二

该阶段的目标是建立新区，丰富景观种植，并建立可供活动的场地基础，同时进一步扩大了场地的功能，使其更为多样。

阶段三

该阶段的目标是为公园提供一个设施齐全的多功能的服务体系，同时加强与场地之间的联系。通过增加的便捷通道，以及场地的基础建设，建立长期元素设置，所有这些都为公园未来的发展奠定了基础。

长期潜能

该地域的自然生态系统将不断优化，同时，将根据场地的余量需求，如果需要可以园之间不断交流。并最终构成公园的一部分。

图 4-2 可视化的景观发展过程及其影响因素

了传统设计师的尊严，因为该方法要求设计的系统和策略都需要为基地预留超出设计师控制范围之外的未来发展的空间，这对于习惯于全面把控，营造一个完美的终结作品的传统设计师来说会觉得很不适应。这需要设计者有更多过去没有的谦卑态度，因为他们不是场地唯一的设计者（Prominski，2005）。

小结

同样是创作，画家面对的是一块空白的画布，他们可以随心所欲，尽情抒发自己的想象力；建筑师虽然面对的是一块基地，但由于这些基地通常并不复杂，他们往往可以按照自身的意愿，从零开始设计。然而景观设计师所要面对的是一个独特而特殊的环境，他们不仅需要对当地的气候、季节、土壤、植物等其他自然生态因素加以考虑，同时他们的设想还会受到与场地相互关联的人文和历史的因素的制约。他们的设计一定要有佐证、有依据、有因果，并需要关注每一个项目场地的现有条件（翟俊，2012）。

景观都市主义提倡自下而上的设计，要求设计师从不同视角探研基地，为此科纳提出"发现为设计基础"的概念。然而，以发现为基础，严格来说不是完全的理性研究，因为设计师是依据自己认为什么是对设计有价值的东西做出取舍，这里面既有主观和感性的成分，也有许多难以形容的想象因素。他们用基地上发现的什么作为项目设计的基础，而这些发现究竟构成了什么，则完全由设计师来决定，而且还没有一个定式。因此和基地保持一定的距离，从总体上把握哪些是重要的，哪些则可以被忽略，显得至关重要。设计师需要在基地研究、分析、构思和设计间往返，来实现与基地的对话。此外，深入的基地调研还需要一个具有广泛专业技能的多学科团队的共同合作，这对某些项目，特别是一些小尺度的项目来说，可能会成为某种经济上的负担。然而景观都市主义所提倡的全面的基地调研分析将为设计提供一个坚实的基础，从长远来看有助于场地的可持续发展，因此必要的前期投入是有必要的（Assargård，2011）。

4.2　基于过程的设计

过程是指一系列相互关联的活动，通过彼此的相互作用达到某种结果（en.wikipedia.org）。景观过程是指景观中能量、物质和有机体的流动。作为自然和人类发展过程之间的界面，景观折射出这两个过程之间的对话。因此景观过程除受到自然环境变化的影响之外，还受到社会，文化以及经济的影响，其中还包括人口结构的变化带来的社会使用的改变、新的休闲潮流、审美取向、公众参与、文化多样性的变化以及随后的多样化的新趋势（Berrizbeitia，2007）。在景观都市主义的方法中，由于基地上的材料是有机的和动态的，对基地内外不同过程的理解是必需的，因此设计师工作的重点是如何确定、选择、安排和调整它们，并将自己的设计与这些过程相协同，而不是追求特定的、外在主观强加的形式。

4.2.1 设计"过程"

科纳认识到不断变换的载体和变化多端的动态特征使得城市不仅丰富多样且难以塑造和掌控，他认为未来的都市主义必须来源于对过程的理解，即事物是如何在空间和时间中运作的（Corner，2006）。过程中存在空间和时间这两个要素，景观是时间＋空间的过程，然而这种设计中的时空关系对景观设计师来说并不陌生，例如不断改变的气候条件、土壤和植被等特征，这些变化的材料和因素对他们来说是再熟悉不过的了。景观设计师知道如何设计、分析和评价景观发展的不同阶段，而不是像传统建筑师那样仅仅注重设计最终的结果（作品）。这里，时空是设计的调控机制，而设计师是过程脚本的编写者。通过选择哪种过程是短暂的，哪种是永久的，设计者可以对场地特性进行一定程度的把控。

此外，景观都市主义研究的还包括不同类别的、潜在的"过程"设计，这些过程既有生物的，又有经济和社会文化的。因此设计应该使过程尽可能地显而易见，同时将使用者的参与包括在设计过程之中，通过为使用者提供各种各样的经历和体验，让他们切身体会到景观和生态进程对人类自身以及城市所带来的益处。例如乔治·哈格里夫斯事务所在 20 世纪 80 年代设计的多个项目，以及詹姆斯·科纳场域操作事务所、阿德里安·戈伊茨西 8 事务所和俞孔坚土人团队的作品，这些项目都摒弃了受结果主导的传统建筑的设计方法，而是通过设计"过程"来指导一个场地的发展，使得场地能够开放地面对当前和未来的可能性和变化。因此一个成功的项目事实上不是设计理念多么新锐、设计手段多么复杂或者设计形式看上去多么花哨，而应该是独具匠心地对基地所具有的特定过程和条件的传承与再现。这样的设计对凸显"地方精神"和营造"场所感"至关重要，而"过程"设计就是开发这些个性的主要手段。因此，以过程为主导的设计不仅是一种应对变化，具有弹性和适应性的设计，同时还能够清楚地表达出场地的特点和提升其持久品质的重要手段。好的设计是基于场地的唯一，因为这样的设计往往都是原创的，非该场地莫属，无法被移植到其他地方。

综上，无论是景观还是城市设计都应该是动态的过程和系统的设计而不是静止的形式设计，过程可以被视为历时间演变的空间，这就是为什么过程可以对设计带来如此巨大的影响。显然传统图案组合式的平面构图设计过于静态和没有事先将景观的动态性考虑在内。因此，基于景观都市主义的设计与其说是设计形式，倒不如说是设计"过程"。从这层意义上讲，景观都市主义超越了传统建筑学对于形式化和风格化外表的关注，而将更多的精力放在设计的方法、过程和形式的形成上（Corner，2007）。然而景观都市主义强调过程并不意味着排除空间形式，同时设计为未来和为当下也不是一对矛盾，项目的现在与未来同样重要。设计师并不应该在过程和形式、当下与未来之间做选择，而是在不同种类的过程和形式的相互影响和相互作用中获得成功。

4.2.2 设计系统和框架

设计系统相比设计有特定形式的物体来的更加抽象，但设计一旦涉及进化、演变的内容，如解决弹性和适应性的问题，一个系统的方法就显得尤为重要。系统设计认为一个对象的特征在于它和环境间的多重关系，这种关系会反过来影响其外观，从而使其几乎呈现出流动的状态，因此具有一个抽象的系统观十分重要，它可以让我们摆脱以画面美感为导向的传统设计方法。艺术评论家杰克·伯纳姆（Jack Burnham）早在 1968 年就提出了这个有前瞻性的观点。他所倡导的系统美学就提倡从研究物体对象转变为系统、从图像或雕塑转变为更加开放的艺术形式。伯纳姆认为："对象几乎总是具有固定形状和边界，而系统的连续性会受时间和空间上的影响而改变，其行为由外部条件和它内部的控制机制所决定。"为此，他畅想一种新美学，这种新美学更加关注物体之间的联系而不是物体本身——从有画框的和静态的"图画美"转变为开放的动态的"系统美"。和艾伦一样，伯纳姆进一步认为这种新的美学强调的是物体之间的关系，而不是物体本身。系统的方法超越了对分区段环境和事件的关注，它以开创性的方式处理区域范围内更大的问题。从系统的角度来看，场地不应该有如行政区划、剧场舞台或图片的画框一样受到人为的限制。因为系统的方法超越了一个特定的、区段性的环境所发生的事件，它涉及一个更宽阔的范围（Prominski，2005）。

大都会建筑事务所（OMA）的拉维莱特公园设计方案就是一个展现如何将系统美学转变为具体设计的优秀的案例。设计将固定的结构（条带的布置）和开放性（条带的可塑性）相结合去适应场地功能的变化，它实现了抽象与具体、开放和封闭之间的微妙平衡。这种可塑性的结构，提供了自我组织过程发生的可能性——公园可以演变成不可预见的形式。OMA 的这个案例挑战了传统的美学观念，给我们提供了一个新的、更加动态的美学。该方案给我们的另外一个启示是我们未来的审美需要上升到系统的高度，以适应于演变的设计，所谓系统美学。

景观都市主义同时强调设计中策略和框架的设计，运用这种方法来解决当今城市的复杂性和不确定性被认为是更加相关和有效的。策略和框架的设计意味着设计师需要放弃对系统的完全控制，而提倡在设计中构建一个自我调节系统。设计重心从设计一个静态图像到设计框架和系统的转移是必要的，这样可以避免人为的限制基地应对变化和拥抱自然和文化过程的可能性。在实践中，这意味着确定和选择基地内外不同的自然和人文过程进行工作，通过给基地设立一个框架，并将它作为基地的一个语法或语构来指导设计（Prominski，2005）。

艾伦通过强调物体各部分之间的关系，而不是每个物体的形式的重要性来阐述框架和系统的设计思想。认为这种设计更具弹性，同时更能够适应未来的变化（Allen，1997）。城市和公园本身发挥的作用越大，它处于不断调整状态的可能性也要越大。如屈米和库哈斯的拉维莱特公园，以及科纳的当斯维尔公园和清泉公园的竞赛项目都很好地说明了这一点。这些项目以不可预测的变化为主题，展示的不单单是一个理想的现阶段的设计，而是一个不断发展演变的系统——系统设计。根据基地的条件，首先通过设计一个开放的系统，来制定基地的指南,预测场地中的活动,预判其未来可能发生的变化。其次针对不断的变化的条件和基地的反馈做出相应的调整。这些项目还说明了设计是如何从为创造一个理想的静态图像、一个一成不变和永恒的传统设计,发展为一个应对不断变化的时空—过程的策略、框架和系统的设计(图 4-3、图 4-4)。框架和系统的开放性和适应性挑战了关注单个物体的审美为导向的传统设计手法,作为一种进化的手段,它们提倡的是一种系统的美学,为处理公园和城市不确定的过程提供了一种更好的设计方法。

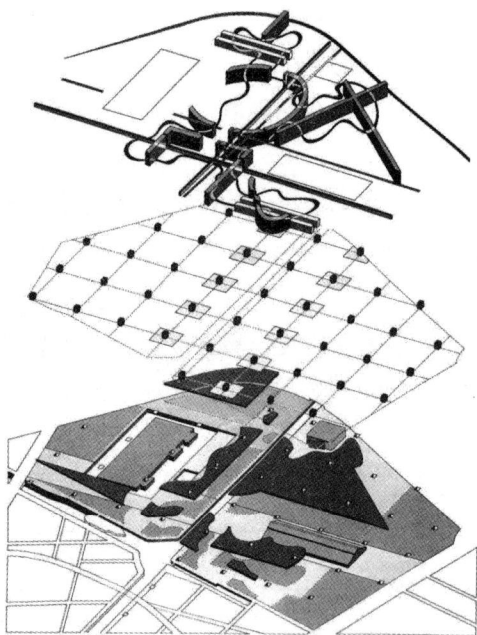

图 4-3　屈米的点、线、面、框架(左)

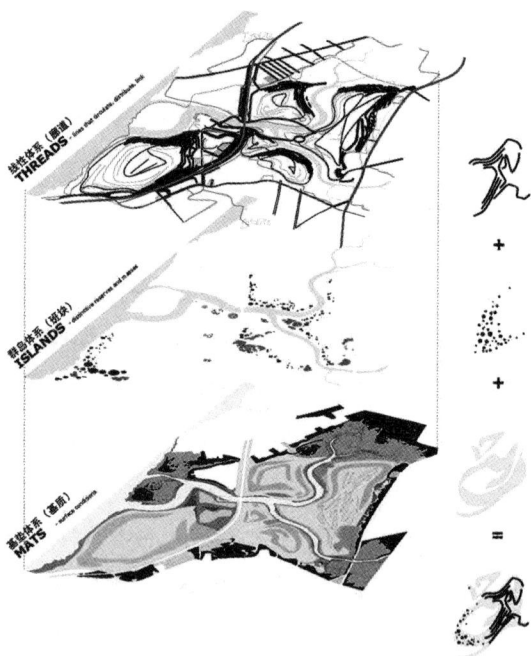

图 4-4　科纳的线、岛、垫框架(右)

小结

在景观都市主义的理论和方法中,设计师的主观审美偏好受到限制。过去那种单纯从审美喜好出发,设计一个静态的、固定的、形式化的景观,被认为是与当代城市的动态特征不再相干。如果一个基地既要能够应对变化,同时又要拥抱自然和文化过程的话,那么设计一个框架、一个策略或者一个系统是其基本的任务。读懂一个基地，提取基地上相关的过程，并将它们包括在一个设计策略框架和系统中，同时预测未来可能产生的影响则是设计的重中之重。不可否认，这里存在着主观的成分，因为设计包括与不包括何种过程是完全由设计师决定的。

景观都市主义强调过程和策略设计优于形式本身，并不意味着忽视形式以及对触感、尺度和材料这些设计中基本要素的回避，相反它提倡的是一种新的设计方式，希望将景观从静态的图像中解放出来，对其注入更广泛的含义和潜力从而使景观学科向前迈进一步，进而在城市建设中发挥更大的作用。这种新的设计方式是设计师为场地设计一个自我调节性的策略框架和系统，而这种策略框架和系统应该能够跨越多个尺度——从场地到城市再到整个区域。同时这种策略框架和系统还必须有足够的弹性——不仅可以满足当下，还必须适应未来。这里，设计师承担了一个新的角色，首先是他们需要放弃对基地采取完全控制的传统设计观念，转而提倡一种以过程为导向的自我调节系统的设计；其次是一个整体的工作方法，他们需要处理更多的信息，判断基地上的什么过程和信息需要得到尊重和保留，而其他则可以被忽略和放弃。这些都对设计师提出了更大的挑战和更高的要求，因为基地的历史是由生态、文化和社会因素共同构成的一个复杂、多层次的综合体。这种复杂性在城市和大公园规划设计中表现得尤为明显，如清泉公园和当斯维尔公园。清泉公园是经历了从湿地到垃圾填埋场再到公园的转换，而当斯维尔则是经历了从森林到田野、到空军基地再到公园的转换。在面对如此复杂的层次时，设计者必须决定基地的什么内容需要在设计中得到强调，而什么内容则可以被忽视。有时候，决定这些层次和内容的取舍不仅不是说说那么简单，甚至还会引发社会争议和文化方面的冲突。例如彼得·拉茨在设计德国北杜伊斯堡景观公园时，就碰到这样的辣手问题：因为基地中的旧工业遗存与第二次世界大战纳粹党有关联，它们需要得到保留还是被去除（Czerniak，2007）？的确，人们往往在设计过程中会遇到不同价值观的冲突。识别、揭示、并承认价值观的差异是实现一个可行的设计方案的前提，而做出这一决定的过程有时往往是痛苦的。除文化和社会层面之外，还有生物和功能层面的，例如哪些物种应该保护而哪些物种则可以去除？哪些项目（功能）可以以牺牲其他项目（功能）为代价？（Lister，2007）这些都需要设计师明智地做出抉择。

4.3 综合的整体设计

综合设计是通过采用相应的方法和工具，来鼓励不同领域和学科的专家进行学科交叉和跨学科的分工合作，同时汇集设计专业通常被认为是各自独有的方法，共同完成一个综合的设计。综合设计是一种整体系统的设计方法（en.wikipedia.org）。

景观都市主义反对将建筑与景观、城市与自然/乡村完全分离的二元论的观点。同时，也反对划分所谓的"感性"和"理性"的自然。景观不仅仅是一个简单的生态系统，它还包括了生境、家园、文化、美学、实践以及生产在内的一系列要素。景观都市主义方法的核心是整体性，是一个关于自然、文化、过程、时间、空间、体验和互动的整合设计。在这里，内与外，建筑与景观、城市与乡村，人工与自然是相互渗透、相互合作和相互促进的。

4.3.1 学科交叉和跨学科

虽然景观都市主义导向下的现代景观看上去与传统园林有许多相似之处，但是现代景观的设计更多地结合了传统园林要素以外的许多要素，如经济、社会、政治以及生态和技术。此外现代景观设计还包括了相关专业人士和科学家，以及政府决策人、土地所有者和其他利益相关人员共同参与。同时为了集思广益，达到广泛共识，公众的理解和认同也是设计过程中不可缺少的一个重要环节。由此可见，为了让景观建设得更具可持续性，景观都市主义的方法需要尽可能地涵盖各相关专业，一个跨学科、跨行业的设计团队的整合。

首先，处理城市自然和人工环境复杂性的重要一步是跨领域合作，同时城市新类型和形态的产生需要新的技术和新的工作方法，如一个跨学科的方法。这需要艺术、景观、建筑、城市规划等设计类学科与园艺学、林学、地理学、社会学、景观生态学等科学学科之间实现学科交叉。这里不同专业之间的相互学习是跨学科合作的前提条件。多学科团队的分工合作是当今大尺度项目的标准化步骤，因为该方法更适合于处理不同信息和从整体上把握一个项目。但这并不排除在小尺度项目中也采用类似的方法，项目的复杂性程度不应该取决于项目尺度的大小。

其次，景观都市主义的探讨还包含了城市生态学和城市生境的创立，同时确认了基础设施及其与景观的联系在现代都市发展、产生新的公共空间方面的重要性，如雨洪调蓄、循环设计、生态修复、多功能整合设计等等。这些设计可以有助于提高空间使用效率，减少资源的浪费，提高空气和水的质量，同时开发者们也可以获得更高的投资回报。显然这些发展需要深刻地理解自然和城市的进程，还需要跨学科和协作的设计团队。例如当下国内大力提倡的海绵城市建设和城市"双修"，就不是纯工程技术或城市美化问题，由单学科背景的工程师或者设计师来完成。其规划设计内容融合社会、经济、环境和城市空间结构与形态为一体的综合性协同规划，不仅要满足单纯的技术要求，还必须和社会需求、经济效益和生态环境的安全结合起来。在规划设计过程中要依赖强化的、多元整合的组织形式，通过各专业和多领域的共同参与，由城市建设相关专家平等合作来完成，这样才能从整体上提高城市系统的整体效益。

最后，学科交叉与跨学科的合作还有利于学科等级差别的消解。景观作为整体空间形态和景观作为生态系统都是强调自我调节的整体宏观有机体系，一种自下而上的现象和非等级的秩序。因此，这些抽象的层次，类似于非等级交叉学科和跨学科的思想。

4.3.2　混合性

景观都市主义最显著的贡献是能够整合多方模式：自然和文化、城市和乡村、小尺度和大尺度、设计和规划、设计和管理、公共的和私人的议题。景观都市主义的这些混合特点意在包含城市形态中出现的新类型，例如被遗弃的工业用地和城市基础设施周边被遗忘的剩余空间。这些城市中的新的用地类型没有明确的功能界定，而且它们的边界与传统城市中物体的边界相比更具有渗透性。传统的类型学和单一的或某一学科并不适用于这样的空间类型。为了处理这些新出现的混合类型，需要相关行业的共同参与。因此，景观都市主义主提倡一种跨学科的研究法。在这个跨学科研究法中，景观是将各种要素联系在一起的媒介和载体。

4.3.3　规划与设计的整合

传统的设计方法都有其适用的尺度范围，在一个小尺度上可行的设计方法，并不一定适用于大尺度。设计行业向来有一个传统的偏见，即小尺度项目属于设计，而大尺度项目则属于规划。规划与设计的分离在一定程度上是由于学术界未能完全认识到规划与设计对立，即"二元论"存在的缺陷。这种各自为政导致的是未能在跨学科的专业团队之间构建沟通的桥梁来生成可持续的解决方案，而是学科间长期的无谓竞争。同时这种二元论还造成了规划与设计行业的分工，使作为完整生命支撑系统的土地没有从整体上得到人们的关照，从而还割裂了作为主要人居环境——城市的整体性。

景观都市主义在理论准备与实际操作方面都能够胜任连接规划与设计之间的鸿沟，它强调通过尺度转换连接规划与设计之间距离，从而使传统的设计和规划之间的界限变得模糊。设计结合规划强调的是规划与设计二元论的消解和不同尺度的转换：通过一个可以放大和缩小的弹性尺度来处理从宏观尺度到微观尺度的转换（图4-5），上层系统的设计可以成为下层系统的规划，设计师和规划师必须要展现其思考和评估跨尺度的空间和时间的能力。

在实践中，尺度转换意味着将项目置于基地及周边环境之中，在考虑不同尺度相互影响的同时，将基地与其本地、区域，甚至地区环境联系起来。然而由于学科间的分隔已经持续了数百年，传统上规划与设计、景观设计学和建筑学等学科之间的界限需要时间来

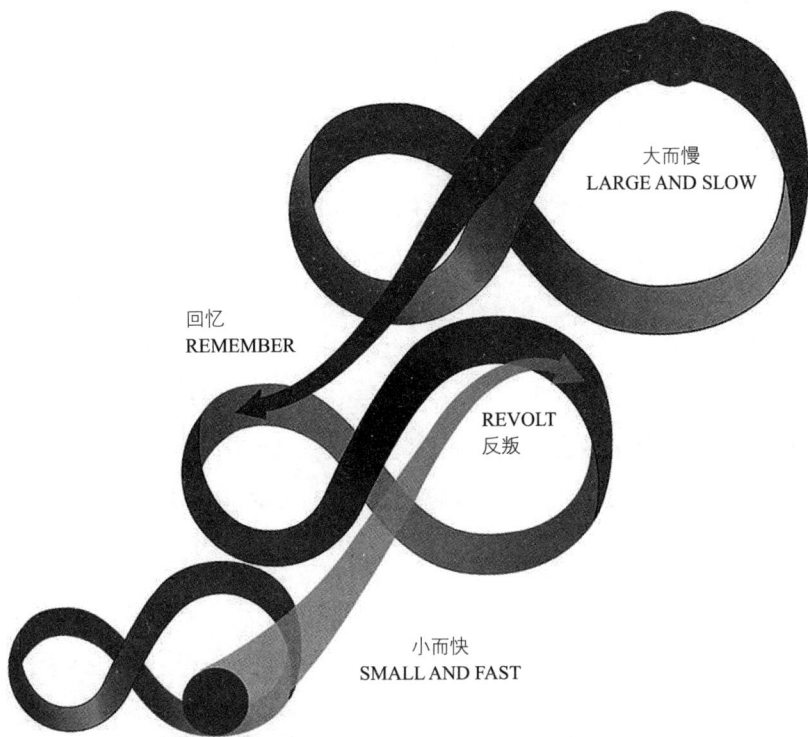

大而慢
LARGE AND SLOW

回忆
REMEMBER

REVOLT
反叛

小而快
SMALL AND FAST

图 4-5　从宏观尺度到微观尺度的转换

弥补。因此由景观都市主义提出的协同与整合的思维在实践中同样也需要时间去认识和实施（Assargård，2011）。

4.3.4　理论与实践的融合

学科之间交叉需要发生在实践和理论两个层面上。采用多学科交叉手段还意味着设计师可以根据具体的环境选择应用更广泛的理论知识和实践方法。景观都市主义不仅在理论的层面上提倡不同学科的相互结合，而且在实践层面上还提倡理论与实践的结合。这可以在瓦尔德海姆编著的《景观都市主义》一书中找到答案，该书几乎所有的文章都是由具有丰富实践经验的设计师所撰写。通过这种方式，我们也可以建立实践活动和理论研究相互联系的一个知识体系。也许这就是景观都市主义所提倡的"通过研究来设计"（Design by Research）的主张。

4.3.5 设计结合管理

景观都市主义同时强调管理在设计中的重要性。管理直接引导景观如何发展，生态功能如何发挥作用。管理既可以将景观维持在某一特定的状态下，又可以让其向一个更复杂的形式演变。管理决定着景观功能如何发挥发展，因此设计的过程还必须包括设计的管理策略。科纳认为管理策略对大尺度的景观项目来说尤为重要，因为这些项目需要时间来逐步落实各种功能，同时需要时间使生态条件得以培育、发展和成熟。这使得关于时间、演化和适应性管理的策略变得必不可少（图4-6）。景观城市设计师在这里扮演的是促变者而不是终结者，设计也因此成为进行时，而不是完成时，设计是与时间相适应的监控和管理行为（翟俊，2016）。

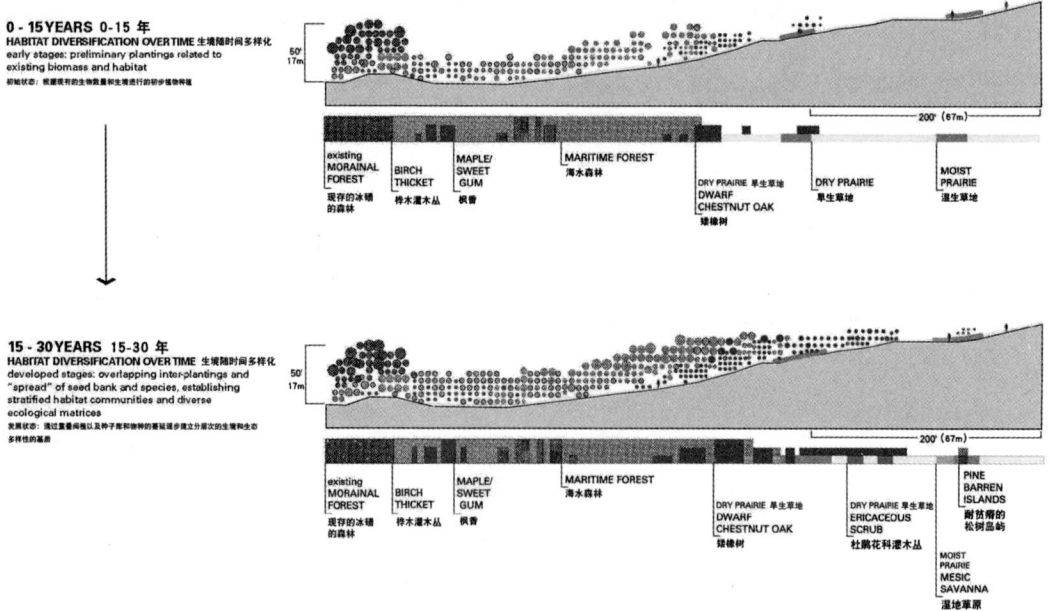

图4-6 基于时间、生态演化的适应性管理策略

小结

在项目实践及日常规划和管理工作中，传统上规划设计师青睐

自上而下的、刚性的和静态的规划途径，是由于城市建设行业内大量的从业人员习惯于程式化的规划，喜欢以确定目标为导向、时间指向一点的传统规划所致。在这些行业内,每个学科都试图各自为政,不去考虑城市应该是一个整体这一先决条件，这大大阻碍了学科交叉和跨学科方法的推广。以生态科学为例，虽然它是规划设计必不可少的手段，但在无特定环境或社会背景下使用，生态科学也不足以成为规划设计的基础（Lister，2007）。

景观都市主义提倡的跨学科的思维首先是系统研究的需要，因为它可以协调复杂的人地关系，处理时空过程里动态的尺度转换。景观都市主义被认为是一个能够包含这些交叉学科知识的跨学科的新领域，这是因为景观都市主义是一门处于成长过程中的学科，需要从各个学科中吸收相关知识与营养，增强自身的专业能力来解决实践问题；其次，跨学科的方法是自然与文化整合的结果。当传统上与城市领域的相关元素与自然环境中的相关元素相遇，就会产生新的混合类型。为了解释和操作这些新出现的空间形态和用地类型，需要一个跨学科的方法。有了这种方法，整合可以在多个层面上发生：在自然与文化之间、城市与乡村之间、城市建设的相关专业之间;以及在各类科学家、工程师，以及建筑师、规划师、景观设计师、艺术家、作家和其他相关专家之间架起一座座联系的桥梁和沟通的平台。由此可见，这些混合的新技术和方法，是一个更有效的途径，它取代了传统的二元对立，可以在不同的尺度和超越传统的专业领域建立联系，更有效地解决当代城市的问题，从而更好地服务于当代的社会。这些从一个跨学科的思维产生的新技术和新方法，还有助于激励人们在跨学科团队建设方面时间与资金的投入。这里必须指出的是，景观城市设计师在这个跨学科团队中所扮演的是电影导演或者乐队指挥的角色。

4.4　创新与再生的设计

创新和再生设计都是创新科学的一种应用形式，创新设计（Generative design）试图通过制定有限的参数、原则和规则，并使其相互作用，来创造丰富的生活和行为，以及变化多端的形式、空间和场所。创新设计同时从几个层次来探讨设计过程作为一个新兴（创新）的过程，这一过程包括但不限于物质、艺术和社会文化等因素（Koh，2005）。景观都市主义提倡的是一种创新的设计，它需要用富有创造力和想象力的方式去实现人工化的生态系统。科纳认为如果我们能够把实实在在的视觉感受、风景构成和几何学与生态过程相关联，同时掌握为达到特定效果如何来加速或减缓生态过程的话，一个更有趣味的景观设计学将会兴盛起来（Corner，2007）。

再生设计（Regenerative Design）是一种基于过程、以系统理论为基础的设计方法。在自然系统中，物质和能量流动是一个头尾相接的闭合循环流，要维持生态平衡，就需要资源循环再生。"再生"一词描述了存储、更新或恢复自身能源和物质来源的过程，其来自系统生态学的基础是一个封闭循环的输入输出模式，其中输出大于或等于输入。生态系统的有机（生物）和合成（非生物）材料不仅可以代谢而且可以变成新的有用的材料，从而创造出将社会的需求与自然的完整性相结合的可持续系统。再生设计是仿生学的生态系统，它为人类许多行业系统提供了一个封闭的可行的生态循环体系，因此再生设计是一种整体的系统设计，其目的是寻求建立无废物的系统（en.wikipedia.org）。

自然生态系统之所以生生不息，因为它是一个新旧不断循环更替的动态过程，是其自身不断地进行着生长和衰亡更替的结果。没有自然的再生，就没有可持续的景观。因此从这个意义上讲，景观设计的本质就是培育景观的生产、再生和自我更新能力。通过景观手段，我们可以把自然的这种再生能力应用在空气和水的净化、水污染治理、土壤中的废弃物降解和去毒等方面，以此修复被人为破坏的环境。由科纳事务所设计的纽约清泉公园就是这方面有代表性的一个案例。

4.4.1　行使功能的景观

"行动性"（Performative）一词源自于语言学，表达的是言语操演行为，即不仅有语言还伴随着行动（en.wikipedia.org）。当被应用到设计领域，便演化为"绩效"或"行使功能"，这一定义提供了对于空间过程新的理解。相比于表现化的设计而言，行使功能的设计是以过程的生态学为基础，主动地认识基地条件并且执行某种行为，设计的目的是为了适应新环境并动态地解决问题，而不是做固定的和静止的设计。"自然创造自然"是过程这个概念最广泛和最古老的运用。景观及其过程因此是一种技术，是理解和设计景观的一种方式。因此行使功能的景观不是老套的"功能分区"而是"让景观做功"，其关注的重点从物体本身转变为它产生的影响。

因此科纳认为人们对景观的关注应该从它的名词特征（如表象和景色），回归到它的动词特征（如过程和做功），同时将注意力重点放在景观的能动性（它是如何工作和能帮助我们做些什么？）而不仅仅是它的审美表象（Corner, 1999）。科纳用"生命景观"（Lifescape）的理念来强调景观的能动性及其产生的影响，并以此来阐述行使功能的景观这一观念，因为"生命景观"需要最大化地通过设计、材料和体验产生的影响来获得可持续发展。因此景观都市主义强调景观从追求画意园林的审美表象回归其行使功能的自然本能。我们不是要营造一个模拟自然表象的环境，而是要依托自然的"能动性"创造以行使功能为基础的景观生态体系来处理我们所面临的环境问题。景观的这种能动性使它成为一个多产的中介和载体，除了大家所熟悉的调节气候、缓解极端气温、减少城市的热岛效应之外，通过应用景观的手段对雨水进行收集、循环与利用，不仅可以很好地起到雨洪的调节、提供多样的生物栖息地，同时景观行使功能的过程本身还是城市的一道独特风景（图4-7）。

4.4.2 动态、演变与适应性的设计

适应性指的是系统自我调节能力，面对不断变化的社会、环境及气候的挑战，系统的自我调节能力是保持系统整体长期可持续发展的关键所在（Wu et al., 2013）。社会、生态系统是一个多功能的复杂系统，受到多种因素的影响，我们无法准确预测景观未来的变化与演变，因此我们必须将不确定性和动态变化包含在设计之中，

图 4-7 雨水管理成为
城市一道独特风景

做适应性的设计。

所谓适应性设计，顾名思义就是应用生态学原理，结合社会、环境及气候因素进行的可持续设计。适应性设计思维最基本的观点就是必须接受变化是始终存在这样一个事实，我们可以说任何可持续的系统都必须是适应性的，但它们不一定总是一成不变的。为了减少变化带来的影响甚至危害，景观系统应该能够吸纳和适应这些变化，避免其结构和功能（状态）发生质的改变，并且在受到干扰后能够重新自我组织和恢复，从而使其自身的主要功能得以维持。因此基于适应性理论的景观都市主义的方法与追求稳定性和高效率的传统规划设计"蓝图"式的方法有很大的不同，设计要经得起时间的考验，设计本身必须具有适应环境和气候变化的能力，为此设计需要保持对时空和过程的开放性，并能够面对变化发展出新的适应性策略（图 4-8）。

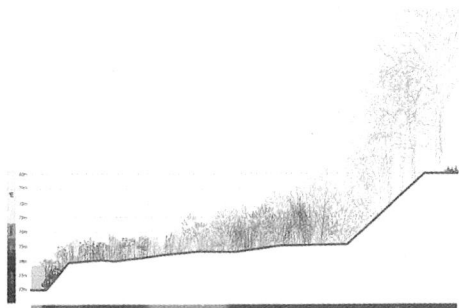

average water features a full gradient of wet to dry ecotones
从湿到干的群落交错区的平均水文特征

typical water elevation
典型水位

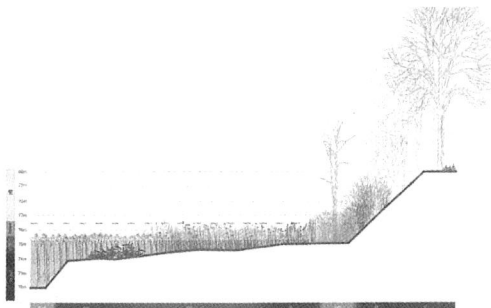

inundation features the submergent + emergent marshes
水淹情况 + 自然生成的沼泽

high water/20 yr flood/activation of floodway
高水位 /20 年一遇的洪水 / 重新启用的泄洪道

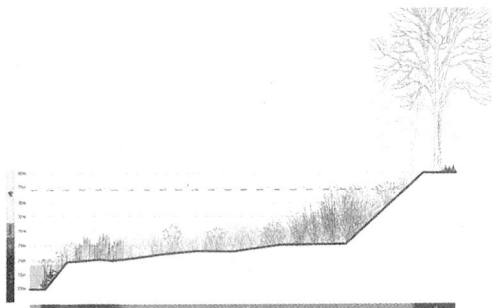

post-inundation features the colonizing wet meadow
湿润草场迁移被淹的特征

medium-high water
中等高水位

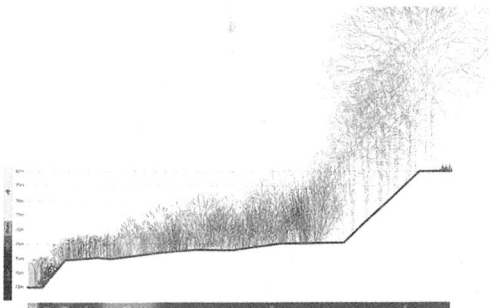

extended low water features swamp shrubs + forest
沼泽灌木 + 树林沿低水位的延伸特点

low water
低水位区

图 4-8　洪水为友的适应性城市、景观设计

小结

在物质文明尚欠发达的古时，人类在与自然界互动的过程中，学会了如何取材借力，又保持自然平衡。在物质和精神财富极大丰富、自然却加速失衡的今日，人们对景观的关注应该从它的名词特征（如表象和景色）回归到它的动词特征（如过程和作功），同时将注意力重点放在景观的能动性（它如何工作且能帮助我们做些什么？），而不仅仅是它的审美表象。

大自然的自我更新、再生能力，维持了大地上生机盎然的青山绿水，为人类提供了丰富的生态服务。其本质不仅是一种返朴归真的生态美学，更是我们研究、实践、理解、体验、想象景观的操作方法。这些行使功能的自然本能既是大自然生生不息的动力源泉，也是当今景观规划设计的依据和出发点。景观设计只有充分利用和发挥自然系统的能动作用，才有可能在修复环境、维护生物与生境的多样性、保持人与自然过程的共生与合作关系中有所作为。因此景观设计迫切需要从画意园林的审美表象回归其行使功能的自然本能。因为我们不是要营造一个模拟自然表象的环境，而是要通过"设计结合自然"创造以行使功能为基础的景观体系来处理人类活动和自然过程，由此达到地球中所有的生命形成的一个相互作用和平衡的生态系统（翟俊，2010）。

4.5 学习是设计的一个重要环节

景观设计师作为生命空间的设计者，不能像一位空降的明星设计师那样，按照自身的意愿与喜好我行我素。当你来到一个新的地方，开始一个新的项目时，你需要更多地关注、更多地学习。你不仅需要了解场地的已知条件，同时还要对所发现的新事物要有足够的敏感度，以便对它们做出具有创造性的回应。由于每个项目都代表着一个复杂的环境，设计师需要根据现场的情况来调整工作方法。因此习惯于采用固定的、程式化的资料收集和规划方法的现代主义模式在景观都市主义的背景下不再有效。

4.5.1 在学习中设计

设计的行为是一个探索的过程，也就是说是一个边学边做的过程，在学习中设计这在设计过程中至关重要。不管设计师事先掌握多少基地的情况，总是会有一些意外和不确定因素的存在，其中基地生态系统和社会因素的不确定性是设计师们面临的一个重大挑战。面对当今复杂的城市环境，设计师不能完全采用麦克哈格"自然决定论"的"自然主导"的方式，人类文化和自然系统之间的互动，已被视为一种统一或混合的不可分割的形象。而麦克哈格"千层饼"模式（不管基地的情况怎样总是采用相同的调查内容）并不完全适用于当下复杂的城市环境，因此必须采用一个依据场地具体情况，采用因地制宜的方法。这就涉及对基地的研究和不同学科之间知识的交流。设计过程将是一个发现、取舍、操作、塑造和（再）创造的过程。这在城市环境中,也意味着对场地那些已经失去的景观、自然过程的再发现和再塑造。

4.5.2 在实验中学习

在交织着复杂，相互关联的城市环境中干预城市过程，需要丰富的专业知识、切身感受和对局面的掌控。如果你工作太粗心，你的设计很可能会被推翻或出现要么不切实际，要么不和谐的情况（Assargård，2011）。好的设计需要在基地研究、分析和设计构思和测试间往返反复，来实现与基地的对话。设计想法一旦成形，就应该回到基地去测试其有效性和可行性，并从早期阶段开始评估你的设计与基地之间的耦合程度。如果疏忽这一点，你的设计将有可能很快被现实所瓦解。虽然基地测试需要更多的时间和资金的投入，对一个项目的预算来说是一笔不小的开支，而且很少有地方政府或客户愿意支付实验和可能的失败所需要的费用。然而从长远来看，做一些小规模的实验，可以避免潜在设计错误的出现，甚至灾难性后果的发生。因为实验是从失败中学习，这进一步提升了设计的创新性，因为每个项目都是学习一种新的可能性，而不是在常规情形下中延用旧的标准或模式。SWA 在昆山花轿做的净水公园，就是一个实验性（Pilot）项目（图 4-9）。

FUTURE DEVELOPEMENT PHASES
Inner Bay Campus and Recreational Marina Downstream

PILOT PROJECT
Treatment Wetland Park Upstream

图 4-9　昆山花轿净水公园

4.5.3　向公众学习

由于设计师对每一个具体项目所涉及的自然和社会文化的复杂性的了解是有限的，因此在学习中设计的过程除了对基地本身的学习研究之外，还必须包括邀请公众参与和沟通项目的过程。公众参与可以在设计师和大众之间进行知识的交换，它是一个双向的学习过程，一个学习合作之旅。这方面一个的生动例子是纽约清泉公园竞赛后项目的后续发展：科纳的场域操作事务所中标后的工作不仅包括项目方案本身的深化，还包括公共宣传方案的设计，如城市公共网站上的宣传广告、广泛张贴的公众汇报会的海报、项目的标识、大型广告牌、公交甚至环卫车的车体广告（图 4-10、图 4-11、图 4-12）。这些工作旨在将设计师的意图传达给公众，并以此激发大众的参与热情，使大家支持和参与到一个尚未完成的公园总体规划设计过程中去，并对公园的发展出谋划策（Czerniak，2007）。因此，该项

图 4-10　宣传广告

图 4-11　公众汇报会的海报

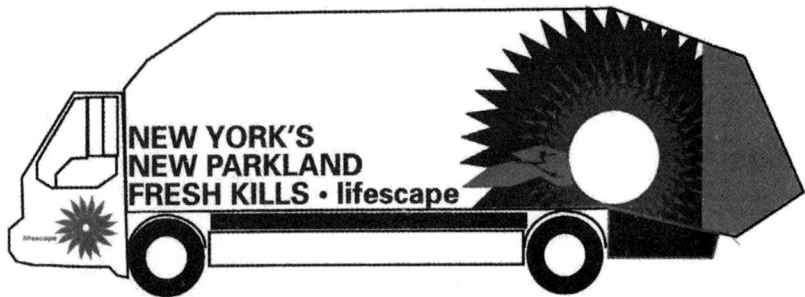

图 4-12　环卫车的车体广告

工作可以被看作是设计的一部分，而设计师是这一个过程积极的推动者。

小结

每一个基地的特点都不尽相同，固定的套路对不断变化的城市和公园来说不是一个有效解决问题的方法。因此从具体的场地着手，学习作为设计过程中的一个重要部分，显得至关重要。学习对了解基地的复杂性，将其与所处的环境联系起来进行研究，所有这些对场地的全面分析、认知和学习的过程，就像通过信息上的互相交流达到彼此间的相互作用。好的设计需要研究工具、技术和方法的多样性，学习自然而然地成为其中的一个中心环节，因为学习可以持续改进规划、设计和管理——从而使设计的作品具有长期的适应性（Lister，2007）。同时通过学习以及新知识的积累，可以帮助设计师选择恰当的方法来对待一个特定的基地。

4.6　表现是设计的一种工具

如果学习是设计过程中的一个重要环节的话，那么表现则是设计过程中的一个有价值的工具。在景观都市主义的语境中，表现不只是景观表象的表现工具，而且是设计过程中理解和分析项目的沟通手段，用来展示项目的动态性和复杂性，因此表现是学习和设计的一个助推器。

景观都市主义注重从动态特征、相互关系和过程来重新评估景观，其中一个重要方面就是将景观从画境园林提升为当代城市的媒介、载体和操作工具。这就需要新的表现方法。按照科纳的说法，应用复杂和以过程为驱动的生态视角来审视城市需要的新的工作方法和途径。为了描绘和改进对影响都市系统的表述，他提出用图解、拼图或其他以图像为基础的方法作为表现工具（Corner，2006）。

4.6.1　一种多用途的工具

这种新的表现工具不仅仅是沟通方案的效果图，更主要的是用来说明自然、文化过程和城市格局的相互作用的关系。在景观都市主义语境中，表现没有规范和固定的模式，科纳将表现视为一个设计过程的起动装置、是设计师自身和与外在沟通的渠道：既要表现设计师的工作成果，也要反映项目的过程和景观效果。表现首先是一个装置，通过它基地的信息可以被提取、分析和存储。其次，它又是一种设计工具，被用来激发设计师的直觉和主观能动性。最后它还是一种沟通方案的手段，被用于设计师与客户之间的交流。表现需要能够反映一个动态的设计过程、基地的动态特征和未来的发展变化。在清泉公园和当斯维尔公园竞赛作品中，科纳采用了分期、阶段性图解等表现方法，清晰地勾画出了一个以植物的自然演替和水文过程为出发点，因地制宜的动态管理为手段，不同功能要素相互作用，不断变化和发展的景观过程（图 4-13）。

4.6.2　一种非等级的表现方法

传统的透视图、效果图表现的是世界的等级关系。这样的制图反映的不仅内容单一、操作步骤相对固定，而且追求的是完整、静态和永久的确定图像。而景观都市主义倡导的是一个与变化多端现实世界相吻合的不确定的、开放的、灵活的和充满想象力的表现。它需要表现数据因素的叠加和随时间变化以及项目未来发展的情景，而不是事先预定好的形式或模式。因为处于全球化进程中的当今世

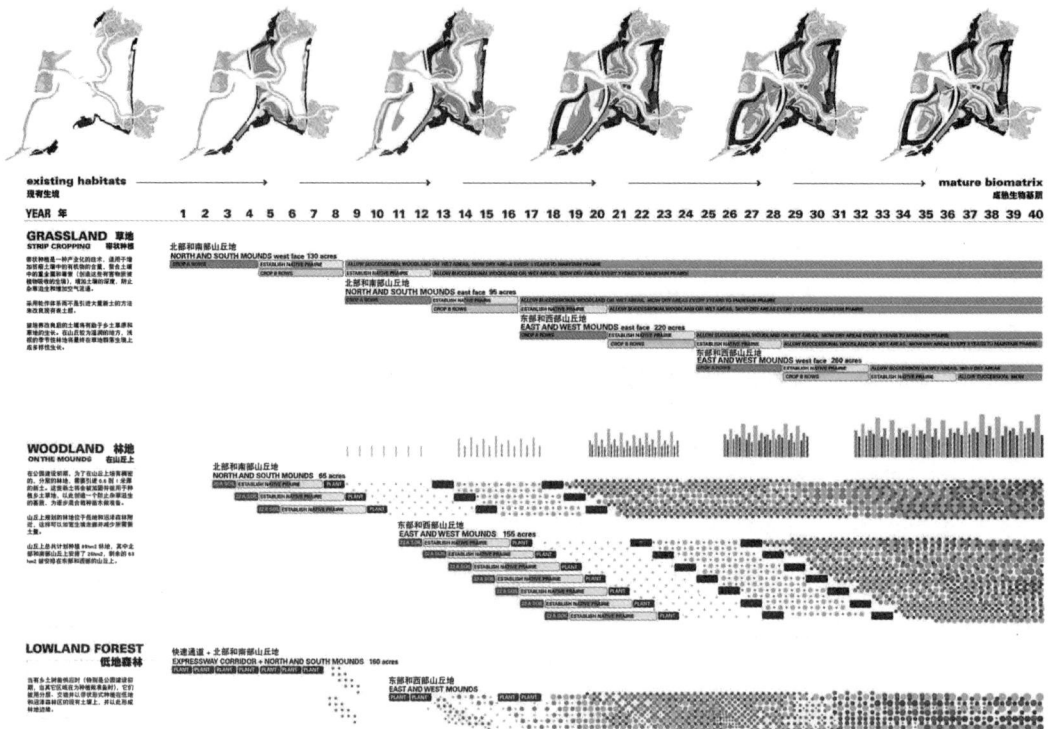

图 4-13　不断变化和发展的景观过程

界无法完全用传统静态感知的方法来理解和表现，需要一种全新的表现方法来取代和补充那些过时的表现方法。这需要设计师经历从传统的透视图的观赏者到现代的漫游者，再到当代探险家的转变。传统的透视图代表的是一个静态的和永恒的空间，是人眼所能够观察到的是一个由固定的、精确的画框所框定的景色，它所描述的内容也是人眼可以看到的事物表面现象；而现代漫游者是从一个相对位置来描绘空间，表现确切性和可预见性；而当代探险家探究的是空间复杂的异质性，因此是非等级的一个多视角、多重内容，物质但不总是物质（包括社会和文化）的不断变化着的，同时在不同的信息、时空和尺度间跨越的事物（图 4-14）。这里城市、自然和领地都越来越失去了传统意义上的区别，取而代之的是模糊和重叠的区域（Gausa，2003）。

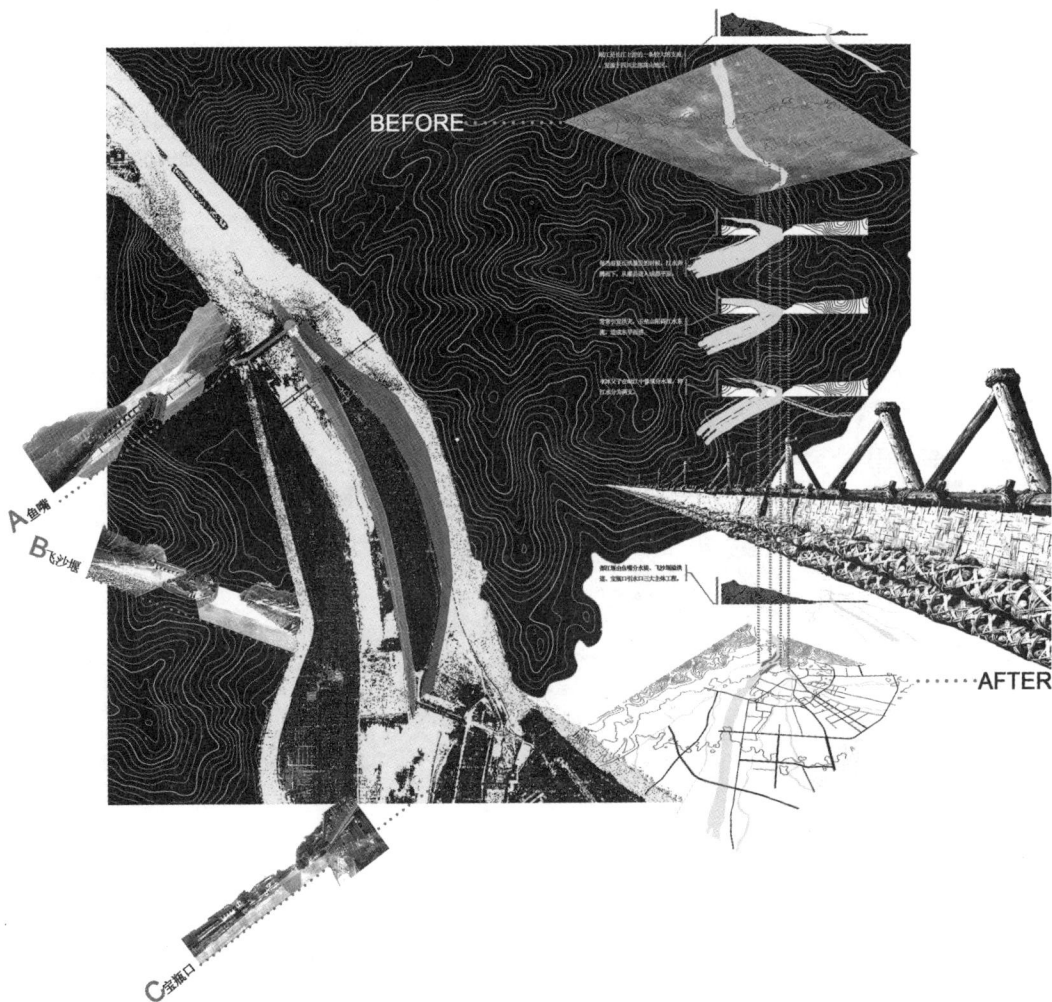

图 4-14 都江堰图解

4.6.3 一种创造性的混合实践

科纳认为基地景观调研和随后的分析，应该被看作是一个创新和创造性的活动，景观研究中的图解和表现应视为是方案的一部分。表现的理想状态是一种混合的、不同种类的表示方法，在科纳的项目中，景观研究和方案构思是一个整体，表现被用来说明基地调研与形式生成之间的转换及其相互关系：拼贴画、图解、剖面图等被用来反映设计师对基地景观的认识研究和采取的相应行动。它融合了传统的表现方法和常规的设计图（如平面，地形图和航空照片）和非常规的、抽象的、不太直截了的当代表现形式（如图片、图表和图形符号、光和纹理条件相结合的透视图），并以此生成一个新的混合形式的表现方法（图4-15）（kvisthöJ，2008）。

图 4-15 表现作为创造性的混合实践

小结

科纳用地图的绘制过程为例来说明创造性的景观表现，认为人们使用的地图从来就不完全是客观世界的真实写照，而在很大程度上受到地图绘制者主观行为的影响，他掌握着人们如何看待景观的权力。就像前面探讨"发现作为设计基础"的基地调研时，设计师所需要做出的选择一样，制图者同样需要选择表现那些他认为是重要的，而舍弃那些他认为是相对不那么重要的信息。当然在这一过程中，制图者需要注意的是不要过于主观。科纳有关表现的思想发展了景观的直观表现和主观表现两方面的特点。作为设计师用来阐述设计过程的一种方式，从最初的设想，到场地现状的把握，再到方案的构思，这种直观和主观相结合的表现方法催生了艺术性和潜在形式产生的可能性。另外，这些实验性的抽象表现方法在交流方案的时候，可以作为传统表现方法的补充。

这里需要指出的是，景观都市主义中的拼图表现与麦克哈格用图解作为一种工具来了解基地因子，将文化和自然的因素分开的做法有所不同。科纳提倡的表现方法是将自然和文化的因素整合成一个系统来解释景观的变化过程。因此，景观表现展示的是自然和社会文化过程的共同产物（Gray，2006）。

本章总结

景观都市主义作为一种新的世界观，是通过景观的镜头从比喻的视角来解读城市，而在方法论层面上，景观担任的是城市工作手册的角色。它主张弱化形式，强化过程性；弱化表象，强化能动性；弱化设计，强化管理和策略；弱化封闭，强调开放性。它是一种协调城市基础设施、公园、街道和建筑等方面的整合模式。这里景观不是作为审美的模式来使用，而是作为一个出发点、一种构架、一个系统、一种媒介和结构性的载体，并以此来构筑和改造当代错综复杂、变化多端的城市。景观都市主义方法论所包含的基地调研作为设计的重要组成部分、跨学科的思维和实践、创新与再生设计、表现作为重要的设计工具，以及设计系统和策略而非固有的形式等方法都表现出注重长远和整体的设计观。

场地特质隐藏着影响一个地方的自然过程、历史变迁以及人类活动和文化影响等大量信息，设计师可以通过设计的介入使基地的特点显现得更加清晰，其中表达方式成为设计成败的关键。如果简单地采用迈克哈格的千层饼信息叠加法，将这些自然和文化信息简化成数据和表格，如气象数据、土壤类型、水文资料、濒危物种时，就会把充满生机且多姿多彩的现实世界降低成易于分析和描绘的组分，从而使场地生机勃勃的气息和相互作用的特征通通消失。因此要创造自然和社会过程的联系，传承场地的历史变迁，除了收集数据、模拟参数和叠加分析之外，设计师还必须用设计的手段讲述其背后的故事：它曾经是一个什么样的地方、过去都经历了哪些变化、今后又会朝哪个方向发展。设计师讲述的故事描述得越贴切，就越能深刻地揭示地方因素之间的关系；对地段特征描述得越生动，就越能深刻地展现地段的主题，从中也会得到更加独特的设计（Franklin，1997）。

为应对复杂的城市问题，学科交叉和跨学科的方法是必须的，因为当今设计的复杂程度不是任何一个专业能够应付得了的。设计需要一个团队，而这个设计团队必须包括不同领域的专业人士，来实现能够既能满足当下的需求，又能预测未来变化的可持续的设计，而策略、创新和再生设计也需要包括在内（表4-1）。其次，设计过程中的学习、应用表现作为设计过程中的重要工具，在解决当今城市的复杂性以及产生新的经验和知识方面同样至关重要。最后，作为方法论的一部分，由景观都市主义方法论发展出的概念模式和策略将有助于确定项目过程中所涉及的各种角色。

纽约高线公园的设计团队　　　　　　　　　　　　　表 4-1

	Design Team
1	James Corner Field Operations (Project Lead) 总设计师
2	Diller Scofidio + Renfro/Architecture建筑师
3	BuroHappold: Structural / MEP Engineering 结构/机电工程师
4	Robert Silman Associates: Structural Engineering/Historic Preservation 结构工程师/历史保护
5	Piet Oudolf: Planting Designer 种植设计
6	L' Observatoire International: Lighting 照明
7	Pentagram Design, Inc.: Signage 标识系统
8	Northern Designs: Irrigation 灌溉
9	GRB Services, Inc.: Environmental Engineering/Site Remediation 环境工程/ 场地修复
10	Philip Habib & Associates: Civil & Traffic Engineering/Zoning &Landuse交通工程/用地规划
11	Pine & Swallow Associates, Inc.: Soil Science 土壤科学
12	ETM Associates: Public Space Management 公共空间管理
13	CMS Collaborative: Water Feature Engineering 水景工程

	Design Team
14	VJ Associates: Cost Estimating 概预算
15	Code Consultants Professional Engineers: Code Consultants法规顾问
16	Control Point Associates, Inc.: Site Surveyor 场地测量
17	Municipal Expediting Inc. Expediting 快递公司
18	Construction Team 施工团队
19	LiRo/Daniel Frankfurt: Resident Engineer驻（工）段工程师
20	SiteWorks Landscape: Construction Management工程管理
21	KiSKA Construction: General Contractor工程总包
22	Bovis Lend Lease: Construction Management工程管理
23	Helen Neuhaus& Associates: Community Liaison社区联络

　　本章的贡献在于对景观都市主义方法论以及对实践方法的重新评估，旨在从广义上总结当今景观都市主义方法论所具有的特点，这种总结主要是通过展示概念性框架来完成的。这些框架模式应该被视为是一种引导而不是一种约束。景观作为整体形态和景观作为生态系统具有各自的特点和原则，两种方法对于景观的解读不尽相同，有着不同的模式和策略。这些模式及其相关的策略所拥有的设计潜力将在接下来章节中讨论。

参考文献

[1] James Corner. Terra Fluxus//Charles Waldheim. The Landscape Urbanism Reader. New York：Princeton Architectural Press，2006.

[2] Topdownandbottomupdesign[EB/OL][2016-06-18].https：//en.wikipedia.org/wiki/Top-down_and_bottom-up_design.

[3] 俞孔坚等 . 论"反规划"[J]. 城市规划，2005（9）：64-69.

[4] Michael Hough. City form and natural process：，Groom Helm，Provident House，6–20 Burrell Row，Beckenham，Kent，BR3 1AT，England，1984.

[5] Anne W. Spirn .The Granite Garden：Urban Nature And Human Design. New York：Basic Books.1984.

[6] James Corner.（Ed.）. Recovering Landscape as Critical Cultural Practice. Recovering Landscape. Essays in Contemporary Landscape Architecture. New York: Princeton Architecture Press，1999: 1-26.

[7] Kvisthöj，C.（2008）. Life Forms: Learning from Corner. Nordisk *Arkitekturforskning*，no. 2，pp. 37-50.

[8] Marot，S.（1999）. The Reclaiming of Sites. In Corner，J.（ed.）Recovering Landscape: Essays in Contemporary Landscape Architecture. New York: Princeton Architectural Press，pp. 45-58.

[9] Allen，S.（1997）. From Object to Field. Architectural Design，vol. 67，pp. 24-31.

[10] Martin Prominski.designing landscape as evolutionary systems.，In: Design Studies Vol. 8（3），2005: S. 25 - 34.

[11] Hanna Assargård（2011）. Landscape Urbanism-from a methodological perspective and a conceptual framework（MA-LP）. Swedish University of Agricultural Sciences，Uppsala.

[12] Process [EB/OL][2016-06-18].https: //en.wikipedia.org/wiki/Process.

[13] Anita Berrizbeitia. Re-Placing Process [M]// Czerniak J，Hargreaves G（ed）. Large Park. New York: Princeton Architectural Press，2007: 175-197.

[14] Lister，N-M.（2007）. Sustainable Large Parks: Ecological Design or Designer Ecology? In Czerniak，J. & Hargreaves，G.（ed.）Large Parks. New York: Princeton Architectural Press，pp. 35-58.

[15] Integrated design [EB/OL][2016-06-18].https: //en.wikipedia.org/wiki/ Integrated_design.

[16] JusuckKoh.2005. Ecological Reasoning and Architectural Imagination. Wageningen: Uitgeverij Blauwdruk.

[17] James Corner. Process. In Colafranceschi，D.（ed.）Landscape + 100 Words to Inhabit It. Barcelona: Editorial Gustavo Gili，SL，2007: pp. 50-51.

[18] Regenerative design [EB/OL][2016-06-18]. https: //en.wikipedia.org/wiki/ Regenerative_design.

[19] Performativity [EB/OL][2016-06-18]. https: //en.wikipedia.org/wiki/ Performativity.

[20] Wu J，Wu T. Ecological resilience as a foundation for urban design and sustainability[M]//Resilience in Ecology and Urban Design. Springer Netherlands，2013: 211-229.

[21] Czerniak，J.（2007）. Legibility and Resilience. In Czerniak，J. & Hargreaves，G.（ed.）Large Parks. New York：Princeton Architectural Press，pp.215-251.

[22] Gausa，M.（2003）. Cartographies. In Gausa，M.，Guallart，V.，Müller，W.，Soriano，F.，Porras，F. & Morales，J.（ed.）The Metapolis Dictionary of Advanced Architecture. Barcelona：Actar，pp. 102-103.

[23] Gray，C. D.（2005-2006）. From Emergence to Divergence：Modes of LandscapeUrbanism. Dissertation（MA-LA）. Edinburgh College of Art Schoolof Architecture，Scottland.

[24] 翟俊. 景观方法论 [J]. 中国园林，2016（12）: 53-57.

[25] 翟俊. 应对环境同质化的景观实践 [J]. 中国园林，2012（05）: 113-115.

[26] 翟俊. 不以审美为主导的师法自然—行使功能的景观 [J]. 中国园林，2010（12）: 36-40.

[27] Carol Franklin. Fostering Living Landscapes. Ecological Design and Planning [M]//George E. Thompson and Frederick R. Steiner. Editors. John Wiley & Sons. 1997.

第 5 章

景观作为整体形态的
模式与策略
The Models and Strategies of
Landscape as an Integral Form

逐渐地，景观正在成为都市主义的（新）模式。景观与当代城市的扩展、与业内兴起的对地表的兴趣呈现出显著的关联性。传统上景观就被界定为组织水平表面的艺术，通过仔细研究这些表面情形——不仅是它们的外形，还有它们的物质性和功能性——设计师不需要依赖传统的空间营造方法，就可以以此激活空间并产生都市效益。景观不仅是当今城市化的模式，更是一种能够很好地体现城市化过程的模式。

——斯坦·艾伦

景观都市主义的概念性模式和策略源自于景观作为整体形态和景观作为生态系统，它们都是针对动态的城市特征，通过开发可实施的指导性策略和操作方法来服务于当今的城市。接下来的两个章节将结合相关案例，通过应用这些项目来解释在景观都市主义论著中经常出现的概念性模式，旨在使模式变得通俗易懂，并揭示出它们在实践中意味着什么，同时与这些模式相对应的策略也将会被提出。这里所选的项目有些被用来解释一种模式，而有些可能被用来解释多种模式。虽然模式和策略同时展示了在景观都市主义理论背景下产生形式的可能性，但是本书探讨的重点还是将放在它们产生的影响上。由于景观作为整体空间形态和景观作为生态系统对景观的解释不尽相同，因此从这些项目解释中衍生出来的模式和策略也是各不相同的。本章将着重探讨景观作为整体空间形态下的模式和策略。

5.1 模式与策略

模式是通过应用一般性的规则和原理来表现一个系统（wikipedia.org）。它被用来确定系统的组成部分、空间和时间的界限，以及系统组件之间可以体验的相互作用的动态种类和范围（Pickett et al.，2004）。景观都市主义的模式是与设计策略相关的过程模式而不是形式模式，由于它们在设计过程中具备操作的特点，概念性模式有助于解释概念的基本操作方法。

策略是在不确定条件下达到一个或者多个目标的高水平计划。策略通常涉及制定目标、确定实现目标所需的行动，以及调动现有的资源来执行这些行动（wikipedia.org）。在一个项目中，设计所蕴含的策略可能会被结果给误导；然而它们是不同时序下的一部分，策略的时间先于设计的时间。它是一个与过程相关项目的主要秩序。策略不是一种概念，而是一种将概念投入到实践之中的驱动装置（Fernández per et al.，2010）。

策略体现了景观都市主义理论在设计方面的潜力，这些策略主要来自于景观都市主义原理对相关项目的分析。而模式则是这些策略如何在一个特定的环境中被用来解读景观的比喻性和操作性。每一种模式都不是一个独立的个体，而是相互影响的群体，它们在景观都市主义方法论中没有固定的界限。模式和策略相辅相成，两者都是景观都市主义方法论在实践方面潜力的具体体现。模式的设计潜力通过相关联的策略来展现，而策略则解释了概念性模式是如何被转换成实践以及与这些实践相对应的形式，即从策略到模式再到形式的转化。同时模式和策略还有相互结合的可能性，这样的组合（Matrix）可被视为景观都市主义方法论的调色板。

5.2　框架模式

虽然框架模式与景观作为整体空间形态以及景观作为生态系统都有关联，为了讨论的方便，相关的框架策略和模式将在本章进行探讨。用框架来作为场地的组织机构，这对景观设计师来说并不陌生。传统上景观设计师习惯采用一个美学框架来设计基地，基地的表象和特质，是通过审美的视角来审查和评估。例如传统欧洲整齐式花园就将框架作为一个结构化元素来使用（图 5-1）。这种美学框架专

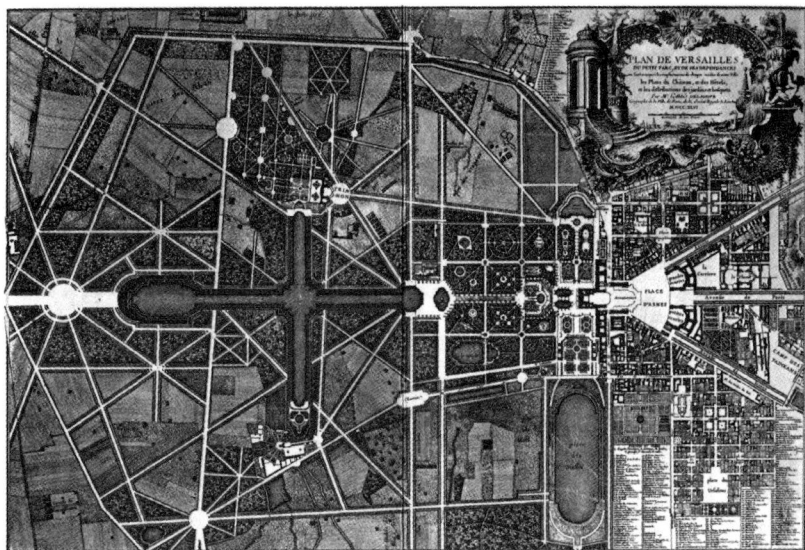

图 5-1　法国凡尔赛花园

景观都市主义，作为设计的理论和方法，继承了城市是一个网络，一个大规模的系统的观念，同时用景观，而不是建筑作为适应的载体来应对城市的进化和预测未来居住格局方面的工具。将基地作为分阶段发展的传统景观的设计手法，被景观都市主义重新诠释作为一种预测基地发展不同阶段的一种可能的模式，并用景观元素来组织水平地表和街道的网络布局。这样，景观被赋予了推理和构想组织大的城市场地、提供灵活和开放的解决方案的能力。

——奥林匹娅·瑟马西

注于视觉效果和当前现状，而将历史和未来排除在外，由此设计出的景观好比景色被凝固在场地中一样。这种基于视觉审美视角的传统景观设计的模式在过去 25 年中受到越来越多的挑战，当今的设计更多的是适应不断变化的环境的框架设计，而不是符合整体完美的图案组合式的形式设计（Berrizbeitia，2007）。

这种适应性框架的概念还部分来自于现代生态学及其发展。长期以来人们一直认为自然系统存在着一个稳定的内在秩序，然而当今生态学的发展对这种稳定或平衡说提出了质疑，因为几乎没有任何一种自然系统不会受到内外环境干扰和变化的影响。稳定或平衡说进而被修正，生态学开始将动态的生命系统作为一个不断变化的过程来对待。例如，在森林中有不同的斑块或区间，它们的生长年代各不相同，每个斑块都将会生长成林，然而火灾、风暴、虫灾或其他干扰会造成斑块中树木的死亡，随后林木生长会重新开始，如此循环往复。虽然斑块的拼图在森林景观中不断变化，但是整体景观依旧是一片森林（Lister，2007）。这种森林中不断变化的拼图很好地解释了生态系统的非稳定说和框架的思想。框架是随着时间推移的一个总体的概念和结构，其中容许扰动和个别偏差的发生。

正如上一章所述，在景观都市主义的语境下，设计师的角色发生了一些改变，它们不需要面面俱到，而是需要学会放弃一些控制，专注设计一个能够自我调节的系统，即能够吸收变化和应对改变的适应性框架，而不完全是固化的形象的设计。框架设计就是设计师为基地建立一种语法，它统领其他模式，如过程、功能编排和分层叠加。框架还必须是有弹性的、跨尺度和能够预见未来变化的。为此，设计师需要建立一个灵活性的框架，并以此来"汇"、"编"穿越其间动态的事件与过程，并能最大限度为场域中的其他元素提供联络、互动、交换、聚散、混合和相互融入的可能性（翟俊，2010）。框架的设计是在对一个基地广泛分析后得出的，这种分析是指导基地有序发展的有效途径。这个模式在实践中的应用是通过为基地建立一个框架，在保持基地整体性和可识别性的前提下，容许自我参照和非等级因素及过程的发生。

5.2.1　网格策略

网格是场域内几何形体的衍生。它们被用来作为组织城市的一个水平层，可以是分散或碎片化区域的视觉组织模式和一个抽象的行政管理模式，被用来构造和支持某一地区的未来发展。一直以来，网络这个术语在城市多维度的解释中被广泛运用，如城市是由无数个部分组成的巨大的整体网络。这样的说法有着理论和形象上的说服力，网络因此成为当今在城市理论中具有吸引力的结构性比喻之一。然而引入网络作为组织城市元素的想法对于规划设计来说并不是新潮。

网格作为建筑和规划上最古老的组织措施之一，在土地划分和规划上的应用最先是从美国开始的。早在 18 世纪 80 年代，时任美国第三任总统的托马斯·杰斐逊（Thomas Jefferson，1743 ~ 1826），为了鼓励东部的移民到中西部定居，他急需找到一种简便的方式来确立定居者所拥有的土地边界，为此他在美国中部采用方格网进行大地测量和土地划分，这种方格网丈量大地和划分土地的方法，随着美国疆域的扩展逐步从中部向西部推广（图 5-2）。美国中西部地区这种无条件划分的网络不仅是一个试图对不可测量的物体进行丈量的一种尝试、一个有利管理大量领土的一种手段，而且还被认为

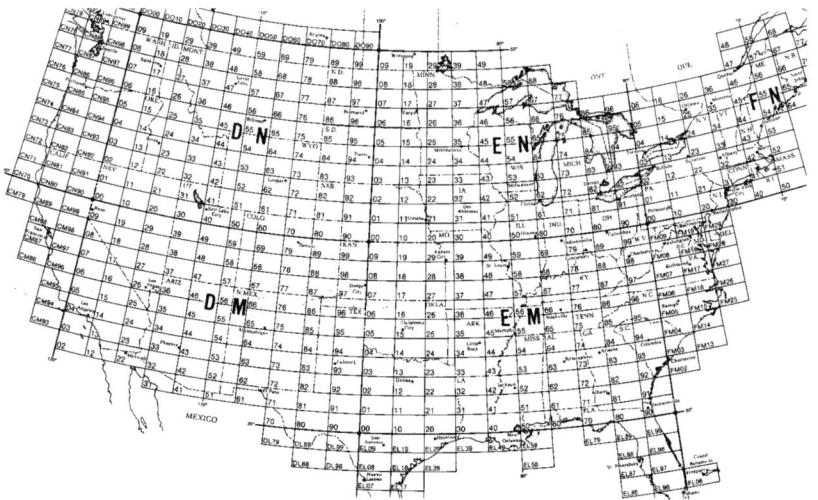

图 5-2　美国大地网络

图 5-3　曼哈顿网络

是一个民主平等的象征（因为网络是没有中心的）。自 1785 年颁布土地使用行政区划（Land Ordinance of 1785）开始，美国就采用这种方法去管理国土，这样的网络景观现在人们坐飞机的时候仍然清晰可见（斯坦尼兹，2001）。杰斐逊对美国大地景观的形成做出了独一无二的贡献。而纽约曼哈顿以 70m×200m 为标准的街区规划，作为城市格网系统的先驱，起源于上述 1785 年美国最早的土地使用行政区划，其格网系统承载了多样化的土地类型与使用，这种被称为"曼哈顿网络"（Manhattan grid）（图 5-3）的模式影响了一个世纪以来无数的城区设计与发展（杨沛儒，2010）。

　　网格结构是景观都市主义语境中一个常见的结构元素。艾伦、科纳认为网格结构是一种应对时间变化的组织框架，这种组织结构能够让地表变得有序，并容许每个区块中个体的个性发挥，同时对历史发展可能带来的变化保持开放的态势。这种结构能够满足随着时间的改变，人们在社会、文化和经济方面不同兴趣和功能的需求。艾伦认为城市网络可以被理解为城市周围网格状农田的放大，其秩序可以用景观地表和组织的操作性加以解释。因此网格是城市发展的促进因素，而不是一个限制性的几何轮廓，因为随着时间的推移，网格内部社会和自然变化的积累将弱化网格的几何外形，使其成为大地肌理天生的组成部分（图 5-4）。这种情形是一个典型的场域条件，自然和社会活动的变化在松散定义和具有渗透边界的网格内积累，有助于促进场地适应未来的变化（Allen，1997）。

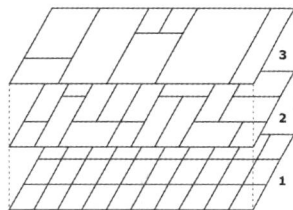

图 5-4 美国中西部大地网络仿佛自然天成（左）

图 5-5 可以被修改和调整的网络（右）

事实上，网格被作为景观的组织模式和策略也有很长的历史，前面提到的传统欧洲园林就是将其作为一个结构化元素来使用。这里网格不仅仅是一个规整的表象，而且还是作为一个花园底层的组织性结构和秩序。由于网格渗透性边界存在着适应未来变化的可能性，因此网格并不是刚性、规整支配性的结构，而更多的是一种非等级和自我参照的自然（Allen，1997）。从这个意义上讲，网格可以被看作是一种功能编排和空间的组织系统。此外网格是可以被修改和调整的，根据功能的需要，它的某些区域可以被结合起来或被排除在外，但网格仍会是网格（图 5-5）。框架模式中的其他一些策略如斑块或条带也有同样的特点，无论尺度怎样改变，仍将被称为斑块或条带，同时它们各自的功能也将被保留下来。

案例：拉维莱特公园设计竞赛 / 法国巴黎 /1982

20 世纪 80 年代初的法国巴黎拉维莱特（Parc de la Villette）公园设计竞赛，被公认为是景观都市主义的开山之作。当时组织方的初衷很简单，他们就是希望通过这次国际竞赛，把巴黎郊外一处 125 英亩被废弃的屠宰场变成一个 21 世纪的现代公园。然而设计师们在这里却遇到了两个棘手的问题：首先是如何用现代的手段处理都市中大面积废弃地，其次是如何编排竞赛组织方提出的一系列功能要求（而且组织方并未明确这些功能建设的先后次序，这进一步加大了设计的难度）。这里设计师们要解决的不仅仅是以往设计竞赛优胜方案所需要具备的个性化及吸引评委眼球的独特表现形式，更重要的是未来公园建造模式或策略问题：即公园不仅要满足当今都市社会文化生活的需求，而且还必须适应未来都市发展不确定性的要求（翟俊，2008）。基于这样的考虑，获得此次竞赛前两名：屈米和库哈斯的方案关注的都不是"公园"自身的内容与形式问题，而是如何寻找一种弹性的系统作为开放的框架，去适应随时空变化、日新月异的"城市"的活动、事件和内容（翟俊，2014）。

（1）屈米的方案

屈米认为网格是无中心、无等级而且是可以蔓延的系统，不仅可以作为城市空间发展框架，而且可以应用于网格系统所生成的城市环境。为此他的方案采用了类似于"曼哈顿网格"的体系，以"点、线、面"相叠加的形式作为公园的基本架构来覆盖整个场地（图5-6）。

在屈米的点—网结构里，最突出的是被称之为"钢铁怪物"（Folly）的红色构筑物（图5-7）。作为空间中的共有特征，这些红色构筑物并不是完成的建筑主体，而是游离在空间中，构成主体、事件和人之间关联体系的焦点或控制点；同时它们又是未来建造的基点，为规划中的或是将来其他建筑师的加建、改建和更新提供可能。因此这种由"点、线、面"的系统组成的景观网络，不仅具有可塑性，可以应对未来不确定的变化；同时还具有伸展性，可以向城市空间的四面八方延伸，从而去掌控整个城市空间。

图 5-6 "点、线、面"的系统组成的景观网络（左）

图 5-7 红色构筑物（右）

（2）库哈斯方案

　　与屈米方案相类似，容纳多种城市事件、活动以及应对未来不确定变化的可能，同样也是库哈斯方案的中心理念。库哈斯声称："可以有把握地预言，在公园的运营过程中，功能将经受不断变化的挑战，并需要做出必要的调整。公园运营的时间越长，就越将处于一种不断修正和调整的状态之中……功能的不确定性是根本的原则。因此允许各种修正、转换、置换或是替代的发生，而不损害最初的设计思想是形式概念生成的前提。"为此库哈斯以"条带"作为公园可塑性的框架来掌控整个场地：一方面，和网络一样，条带也是无中心和可以蔓延的，从而确保了公园持久的空间结构；另一方面，条带的边界是暂时的，其数量可以增加、减少或依据不断变化的环境和社会需求进行合并；最后每一个条带内部所承载的功能同样也可以按需求做出改变或者替换。库哈斯最后总结道：这种策略不是设置一种固定的形式，而是构筑一种可以适应未来各种活动的框架，框架可以吸收一系列无止境的扩张和新使用的设想。我们的策略是给予体验最简单的维度（Koolhaas，1995）。

　　通过对城市的多种土地使用功能进行分区，将水平扩展的秩序系统叠加到场地上。这种带状秩序源于库哈斯早年《癫狂的纽约》中的插图（图5-8），如同将曼哈顿的摩天大楼平躺在都市中的设计思想，分区条带作为城市结构的必要层面，每个条带（如大楼的不同层）容纳不同的功能，并为特定功能而设计，满足了对大都市领地进行分隔、控制的要求。这种水平走向且平行放置的带状空间，消解了集中和中心化，同样也是无中心、无等级、开放和可蔓延的。这如同曼哈顿的摩天楼，解决了形式与功能之间的冲突，同时条带之间相互关联，使其在安排拉

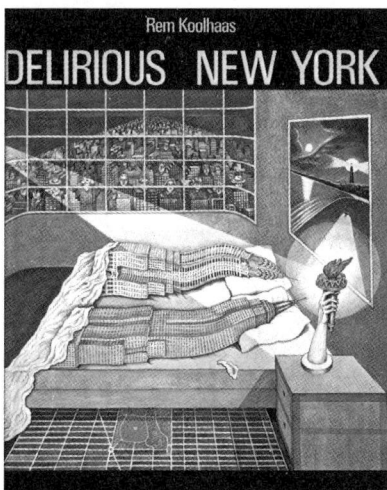

图5-8　疯狂的纽约

维莱特公园的复杂内容时，获得最大限度的任意性和随意性（图 5-9、图 5-10）。此外，该方案的结构灵感还来源于景观的组织：这种条带结构类似于农田条带，是农业生产形式和农业景观表面的组织形式（图 5-11）。这种条带结构具有灵活性，可以根据用户的需求和不同的功能安排而改变。当各区块的功能和活动发生变化时，整体结构仍然存在（翟俊，2014）。

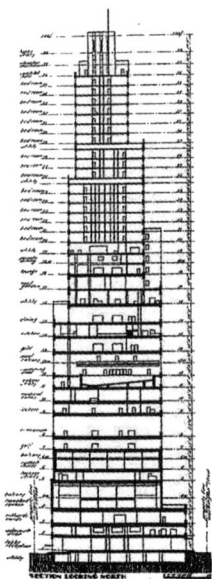

图 5-9　建筑"条带"系统（左）

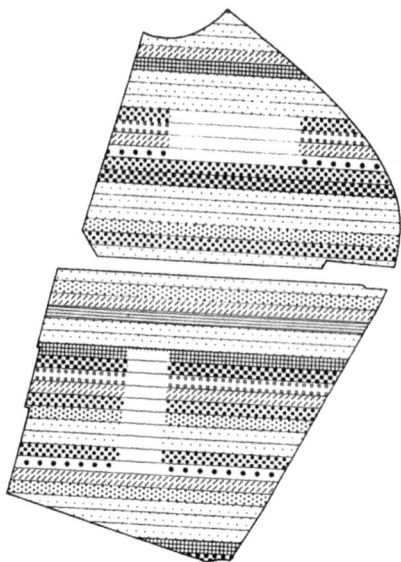

图 5-10　库哈斯"条带"系统应用（中）

图 5-11　农田条带（右）

5.2.2　图解策略

景观就是图解，

像图解一样，它不需要表现；

像图解一样，它具有暂时性的特征；

像图解一样，它不依赖于任何单个的形体；

但是它可以随着时间的变化产生不同的形式；

它是不断变化的组织机构。

——凯勒·伊斯特林

图解是通过某种视觉手段对信息的一种符号式的表现（wikipedia.org）。图解不是一种用来描述现实情形的科学流程图、模式或类型的工具，而是用来建议未来的行动和可能的关系、形式组合和新的组织结构。图解在时间和空间上具有对形式、结构和功能明确的解释能力，它不像平面设计图一样具有确切的内容，而是一种开放式规划。图解被广泛地用于设计师日常工作和表述项目的过程中，它是一个用来理解和以动态的方式呈现一个基地的合适方法，同时它还可以用来描述基地的功能及其在时空中是如何分布的。图解中隐含着多功能和随着时空变化的能动性，因此图解也是一个可能世界的地图（Allen，2003）。这个像地图一样的投射特点给了图解一个操作性的特性，从而能够激发设计过程和行动（Gausa，2003）。

（1）图解与形式

图解是设计师的一种工具，一个操作方法。图解本身并不产生形式……但它们会产生形式和组织的影响、形状塑造的动力，这种动力"体现"在随后的设计过程中，并在特定范围内创造实实在在的现实。

——伊塔洛·卡尔维诺

图解既是抽象的又是功能的，通过呈现概念和简洁的图形，它们是抽象的，同时这种抽象图形通过可能的组合、连接、内部和外部的组织、结构和使用方式，可以具有操作性的功能特征（Gausa，2003）。艾伦认为，图解是一个抽象的机器，它所生产的东西与它本身并不一样。然而图解的目不是抽象的本身，而是帮助设计师了解基地和它未来发展的可能性，它是设计师用于设计的一种工具——一个操作方法。图解是一种开放式规划，被用来处理当代城市中出现的复杂情况，其目的不是规划好的或预先确定的，而是为变化和不可预测性留足空间；它是一个将现实世界视为动态的以及不断产生新的不可预知机遇的规划。同时图解可以帮助设计师对设计方案进行多种解释。艾伦将图解描述为图示方法的结合，可以用来说明设计活动和形式之间的关系，并进一步组织这些结构和功能分布（Allen，2003）。这种通过图解作为设计生成逻辑的做法已经被建筑师广泛使用。

案例：人体博物馆方案 / 法国蒙彼利埃 /Big/2000 年

位于法国蒙彼利埃的人体博物馆，场地处于城市与公园交界处。设计师设想通过这栋建筑来实现城市和公园的融合，为此建筑的正面被设想为一个弯曲的薄膜穿过场地，在城市和公园之间形成一个连续的内外空间的转换，而不是单一死板地用边界来划分内外空间。于是乎一系列看似奇特的展馆交织在一起，形成一个统一的整体——城市和公园如同人的两只手相互握在一起。设计师巧妙地通过一系列功能的图解，展现了这一建筑形式逐渐形成的过程（图 5-12、图 5-13、图 5-14）。

（2）图解与可能性

图解还是一个探究当代城市复杂性的有效工具，适合于一个开放和不确定为主导的整体景观的方法。

案例：树城——当斯维尔公园竞赛方案 /OMA + 布鲁斯·茂 / 加拿大多伦多 /2000 年

OMA 的当斯维尔公园竞赛方案"树之城"的创新之处是以持续生长的景观来取代通过增加建筑和延伸道路的传统都市发展模式，

图 5-12 人体博物馆设计概念图解

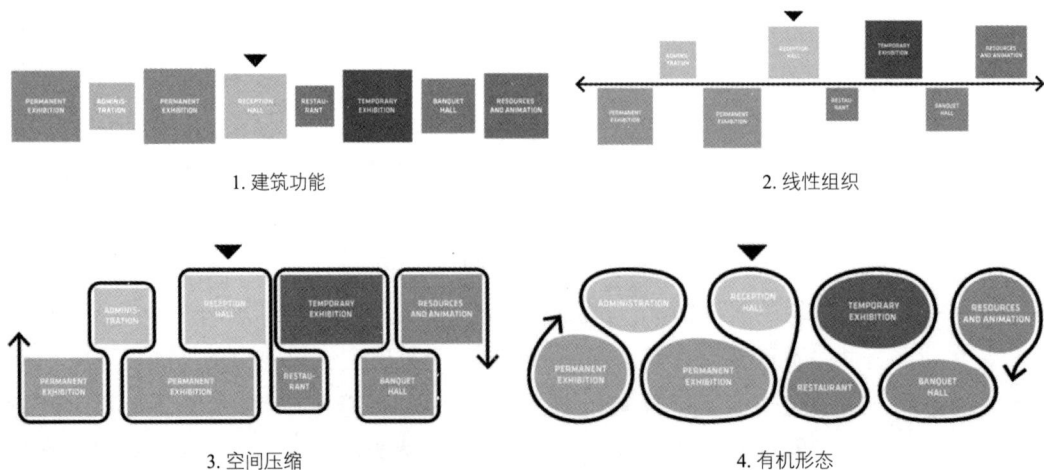

1. 建筑功能

2. 线性组织

3. 空间压缩

4. 有机形态

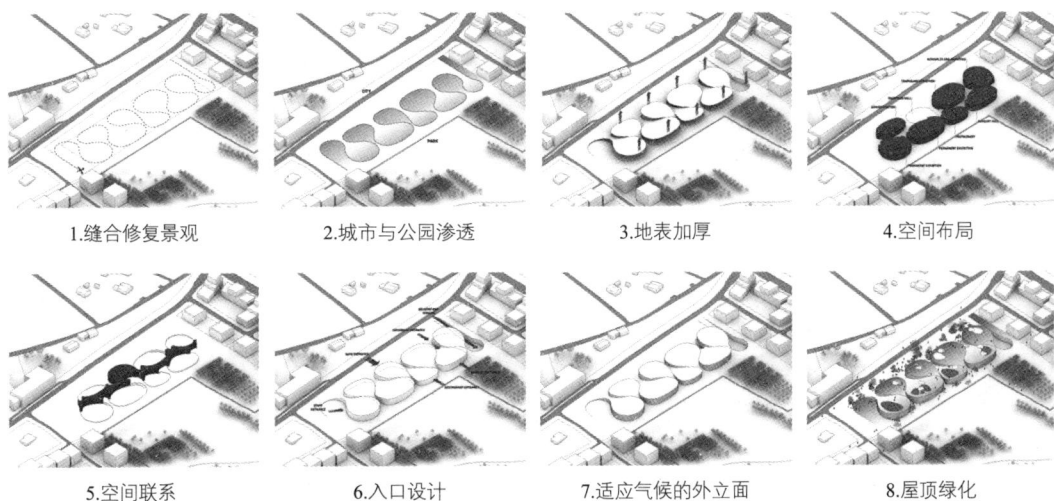

1.缝合修复景观　　2.城市与公园渗透　　3.地表加厚　　4.空间布局

5.空间联系　　6.入口设计　　7.适应气候的外立面　　8.屋顶绿化

图 5-13　人体博物馆策略图解

图 5-14　人体博物馆设计效果图

进而用景观代替建筑作为城市增长的催化剂，其构思不仅仅着眼一个 200hm² 的城市公园设计，而是未来整个多伦多城市的不断演变与增长。该方案蕴含的策略是"长出"一个公园（而不是通常的"种出"一个公园）。设计师通过图解来表达公园的形成与发展过程：方案以棋盘为参考，一系列图解显示不同阶段景观在时间和空间上可能发生的位置，而未必是必然结果。方案没有指定一个事先决定的形式，而是显示特定地理位置可能的发展和预期的结果。从这个意义上说，

"树之城"是一个数学公式或一份医生的处方而不是具体的设计方案，像处方一样，该方案显示的是药的种类、用量、规则和一个可能的结果（图 5-15）。

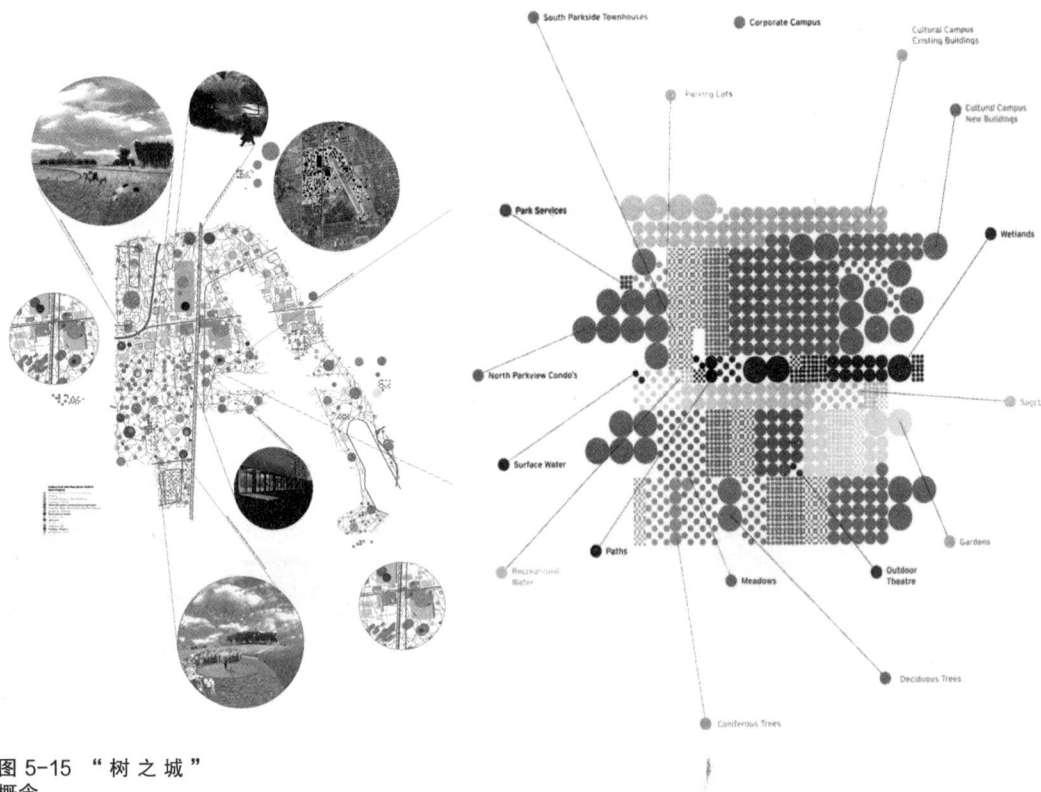

图 5-15 "树 之 城"
概念

这里需要指出的是，这种公式和图解示意图的表现模式，虽然为方案提供了足够的可塑性和弹性，然而作为一个组织架构，如果太松散或者太模糊，将面临失去组织和掌控场地的风险。该方案中没有明确定义的大大小小的"圆圈"在竞赛阶段足以吸引评委们的眼球和调动他们的想象力，然而如何使这些"圆圈"具体化，则成了设施阶段最大的难题。比如，"圆圈"里应该放些什么？它们之间用什么来连接？建设应该从什么地方开始？等等，由于可操作性差，OMA 的方案虽然获得了竞赛的第一名，但最终不得不被组织方放弃。

项目：清泉公园竞赛方案／詹姆斯・科纳场域操作事务所／纽约斯塔滕岛／2001年

图解化的功能编排规划不像规划平面图一样确切指定设计的内容，因此更适合于一个开放的和不确定的整体景观的方法。科纳的纽约斯塔滕岛清泉公园竞赛方案，通过多个阶段性图解来依次描述水文系统、基础设施、生境和功能规划策略，来说明项目的复杂性和发展过程。这些图解不仅表明基地目前的状况和条件，同时投射出基地未来可能出现的情景（图5-16）。

通过诊断场地的现状，搜集相关数据来揭示一个给定的领地上潜在的、新的可能性，并应用图解加以描述，使其成为一个与具体设计形成的参数。"图解"在景观都市主义语境下被赋予了一个新的功能，那就是一个积极的、操作性的工具，而不仅仅是已知条件下的一个被动的图示表现手段。此外，本案例还明确地展示了上一章

图 5-16 多阶段发展图解

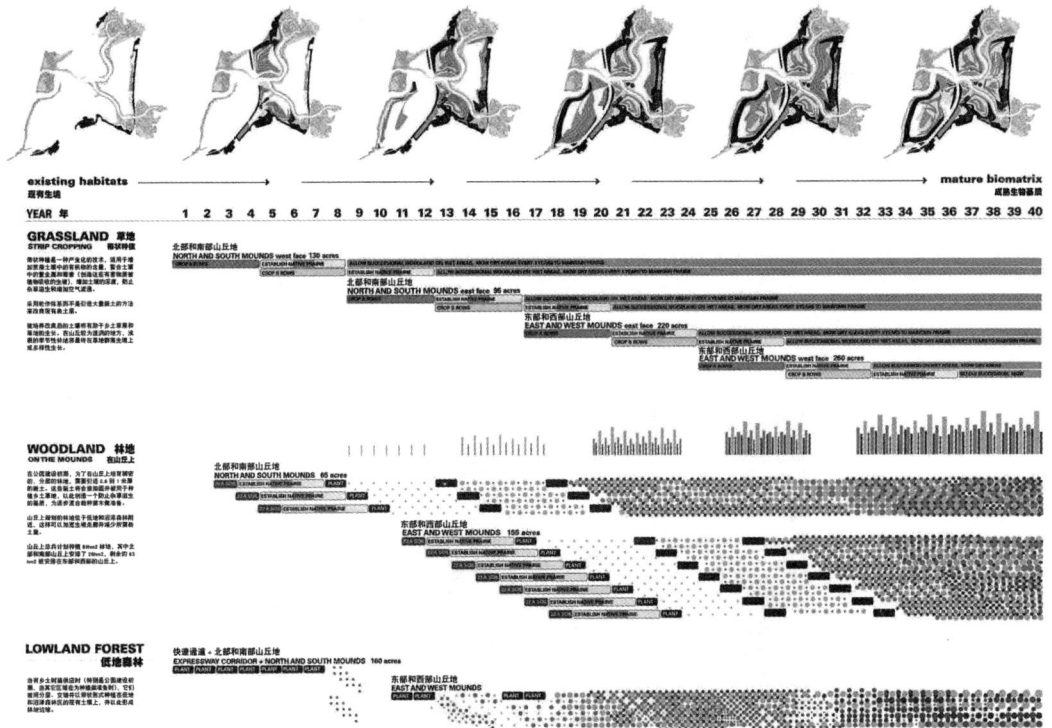

提到的"发现为基础的设计"的灵活性、分期建设、自然和文化系统协同的特征。

5.2.3 图 – 底反转策略

在景观都市主义的语境下反转 / 倒置（Inversion）指的是城市结构元素倒置或者反转的图像，如用景观而不是建筑（或单个物体）来构筑城市。

项目：**莫伦塞纳特城市设计 /OMA/ 巴黎 /1987 年**

法国小镇莫伦塞纳特（Melun-Senart）设计是 1987 年库哈斯OMA 团队的竞赛作品，该方案颠覆了传统城市规划中图—底（物体与地面）、建筑与开放空间的主次关系。这里设计师的注意力不再放在规划和安排建筑上，而是在布置"空"（非建设用地）地上。一个中国元素的介入成为设计的出发点：从平面上看，整个设计框架如同一幅中国书法，而框架（廊道）之间的"空"地被作为"岛屿"（斑块）（图 5-17）。同时这个框架不是设计师的凭空想象，而是在对基地现状、动植物的栖息地、历史遗迹、生态廊道、现有基础设施以及对新的功能要求认真调查研究后得出的。这种群岛模式确保了每个岛的自主性与完整性，只要未来这个"空"的框架被维持和保留，人们就可以在岛上安排任何项目。因此，来自政治、文化、财政方面的不确定性对未来城市建设的压力将会被这个极具弹性的框架和其间的"空"地所缓解。该模式既保证了城市最大限度的自由发展，又防止了城市陷入无序的混乱（翟俊，2010）。事实上，莫伦塞纳特

图 5-17 城市发展的弹性框架

小镇不是由实体建筑来定义，而是由这些结构性的景观骨架所界定。在这些以开放空间为导向的景观周边，建筑元素被组织起来，它们被作为独立的私人领地，以岛屿形式存在。通过这种方式，结构和元素从建造街区转移到建造开放的景观。这里景观被作为区域美化、公共与私密、可达性和特性的保证。

小结

框架模式可以用比喻和操作两种方式来解释。作为一种比喻，框架模式是对场域分层组织结构和自我调节生态系统的解读，这里框架的设计旨在创建自我调节的组织结构和系统，并通过框架模式对这些系统给出引导。框架模式的操作性也可以从两个方面进行解释：一方面它可以被视为一种形式化的策略，如来自组织景观地表的应用性网格、斑块和廊道。另一方面，框架可以被解释为一个自然和文化系统混合而成的整体系统。在实践中，该模式对待基地存在两种操作方式：一个是形式化的策略，将基地视为一块白板，通过网络在基址上叠加组织层来引导基地的未来发展，如屈米和库哈斯的拉维莱特公园竞赛方案；而另一个则是更加接地气的途径，这种方法更多考虑的是基地上生态特性和功能的建立，如科纳的当斯维尔公园和清泉公园竞赛方案等。

框架模式具有模块化的特点，每个模块既可以独立运作又能彼此合并成为更大的体系。这种由模块组成的框架还具有很好的适应性，例如纽约高线公园中模块化的"自然—人工"结合系统，就是一个在分析了沿高线不同区域的自然、社会和文化特征和功能需求之后，通过设计策略来融合不同系统的成功例子。这里框架是通过模块化灵活多样的铺地系统的组合来实现的（图5-18）。

其次，框架模式可以跨越不同的尺度。它能够将自然、社会和文化系统整合在一起，并随着时间改变联系不同尺度并进行调整，共同构成基地自身的属性。这主要是由于其网络化特点和灵活的途径所决定的，因为不管是在什么样的尺度下，网格仍旧是一个网格（无等级、可以蔓延），它可以在不失去其整体特性的前提下适应未来变

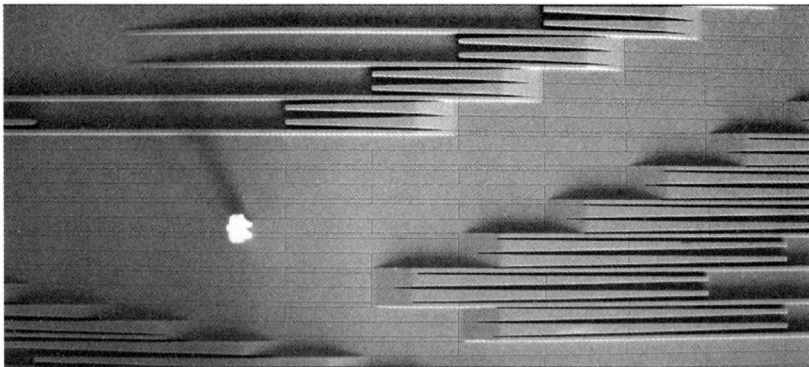

图 5-18 灵活多样的
模块化铺地系统

化。例如美国中西部地区的大地网络,最初看上去有很强的人工痕迹,但是我们今天再看,似乎这些网络天生就应该在那里,它们是协调区域不同尺度,将自然、社会和文化系统整合在一起,不可或缺的组织架构。

最后,框架模式还具有生成形式的潜力,但主要是针对组织其他系统和功能,如功能编排和图解策略。框架模式旨在通过一个设计的框架指导来整合基地的过程。不过,这里存在着一种挑战,即一个度的把握问题。好的框架设计,既不能太宽松又不能太死板:一方面为了适应未来的变化,实现可持续发展,框架需要有足够的开放性,所谓适应性和弹性;同时框架又不能过于松散,因为那样极有可能会失去其组织结构功能及整体景观的可识别性和可操作性。如 OMA 的当斯维尔公园竞赛方案。

5.3 层叠模式

层叠(Layering),简单地说就是把一个东西叠加在另一个东西之上。层叠模式提出了整体景观形态中场域或地面操作无等级的新秩序。然而这种创建和组织平面的方法并不是景观都市主义的首创。早在 1912 年,美国景观设计师沃伦·曼宁(Warren Henry Manning)就用这种方法来进行地图叠加,提出应建立关于区域性土壤、地表水、植被及用地边界等自然情况的基础资料库以便于设计时参考,并首创了叠图分析法（The Overlay Method）。他通过将一些地图叠加起来，来获得土地新的综合信息，为马萨诸塞州的比勒里卡（Billerica）做了一个开发与保护规划。随后，作为当时美国正在绘制可以供大众使用的国家资源地图的一部分，曼宁收集了数百张关于土壤、河流、森林和其他景观要素的地图，并将它们叠在透射板上，他做了一个全美国的景观规划（National Plan），并发表在 1923 年 6 月的《景观设计》杂志上（图 5-19）（斯坦尼兹，2001）。但此后曼宁的叠加图方法并未得到推广应用，直到 1969 年麦克哈格的《设计结合自然》出版之后，叠图分析法才被建筑师和景观设计师广泛使用。其中，麦克哈格通过运用计算机对基地的生物及非生物环境因子进行信息叠加，来确定土地的合理使用，并因此完善了以因子分层分析和地图叠加技术为核心的理性规划方法论，在区域规划领域，为使用土地的经营者和规划者提供一个土地使用与生态系统之间"匹配"的操作手段（图 5-20）。

层叠可以有几种不同种类的操作方法：第一种是将基地的历史层（如工厂遗迹或铁路轨道）和现代层（现代的功能和使用）作为一个整体来对待；第二种是通过使用分层模式来组成基址的功能；第

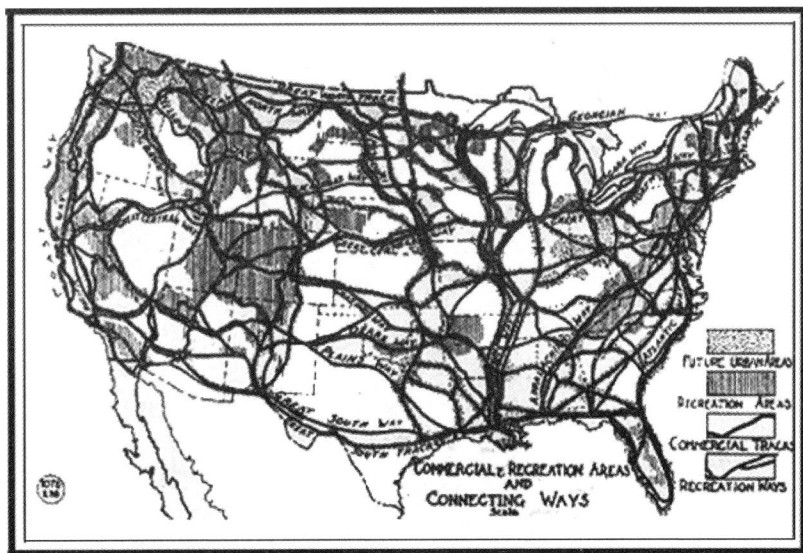

图 5-19 曼宁所作的
全美景观规划

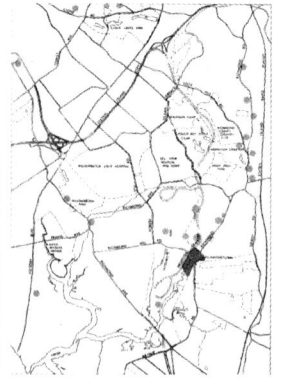

| 1. 土地价值 | 2. 洪水影响 | 3. 历史价值 |

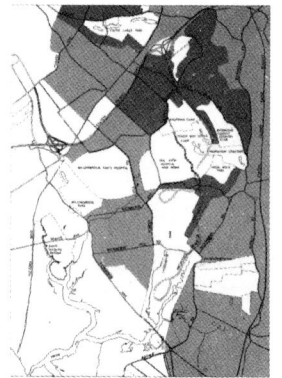

| 4. 景区价值 | 5. 娱乐影响 | 6. 居住价值 |

图 5-20 分层叠加系统（一）

| 7. 水系价值 | 8. 森林影响 | 9. 野生动物价值 |

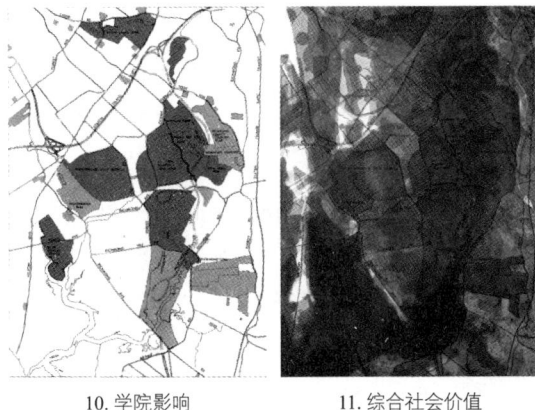

图 5-20　分层叠加系统（二）

10. 学院影响　　　　　11. 综合社会价值

三种是通过建立一个分层模式，为基址添加自然、文化和社会系统。所有这些不同种类的分层叠加的手法不仅可以用来强调特定类型的层叠，还可以被用作一个基址景观的生成模式。下面逐项提出分层模式在不同策略中是如何解释以及在实际案例中的应用。

5.3.1　手稿策略

手稿（Palimpsest）是指由草稿纸或者书本撕下来的页面组成的手稿，其中手稿上的文字被反复涂改以便为其他的文档所使用（en. wikipedia.org）。手稿这一术语被美国著名建筑师彼得·艾森曼（Peter Eisenman）在 20 世纪 80 年代引入到设计领域。景观在这里被解释为一个被打上以往使用"烙印"的分层的、可阅读的场所。这些历史的烙印或过去使用的足迹可以被熟知基地历史的人或一双训练有素的眼睛阅读和领悟。这种易读性被认为是基地的一种特质，因为它传达了许多重叠的"声音"（与基地相关的历史和故事）。因此这些线索提供了对基地的起源和历史发展的一种理解。更重要的是它为这个场所提供一个独一无二的身份并与当地的"场所感"和"地方精神"之间建立起一种强有力的联系（Kirkwood，2001）。

案例：北杜伊斯堡景观公园 / 彼得·拉兹 / 德国杜伊斯堡 /1994 年

手稿策略在城市废弃的后工业地区的改造中是一个经常使用的一个概念。在这一类型的项目中，由德国著名景观设计师彼特·拉兹（Peter Latz）设计的德国北杜伊斯堡景观公园是其中一个典型的案例。为了最大限度地保留和延续原有场地上的各种历史记忆和元素，秉承以最少的人工干预为原则，拉兹以语言学的方法来比喻景观。他应用句法结构式的"景观语构"（Syntax of landscape）的表达手法为我们讲述了一个变废为宝，并从中孕育出新面貌、新价值的故事。"景观语构"，首先将一个个景观元素比喻成词语，同时这些景观元素还可以像词语般相互转变，其次再将这些孤立的景观元素组成景观语句，最后将一个个景观语句编写成整体景观"文章"。依据这种句法结构，拉茨的"景观语构"相当准确地连接着可以利用的过去和现代的片段，传承着这块土地的自然和人文历史，它在原有的历史层面上，为后工业时代的景观增添了一个新的层面（语句）（图 5-21）（翟俊，2012）。运用后现代主义的隐喻，引导出明显的和有意图的形式，该方案实实在在地连接着历史、社会和其所处的环境背景，通过空间中的时间因素去重新创造人与人所建造的环境之间的重要联系，进而传达方案的可读性和意境，最终使之前边缘化的土地重新获得新生，达到生态修复的目的。

图 5-21 "景观语极"
连接着基地过去和现在

案例：海军船厂总部前院改造设计/D.I.R.T.事务所/美国费城/2009年

D.I.R.T.事务所对位于美国费城的海军船厂总部前院的改造，充分展示了场地过去遗留下来的旧材料是如何可以被创新地运用到新的设计中，并由此获得当代的价值。D.I.R.T工作室对这个过去的海军船厂总部做的第一件事是要把基地里里外外都完整地挖掘一遍，看看地表之下都藏了些什么。这一过程发掘出了船厂造船用的船体面板、生了锈的铁轨和工业残渣。挖掘中发现的这些材料随后被用来铺路、填充缝隙，并被用来装饰种植池，就连过去混凝土铺地也被用作为碎拼的材料应用到新的铺装形式之中（图5-22）。

图5-22 旧材料的创新利用

案例：高线公园/詹姆斯·科纳场域操作事务所/纽约/2006～2014年

景观从来都不是一成不变的，而是始终处于新与旧的动态交替与调整过程之中。面对旧的事物，多数人的视线总是停留在它"过时"的外表上，很少有人能够看到在它"旧"的表象背后所隐藏的新"价值"。然而，科纳设计的纽约曼哈顿的高线公园，却为我们上了生动的一课，它让我们看到了化腐朽为神奇的智慧。设计者通过对景观构造系统（Tectonic）的诗意表现，完美地呈现出自然与人类创造性的想象力之间的对话，并从中获得了丰富的设计元素，实现了对旧事物（野花野草、车厢里的座椅、铁轨的枕木等）新的解读和对场地的重塑（图5-23、图5-24）。一条废弃的高架铁路在华丽转身之后成为了被人们喜爱的空中花园、一个富于想象和创造力的景观设计。

图 5-23　景观是场地反复重写的读本，新的叠加在老的之上

图 5-24　特制的座椅使人联想起火车上躺椅

它既有效地传承了城市的一段记忆，又避免了大动干戈将其拆除而带来的人力、财力的浪费。不仅提供市民更多户外休闲空间，更提升了周边土地的价值（图 5-25），从而为城市创造出新的就业机会和经济利益（翟俊，2009）。

景观既不是世界共享的，也不是跨越文化和时间、空间出现的。如何淋漓尽致地表现场所与地域性成为构筑城市景观的要点所在。代表着一个地方环境全貌和影响这个地方所有自然与人文过程，具有 "地方感"（A Sense of Region）、"场所感"（A Sense of Place）的景观应该是抵御环境同质化的重要手段。因为一个失去个性和差异性的环境，表明一个越来越雷同、无创造性的世界。

在上述三个项目中，手稿策略被用来表达场地的连续性和易读性，展示了当代的公园设计如何可以传承基地的前期使用和历史，

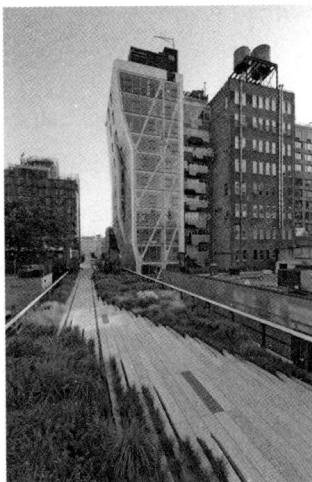

图 5-25　景观带动周边房地产开发

实现对历史的接力。许多前期工业化使用的遗迹如同手稿一样作为一个基地隐藏的结构被保留下来，并使之可视化。新的功能层和景观元素被叠加在旧结构之上：在通过想象和反复修改的手稿来保留了基地历史的同时，赋予基地新的功能来满足当代多样性的使用，并在过去和现在之间架起一座桥。

一个好的设计应该是基于场地的唯一，是融于场地的发展过程，通过你的设计把场地的过去和未来联系在一起。因此景观设计不能，也不应该"无中生有"，而应该像对待一部地方志一样，重视地区的地理、气候、地质、材料、色彩、植被，强调场址的特殊性和场所精神，扎根于当地风土衍化，传承区域历史和文化。同时又要像一个重写的读本，当地的故事被写了再写，新的读本叠加在老的读本之上，历史的痕迹就像千层饼一样积累和分层（翟俊，2012）。

层叠模式作为非等级性结构和层次，以及面对多种功能和使用人群的组织结构，能够使过去和现在相互叠加在一起。这并不意味着对过去的重建，而是对过去的形式和结构重新赋予了新的用途（Berrizbeitia，2007）。只有这样，设计师才能挖掘、彰显场地自身蕴藏的价值与魅力。同样，不断被推崇的新的设计理念和设计手法并非一定要通过凭空的创造才能证明其价值，相反，没有"根"的设计很难打动人心，引起受众的共鸣。

5.3.2　折叠策略

折叠（Folding）在景观都市主义语境下意味着将城市地面视为像纸一样可以被切割和折叠，通过交织、包裹、渗透、交错和打结等手段，将物体与其周边环境联系成一种连续的新型地面空间，从而使得功能和连接的新组合成为可能。

案例：莱伯斯托克公园 / 彼得·艾森曼 + 劳里·奥林 / 德国法兰克福 /1990 年

法兰克福莱伯斯托克公园（Rebstock park）地块的设计竞赛要求建造供 4500 人居住的住房、能容纳 5500 人的办公空间，以及一个总面积为 27 公顷的公园。美国著名建筑师彼得·艾森曼和景观设计大师劳里·奥林（Laurie Olin）的获奖作品是将折叠的理念应用到当代城市设计实践中的具体尝试（图 5-26）。

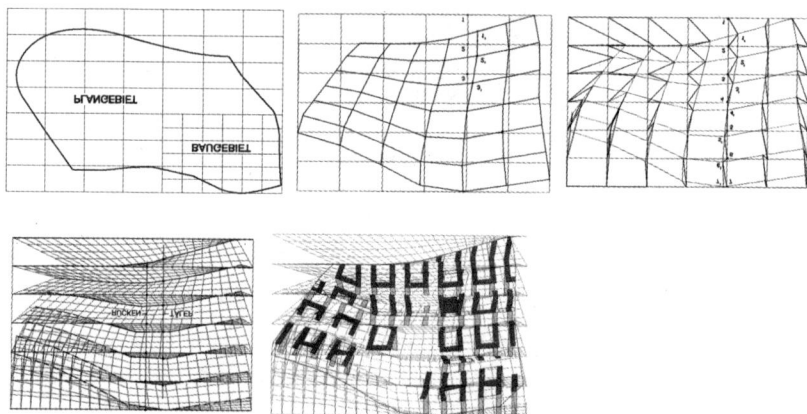

图 5-26　折叠的过程

方案应用折叠作为一个单个设计原则来协同一个由城市元素的重复和个性化所构成的创新组合。这里经典的城市结构原则——"图与底"关系被溶解于反复折叠的连续体之中，一个连续的表面和建筑形体的不断转变取代了现代城市街区设计中常用的矩形建筑和街区的重复。应用折叠的过程艾森曼和奥林重新连接了城市的"图与底"。如果只从建筑基址形状上看，它的不规则的边缘线，通过各种不同的变形，给每一座建筑都留下了场地形状的印记（图 5-27）。

此外，每块建筑基址的非对称形状的差异性影响着建筑物的折叠，从而给基地上每一个地块一种单独的拓扑形式。每一栋建筑都在地面中找到了自己结构，并将它转化为自身的形式。从相同的、长方形的建筑物出现差异的、折叠的形式，其中每一个单元似乎是从它所在的特定地点生长出来的一样（图5-28、图5-29）（Prominski et al.，2009）。作为景观设计师，奥林还将"折叠"手法扩展到建筑用地以外环境之中，如对周边农田用地的规划，以及沿河社区网络造林、雨洪管理和贯穿整个区域的雨水系统设计（图5-30）。

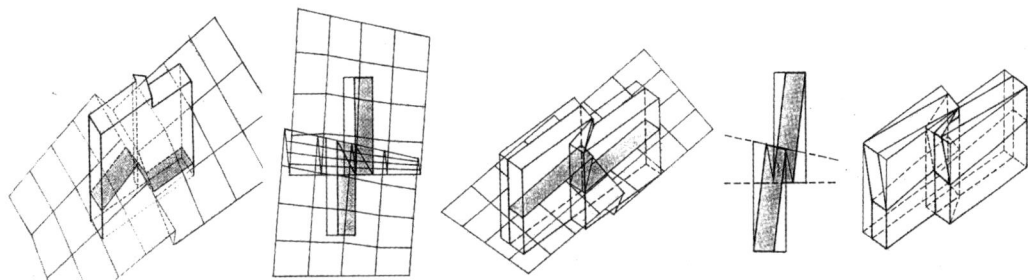

图5-27 "图与底"的折叠

图5-28 与场地相联系的建筑形式

图5-29 与场地相联系的建筑形式

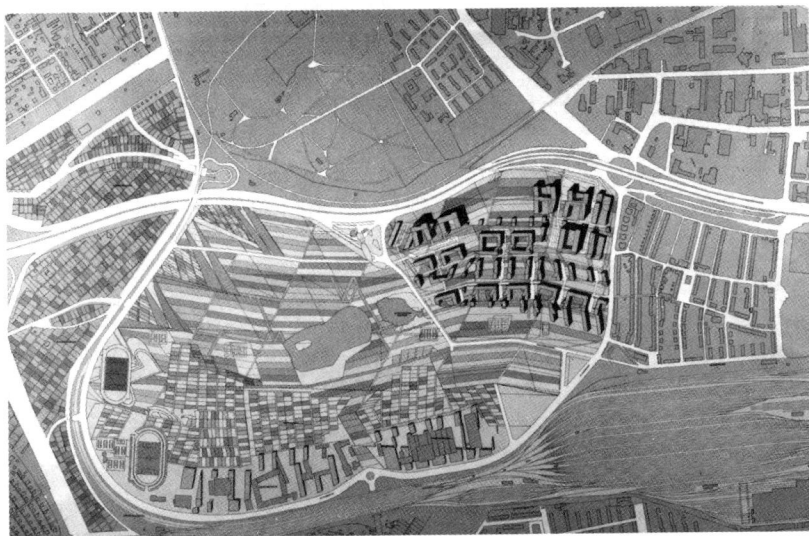

图5-30 莱伯斯托克公园总平面

折叠给整个项目赋予了结构、逻辑、秩序，以及丰富的偶然性和巧合。通过折叠，消解了平面与立面、自然与文化的二元对立，建筑成为周边环境地表的延展，场地则成为各种各样的景观，有着与公园像类似的功能，从而实现了建筑与景观在形态与连续性两方面的整合：一方面建筑形体是由地面折叠隆起而形成，从而确保了两者整体形态上的融合；另一方面是地表的空间界域不再被孤立的建筑形体所打断，从而确保了空间的连续性。然而，折叠仍然是对景观的一种机器式解读，此策略中景观的生态性和过程的问题在某种程度上被忽视了。

5.3.3　积层策略

积层（Multilayering）是依据基址的特性，将多个物体、系统或者功能叠加在一起的多种功能层相互整合的模式。

案例：Gran Via /SWA/ 西班牙巴塞罗那 /2007 年

交通拥堵是城市发展中的一个普遍存在的城市病，虽然现代城市中的道路面积较传统城市增加了几十倍，但交通堵塞现象仍很普遍。城市中大量的立交桥和高架路、众多的宽马路，极大地破坏了城市原有的步行环境和宜人尺度，造成的不仅是逛街环境越来越小，而且最主要的是"行路难、过街难"。事实证明，拓宽道路并非解决交通问题的良策，反而会带来很多社会问题。

西班牙巴塞罗那 2007 年完工的 Gran Via 道路设计，在解决城市交通问题方面做出了新的尝试，他们没有采用常规城市在解决交通问题时，一味增加道路宽度的做法，而是按照不同道路的功能和社区服务功能要求，采用了一个多层的混合叠加模式。通过合理的竖向给不同功能的道路设置不同的地面标高，从而使其各取所需，各得其所（图 5-31）：承载过境交通的高速路被安排在地下的中心部位，两侧是地下铁和地下停车场；而短途交通的市区道路、服务路和公共交通被布置在地面上，并与城市的雨污水管道，停车设施以及其他诸如自由市场，临时展览场地相联系，从而打破了高速道路体系线性的生硬的边界，将其与周边的城市肌理融为一体构成一个功能分布合理的开放空间。

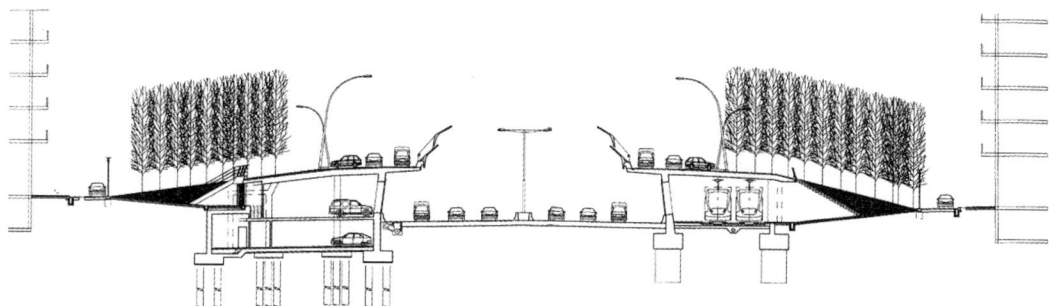

图 5-31 Gran Via 层叠的道路断面

5.3.4 主观叠加策略

与上述依据基址的现状特点，通过多层面的叠加来完善场地的自然、文化和社会系统的层叠模式不同，主观叠加（Superimposition/Superposition）的分层不涉及基址的现状，而是把基地看作一块白板，人为主观地在上面叠加各种功能层。

案例：拉维莱特公园竞赛方案 / 屈米 /OMA 事务所 / 法国巴黎 /1982 年

屈米的方案将曼哈顿的网格体系，以点（由多个 10 米见方的立方体组成）、线（由一系列传统的景观轴线组成）、面（则是一组纯几何造型，如圆、正方形及三角形）相叠加的形式主观叠加在整个场地之上（图 5-32），并以此作为公园的基本架构来组织公园当下和未来的发展。

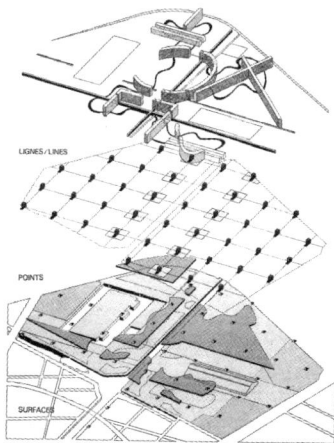

图 5-32 屈米的点、线、面、框架

与屈米方案相类似，OMA 的方案是由 4 个功能层叠加而成：基础层是组成不同项目功能的"东西向平行条带"，第二层是"人流集散点"，即大小不同的服务区，如建筑等，第四层是"交通组织路线"，即不同类型、等级的道路，而第五层则是"大的组团"，即线形及圆形的森林。库哈斯

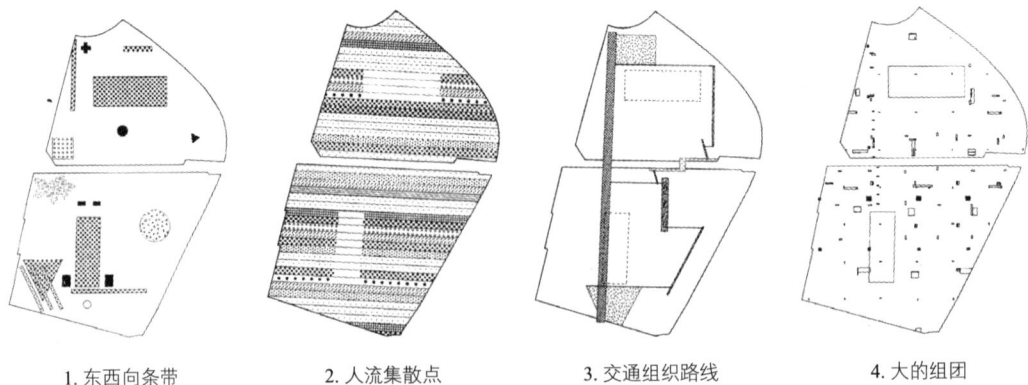

| 1. 东西向条带 | 2. 人流集散点 | 3. 交通组织路线 | 4. 大的组团 |

图 5-33　屈米的分层框架

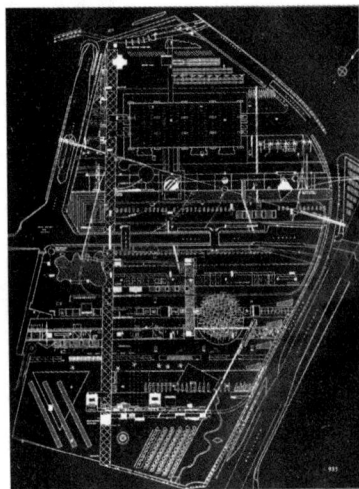

图 5-34　多功能层叠加后的总平面

设想通过这些功能层的叠加及相互整合，来提供尽可能多的功能以满足城市社会活动的需求（图 5-33、图 5-34）。

然而必须指出，虽然两个方案都颠覆了传统的公园和城市截然分开的设计手法，实现了"园在城中，城在园中"；同时通过让景观作为组织城市领地和容纳、安排复杂城市活动的载体，为丰富多彩的城市生活和活动提供展示的舞台，并以此作为一种弹性体系以应对未来城市发展变化的可能，在探讨公园与城市关系方面具有积极意义。但是，无论是屈米的"点、线、面"系统，还是库哈斯的"条带"系统，在打破传统城市与公园关系与格局的同时，也打破了公园与场地应有的文脉（巴黎的城市肌理是放射状）和生态方面的关联（翟俊，2014）。

5.3.5　混合 / 交织策略

混合（Hybridization/Intertexture）是将不同的组织结合在一起，共同创造一个混合体的过程（en.wikipedia.org）。该策略最大潜力是将基地不同的层次（自然、社会和文化系统）整合在一起，来构成基地自身的属性，从而来达到某种综合的影响（Assargård，2011）。在这种相互作用的策略中，不同层次间的信息交换可以作为进一步促进弹性发展的方式。

案例：清泉公园竞赛方案 / 詹姆斯·科纳场域操作事务所 / 美国纽约 /2001 年

科纳的纽约清泉公园竞赛方案展示了一个基地文化层和自然层从无到有，以及这些层面如何可以交织和混合来共同促进基地的发展。这里分层及其相互关系是公园组织、功能性元素安排的支柱，将确保生物、人和功能框架的建立：其中线性层（Threads）是线性路径和循环系统，用来组织物质的流动，包括交通及提供基址废弃的和生态贫瘠的区域重焕新生所必需的水系；岛屿组群（Islands）是群组和组团，在生态方面表现为被保护的动植物栖息地、种子传播源，在规划方面则代表规划的项目和构筑物；基垫（Mats）是地表和场域，它是一种能够扩展和蔓延的机制，用来构成多孔表面和相互渗透的斑块，在陆地上通过运动场和户外活动场地向外扩展和占有，在水下它是间隙潮水的载体，盐水沼泽和淡水湿地可以在它上面生长蔓延（图5-35）。这三个交织和混合体系犹如生态机器（Eco-machine），是未来完整生态体系的创造者和管理者。通过相互整合，将会及时发展成能够吸收变化，适应环境的自我维持的弹性系统（Czerniak，2007）。

小结

安妮·惠斯顿·斯本在探讨城市景观时提出了深层结构和深层背景（Deep structure and deep context）的概念。斯本的深层结构体系指的是构成地壳的深层结构，包括地质、水文以及生态气候过程所形成的景观；而深层背景则解释了时间与文化交互的过程是如何来塑造一个基地特质的（Spirn，1993）。与通过一系列的表面和视角的限定去解读一个开放空间的方法不同，斯本的深度视角将开放空间场所视为栖息地，在那里，地上和地下事物特征是由它们彼此间

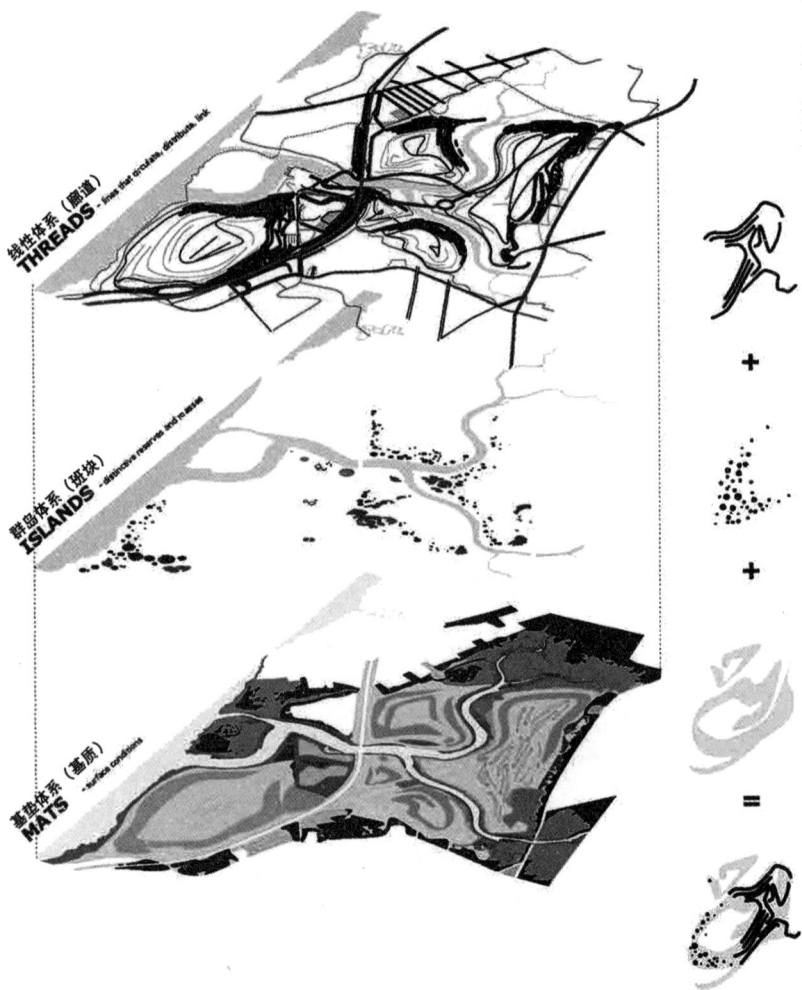

图 5-35 生态功能层
的叠加

的多样性的关系确定的。这是一个复杂而丰富的景象，既有美学的
也有生态的，它涉及构成景观的所有层次：地形、土壤、水文、植被、
市政管网，以及社会、历史文化等等。要完整地表述一个项目，就
需要展示项目的不同层面，因为单维度的平面图无法表达三维的景
观特征和空间序列（Marot，1999）。

　　层叠模式同样可用比喻和操作两种方式来解释。作为一种思维
方式，景观地表的分层结构可以充当一种比喻模式，景观在这里被
解释为一种有厚度的分层地表。这有助于从多样化和地域化的视角

来理解一个基地的不同过程、功能和历史。作为一种操作方法，分层的手段被用来组织一块基地不同的过程、组成部分功能形成及整合设计的策略。分层模式的策略有产生形式的潜能，然而其主要目的还是在于这些策略所产生的影响。层叠模式另一个操作方面潜力是用来作为设计过程中的表现方法。

虽然分层叠加模式并不是景观都市主义的首创，然而景观都市主义的层叠模式比其在其他设计领域涵盖的范围更为广泛，它包括了自然、社会、文化以及历史不同因素和系统的整合。手稿策略主要强调历史和社会层面，一个基地的历史层面是方案概念生成的源泉，它影响着基址的功能规划和社会使用。好的设计要能够让使用者感受到基地上曾经发生过的历史，为场地和社会的连续性提供一种帮助；折叠策略旨在通过图和底的融合来消解两者的二元对立，重点是放在将广泛的地表重新组织成流畅、连续的载体，从而有效地将城市环境中日益增加的不同元素结合在一起；主观叠加是设计师将自己的主观意识强加于场地之上，通过分层组织的调节来应对未来的不确定性。这个模式主要针对的是经济和社会方面的问题；混合与交织是结合基地的特征进行设计：如地形、水文、植被状态等决定了方案的构思与布局，通过人工与自然体系的叠加产生整体生态效益以及使用功能效应。此外不同的层被设计成动态的，以便能够在大小、形式、功能和适应性方面做出改变，为的是让它们能够及时应对未来的不确定性；而积层策略展示了基地的社会使用与生态过程的矛盾可以通过多层面、立体化的城市空间体系来加以解决。这一模式构筑了参与的过程，对于所有参与者来说每一个层的功能都是具体而明确的。

5.4　功能编排模式

功能编排简单地说就是为了达到一个特殊的目的而采取的行动计划（merriam-webster.com）。然而功能编排在以往的实践中往往被沦为一种程式化的步骤，例如在课堂上，功能编排过去经常被老师们以一种强制性和教条的方式传授给学生，常常使得学生不仅在使用过程中迷失了方向，而且无法从中受到激励和启发；而在专业实践中，功能编排就像一份一成不变的菜单，从业者用它来安抚公众，以及那些没有目的和想法、缺乏领导力和想象力的业主。他们的平面看上去总像是食堂通常提供的 7 道菜，长年如此（Hargreaves，2007）。

然而，景观及其过程所呈现的特色本身就是功能和事件安排。上述批评促使景观设计师去探索功能编排在人类的认知、应对变化和无法预料的事件，以及功能编排如何与一个地方的特点相联系等方面的潜力。在景观都市主义语境中，功能编排被看作是项目规划设计的引擎，包括安排非限定功能空间，不同功能的叠加及功能区块间的相互碰撞。它在对社会不断变化的需求做出反应的同时，推动和组织形式生成的逻辑。沃尔指出基础设施、网络状的各种流和功能不明确的空间比功能单一的空间更有实际意义（Wall，1999）。因此功能编排强调在设计时尽量避免使用传统类型学的形式：如公园、广场和花园等，而是多功能的混合编排，从而将基地变化发展的可能性纳入和整合到综合的设计之中。

5.4.1　并置 / 拼接策略

并置（Juxtaposition）就是将不同的事物或功能区并列地安排在一起以便产生对比和碰撞的效果（dictionary.com），其目的是为了产生新的混合的活动、新的空间特征。通过将不同的功能并置形成对比从而丰富每一种功能区的特点，同时通过主观叠加和并置可以在两个功能的边界产生交换和互动（Assargård，2011）。

案例：拉维莱特公园竞赛方案 /OMA/ 法国巴黎 /1982 年

如前所述，该公园方案的结构层被划分成并置的条带，每个条带都被赋予了不同的功能，可以被看为彼此独立的区块。这种带状秩序源于库哈斯早年《疯狂的纽约》中的插图，如同将曼哈顿的摩天大楼平躺在都市中的设计思想，分区条带作为城市结构的必要层面，每个条带能够容纳不同的功能，并为特定功能而设计，从而满足了对大都市领地进行分隔、控制的要求（翟俊，2014）。这样的规划方式还具有灵活性，因为每一条带的功能和形式可以被单独的替换或改变，同时条带之间也可以根据需求进行功能的互换、重组甚至合并，而不会影响到公园整体的结构架构。让不同的功能区相互碰撞的目的是希望产生新的混合功能和新的空间特征，同时通过它们相互间的对比，进一步提高每个功能区的特点。OMA拉维莱特公园的条带展示了如何应用图形组织模式作为功能化的设计框架，在不改变框架（条带或网格）特性的前提下，容许未来的修改和功能的混合。

5.4.2　非限定功能 / 空间策略

沃尔指出任何一个城市中最有可能发生的变化是它的功能。这些变化可能来得很快，城市管理者必须能够事先做好准备以响应这些变化，而不是采用拆除基础设施等社会服务设施的方法来适应这些新的变化和需求。为应对这些动态、暂时和不确定性，城市规划设计应该尽量营造非限定，同时满足多功能使用的空间（Non-programmed space）——与其为城市的空间元素只设定一种功能，倒不如让一个设计同时能够满足多种功能，让使用者按照自己的需要进行自由安排，从而从经济性和多样性两个方面来丰富城市的社会空间（Wall，1999）。

案例：剧院广场 / 西 8 事务所 / 荷兰阿姆斯特丹 /1996 年

为满足当下的要求，同时还要能够应对未来的变化，设计师要做到这一点并不是一件易事。荷兰著名景观设计师艾德里安·高伊策（Adriaan Geuze）却在这方面持有特长，擅长营造非限定功能的场所。例如他设计的阿姆斯特丹剧院广场（Schouwburgplein），就是此类案例中的一个典型代表。这个 1996 年建成的剧院广场位于港口城市鹿特丹的市中心，1.5hm² 的广场下面是两层的车库，这意味着广场上不能种树（图 5-36）。高伊策的设计强调了广场中虚空的重要性，通过将广场的地面抬高，保证了广场是一个水平、空旷的空间，这样不仅提供了一个供游人欣赏城市天际线的地方，同时还创造了一个丰富多彩的"城市舞台"。广场没有赋予特定的使用功能，但却提供了日常生活中必要的要素。通过这样的安排，广场变得灵活起来，使用者可以根据需要，自我定义、自我创造，以此激发了空间与人的行为之间的互动。至此广场如同一个供人表演的舞台（图5-37、图5-38），大人们在上面起舞，孩子们在上面踢球，形形色色的人物穿行于广场之中，每一天、每一个季节广场的景观都在变化（王向荣等，2002）。与其将一个景观空间赋予一种功能，这里使用者拥有自己的选择，可以根据自己的需求来创造和安排符合各自要求的空间，从而按照他们自己想要的方式来使用公园（图5-39）。这样的非限定使用确保了公共空间长期个性化的使用。

图5-36　剧院广场的分层结极（中）

图5-37　广场舞台（左）

图5-38　广场舞台（右上）

图5-39　自由安排的广场空间（右中和右下）

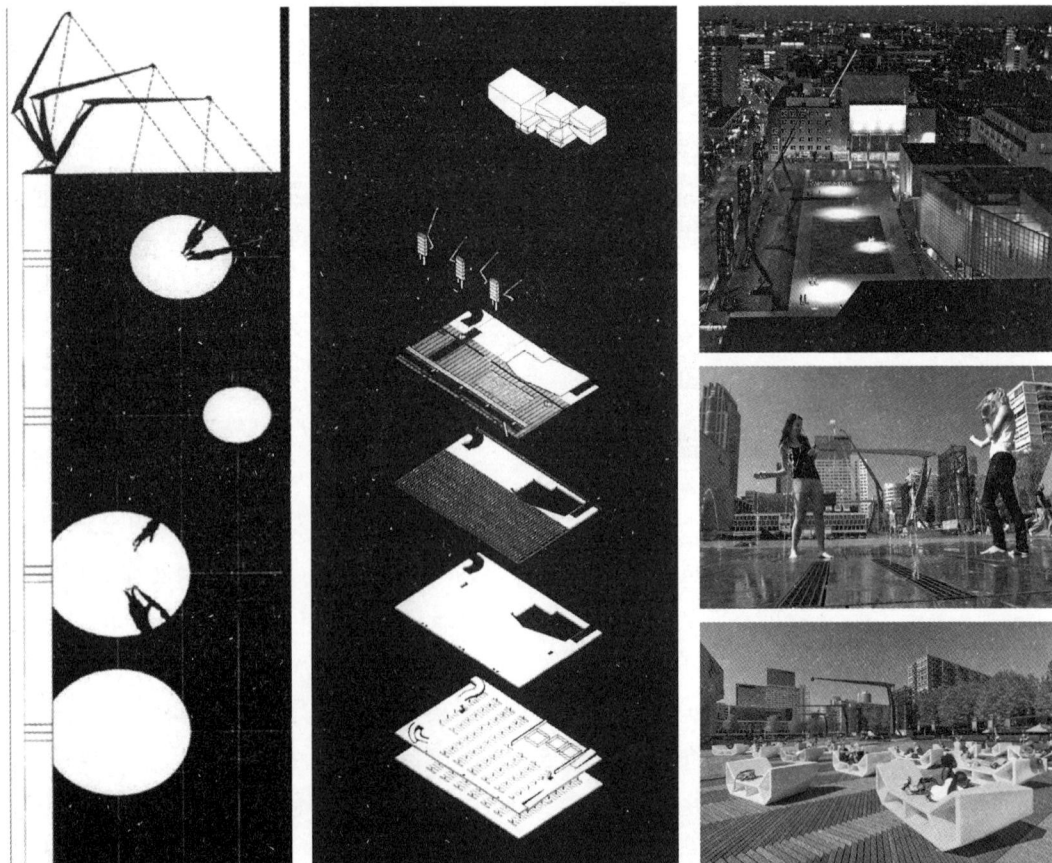

案例：哈佛广场 /StossLU 事务所 / 美国波士顿 /2013 年

该项目位于哈佛大学校园中心一条下穿隧道上方的十字路口。新建广场将这个道路的十字路口改造成了一个新的可供各种社交和表演活动的公共空间。项目所使用的设计元素非常简单：定制的混凝土铺装、多功能的长凳、可移动的桌椅，以及一片沿广场边缘种植的小树林。这些简单的设计确保了新广场能够最大限度地容纳各类项目和活动：包括农贸市场、艺术展览、电影之夜、音乐和舞蹈表演、学生活动、户外晚宴等。事实上，这是一个装配灵活，"即插即用"的广场：集成式的帐篷支点、水、电和其他公用设施的接头、可调节的照明设施，所有的这些设计将这个看似简单的广场打造成了一个可赋予多种功能的活动场所（图 5-40、图 5-41）。

选择的多样性和布置的灵活性是该广场多功能使用的主要体现，这不仅表现在空间的组织上，而且还表现在室外家具的设置上，如定制的坐凳能够被调节成不同的形状以适应不同人的身型、坐姿和躺姿（或直立，或倾斜，或躺卧，或拥抱等）的需要，这种多变的

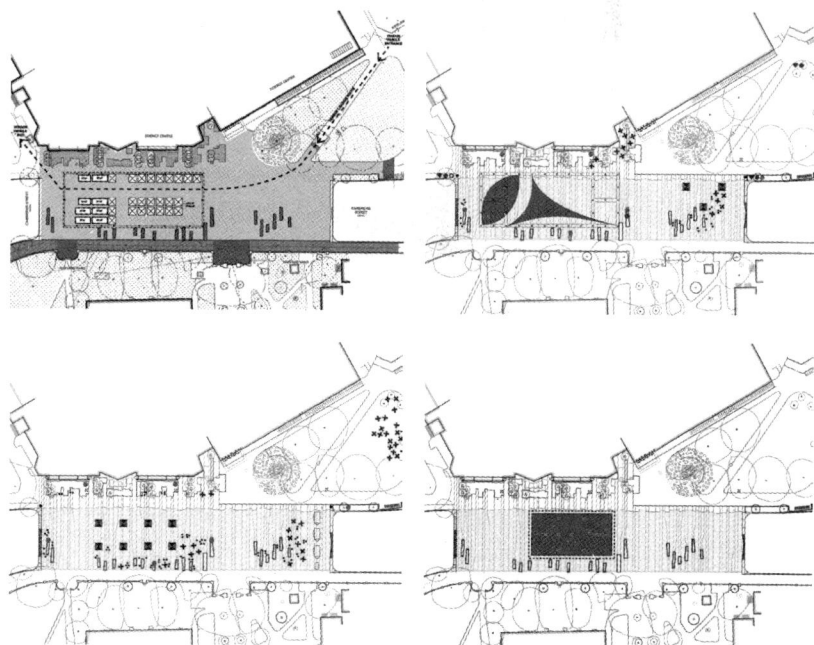

图 5-40　多种功能的活动场所（一）

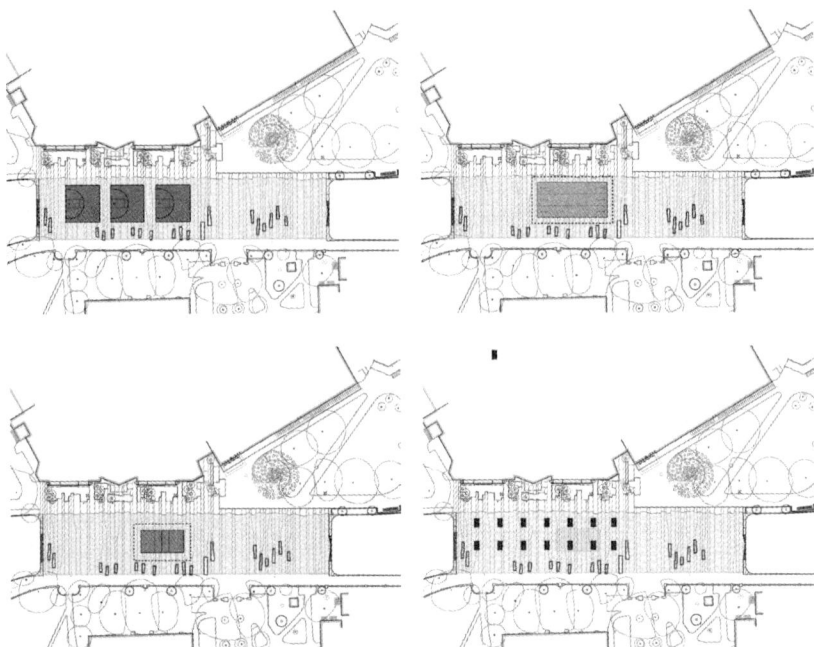

图 5-41 多种功能的
活动场所（二）

坐凳形式促进了社交互动（图 5-42）。此外场所的使用者可以根据服
务要求来安排家具的摆放方式，从而使灵活性更大地发挥价值。如

图 5-42 多变的坐凳
形式

广场上可移动的椅子，既可以在宽敞向阳的区域支开，或紧靠固定的坐凳摆放，也可以放置在荫凉的树林下。这种灵活性潜在地包含了人性化的内涵，这也是该广场设计的出发点。

上述两个项目展示了不同类型的功能和活动可以与时间周期相联系，某些功能和活动是短期的，例如聚会，有些则可以重复举办的，比如农贸市场、艺术展览等。这些项目和活动内容根据季节不同而不同，并与广场上永久性的功能设施如座椅形成对比。它们展示了广场的日常和年度的规律，进一步增加了自身的特色。不论白天还是夜晚，这里全年无休，始终都充满着生机和着活力。

项目：Big U/Big 事务所 / 纽约曼哈顿 /2013 年

非限定的策略不仅表现为空间使用的多样性，还表现为行使功能的多样性。例如作为飓风"桑迪"灾后重建项目之一，由丹麦新锐建筑事务所 BIG 针对曼哈顿岛下城低洼地带不同社区设计的，一个被称为"Big U"的 U 型的防洪系统提案正是基于这样的认识发展而来。

例如由曼哈顿下东城的蒙哥马利大街向下到曼哈顿大桥这一区段，多个由活动墙体组成的模块被附着在 FDR 快速高架路檐口的下方，墙体表面装饰着当地艺术家的绘画作品。平时它们是桥下东河景观大道绚丽多彩的顶篷，在汛期则成了可以被随时放下作为抵御洪水的闸门，而放下的墙体又可以将桥下的空间围合成一个临时性的市场（图 5-43）。

图 5-43　多功能活动墙体

案例：莫伦塞纳特城市设计 /OMA/ 巴黎 /1987 年

非限定空间策略既不是把基地上的使用功能都限定死，也不是放任自流，不设任何限制，而是设置大致的功能。沃尔认为，功能编排是希望对设计的结果产生某些特定的影响，而不是集中在形状和形式上。这种类型的城市空间还包括没有明显物质形态的空地和功能不明确的地方。前面提到的 OMA 莫伦塞纳特城市设计，就是这样一个案例。它颠覆了传统城市的发展模式，其结构、发展和特性不是依靠建筑和道路，而是建立在非限定的景观开放空间基础之上。设计师的注意力不再放在规划和安排建筑上，而是在布置"空"（非建设用地）地上。与其用一系列的设计来表现一个完成的作品看上去怎样，或者不同的部分如何组合在一起，这里设计不是为了最终的结果，而是一种基地发展过程的图解，用来架构一个城市发展过程中可能出现的情形（图 5-44）。

非限定空间在这里意味着对基址上的某块区域或多块区域不进行规划，这些没有规划的空间被作为一个用来实现灵活性的机制，以便为未来城市的发展留出空间。设计是为未来还是为当下乍看似乎是一对矛盾，然而这个案例却说明设计师并没有在为未来和当下之间做选择，而是在不同种类的过程和形式的相互影响和相互作用中获得成功。

5.4.3 时空多样性策略

时空多样性（Spatial and temporal multiplicity）一直是景观设计的核心部分。景观设计师所受到的训练也是要求他们将时间的影响和空间的变化考虑到设计的项目之中，景观设计在一定程度上是由时空的变化和其所产生的影响决定的。然而景观都市主义所倡导的时空多样性不仅包括随着时空变化的自然所产生的影响，还包括社会、经济等多个系统可能产生的影响，它们共同作用才有设计作品的可持续性。从动态的过程来看，景观是一系列公共事件发生的舞台，或者说，景观和有机生物一样，是一个开放的系统，它用这种开放的空间系统来容纳城市不可预期的、随时间变化的活动。这个系统将允许某种活动或者事件的产生、进行以及最终被其他活动所取代。同时，景观能因时而变，并发展出新的网络、新的链接以及新的不

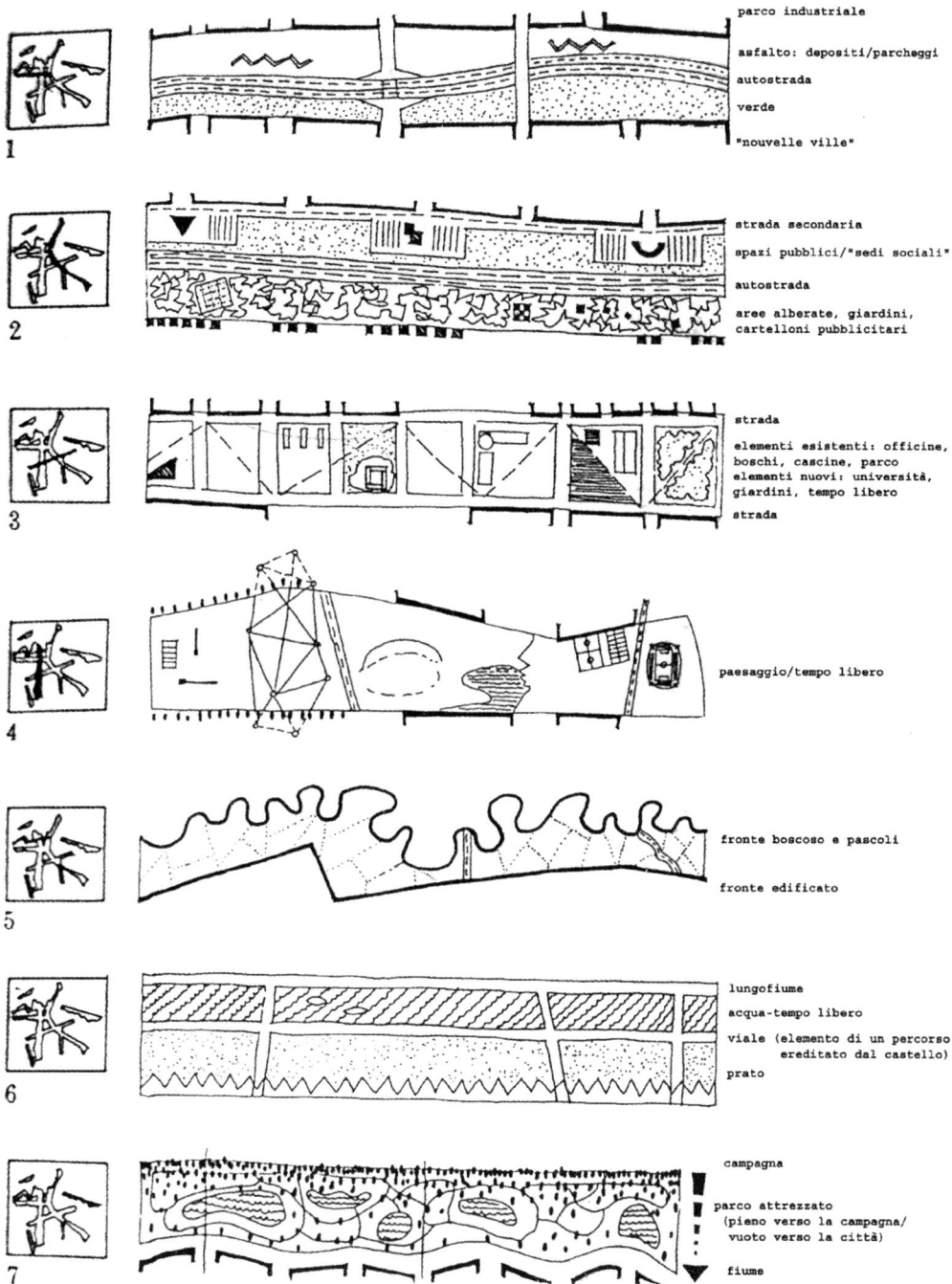

1
- parco industriale
- asfalto: depositi/parcheggi
- autostrada
- verde
- "nouvelle ville"

2
- strada secondaria
- spazi pubblici/"sedi sociali"
- autostrada
- aree alberate, giardini, cartelloni pubblicitari

3
- strada
- elementi esistenti: officine, boschi, cascine, parco
- elementi nuovi: università, giardini, tempo libero
- strada

4
- paesaggio/tempo libero

5
- fronte boscoso e pascoli
- fronte edificato

6
- lungofiume
- acqua-tempo libero
- viale (elemento di un percorso ereditato dal castello)
- prato

7
- campagna
- parco attrezzato (pieno verso la campagna/ vuoto verso la città)
- fiume

图 5-44 可能性图解

可预知的机遇。科纳认为像纽约中央公园、英国传统的公共领地或印度广场那些灵活的开放空间是一种事先安排的场地，它们为社会行为和团体活动搭建了"舞台"。这些场地始终被临时但却又深刻而显著的社会交往所占据。他举例说明历史上许多著名的公共领地，如伦敦汉普特斯西斯公园，那里季节性的狂欢节、体育赛事、俱乐部、无组织的烟花燃放、有组织的徒步走、竞赛、裸体日光浴等公众活动，都发生在城市这同一个地点上（Corner，1999）。

案例：清泉公园竞赛方案 / 詹姆斯·科纳场域操作事务所 / 纽约 /2001 年

科纳的纽约清泉公园竞赛方案计划用 30 年时间，将纽约人使用了 50 多年的垃圾场变成一个公园。但是公众无需等 30 年才能去使用这个公园，事实上场地从垃圾场转变为公园过程的每一个阶段都是一种特殊的景观，都会给参与的游人不一样的体验。科纳的竞赛方案通过图解展示了垃圾场变成公园的过程中，横跨时空多样化的活动项目的安排和生物多样性的产生（图 5-45、图 5-46）。

这里时空多样性策略是在公园形成过程中的不同时间段，安排不同的功能和活动来吸引人气和增强自身特色。这些活动项目是以不同的尺度、空间和时间为起点的，有助于吸引不同类型的

图 5-45　横跨时空多样化的活动

"Growing a new parkland over time"

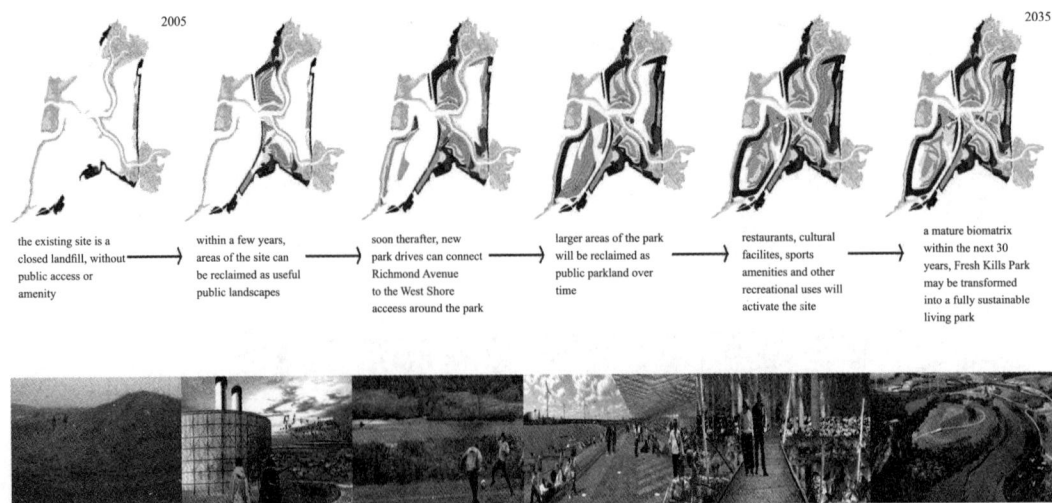

2005　　　　　　　　　　　　　　　　　　　　　　　　　　　2035

the existing site is a closed landfill, without public access or amenity

within a few years, areas of the site can be reclaimed as useful public landscapes

soon therafter, new park drives can connect Richmond Avenue to the West Shore acceess around the park

larger areas of the park will be reclaimed as public parkland over time

restaurants, cultural facilites, sports amenities and other recreational uses will activate the site

a mature biomatrix within the next 30 years, Fresh Kills Park may be transformed into a fully sustainable living park

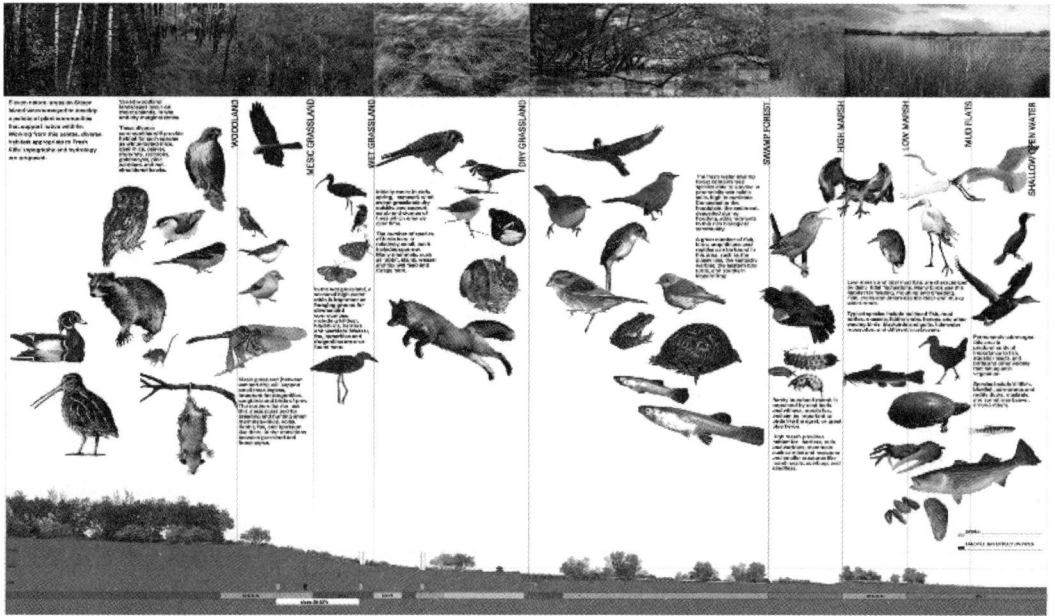

图5-46 生物多样性
的产生

游客。当不同的游客、不同的活动项目和事件相互作用时，可以产生综合影响和意想不到的效果。该竞赛方案解释了为什么景观过程和动态特征本身就是功能和事件，由此形成的公园特色持久且根深蒂固。这个关于时空多样性的实例是以自然演变过程作为一种主要的事件和功能，这里的功能存在于自然过程的空间和时间动态化之中。以下一个案例则从文化和社会过程解释了时空多样性的利用。

5.4.4　预判/计划策略

预判/准备（Anticipation）是对未来充满想象力的猜测过程。大脑通过重力、曲率、障碍物等信息进行分析，以便得出预测（en. wikipedia.org）。在设计领域预判存在于详细规划与无所作为之间的某个位置。"接球的行为可以看作为一种预判的行为：你知道球来了，但并不清除球会在何处着陆，所以你需要摆出一个能够承受多种可能性的预判姿势（Mostafavi，2010）。"

预判是作为一种操作策略，其在适应性、模块化、相互影响和大尺度的，层次多样化的空间策略中都有其用武之地。这些策略目的在于以不同方式预测变化，功能上通过设计一个多层次灵活策略，来展望基地的未来，科纳将此策略描述为给未来的生态过程和社会文化活动搭建"舞台"：经济上通过市场运作将基地作为区域复兴的催化剂，社会上通过收集来自其使用者的信息反馈，来安排未来发展情形。

案例：渔市岛竞赛方案 /OMA 事务所 / 日本横滨 /1992 年

在 1992 年为横滨副都心复兴计划——渔市岛改造所做的设计中，库哈斯应用预判/计划策略来展示都市表面时空多样性使用和复合的城市生活。尽管两个水产品交易市场占据了小岛大部分的场地，但库哈斯观察到它们只在早上 4 点到 10 点之间被密集地使用，而其余时间这两个巨大的建筑基本处于闲置状态。于是渔市岛分时利用的框架成为了设计的核心。他通过场地与景观改造，削弱形态控制，加强事件编排以填充渔市岛鱼市之外时间的活动，从而将不同时段、不同内容的要素纳入到整个空间利用的过程中，并用"计划的岩浆"来比喻他设计的目的和手段（图 5-47）。在设计过程中，库哈斯尽量避免使用建筑，因为建筑不可避免地造成限制和分割，无法适应连续的变化，取而代之的是连续不定形的都市表面，仿佛自由流动的岩浆，折叠包裹，使之与市场、停车场、坡道、商场、娱乐、运动

图 5-47 横滨鱼市错时利用图解

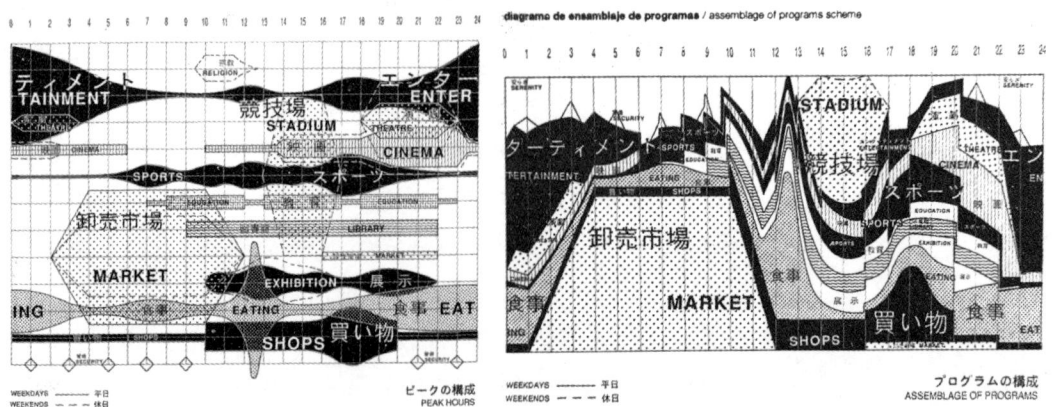

场等平滑连接，试图以最小的限定支持多种可能的事件，容纳多种功能的历时改变，形成 24 小时的连续多高峰的事件蒙太奇（陈洁萍，2011）。这里，事件空间取代了形式的空间，设计师通过预判为可能发生的事件和可能产生的效果搭建灵活的平台。

案例：当斯维尔公园竞赛方案 / 詹姆斯·科纳场域操作事务所 / 加拿大多伦多 /2001 年

这个位于多伦多市郊被废弃的空军基地，原有地形非常平坦，以至于让可以流经此地的水流都汇集到了场地之外。针对场地这一固有特征，科纳通过构建一个开放的、具有自我调节能力、适应环境变化的生态系统，为公园未来的生态、经济和社会的可持续发展搭建了一个"舞台"：其中包括开挖溪流廊道，并将挖掘出来的土用来塑造基地的地形，从而使基地以外水流能够重新回到这块场地上来。水流的回归促成了生物多样性廊道的建立，并由此开启场地的自然生态的修复过程，这包括多种植物群落、生境栖息地和物质循环的"自然生长的生态体系"的产生（图 5-48）。

作为一名设计师，我们在思考应对场地的策略时，除了理解场地已经发生过的事及其产生影响的同时，还应该具备对场地即将发生的事情、受到的干扰以及可能带来的影响有预知、预测和预判的能力。因为为了让一个场地经得起时间的考验，适应多样化和易变的生态、社会、文化、科技及政治方面的需求，设计师必须要能够根据其所处的环境现状预测这个场地的未来发展，以便对那些即将发生的变化做好准备，把控调整的机会，从而通过最少的能耗来应对干扰，实现其可持续发展。

小结

景观的演变不可能完全被控制，它受时空不可预知变化的支配。之所以将景观作为一种模式，就是对其不确定性特征的借鉴，而功能编排模式正是对该特征的具体应用。功能编排模式及其策略同样可以从比喻和操作两个方面加以解释。作为一种思维方式，异质化场域充当着一种比喻模式。景观在功能编排模式中的解读是将景观

RIVER BIRCH GROVE
LOWLAND NEST

RIVER BIRCH
WHITE BIRCH
SLIPPERY ELM
BLACK WALNUT
DOGWOOD
NEW ENGLAND ASTER
SWEET JOE PYE WEED

WHITE CEDAR / BLACK SRUCE SWAMP
LOWLAND NEST

WHITE CEDAR
BLACK SPRUCE
WHITE BALSAM POPLAR
RED MULBERRY
SWAMP THISTLE
BOTTLE GENTIAL

RED MAPLE SWAMP
LOWLAND NEST

RED MAPLE
SILVER MAPLE
BLACK ASH
SLIPPERY ELM
WILLOW
RED OSIER DOGWOOD
SPECKLED ALDER
ELDERBERRY

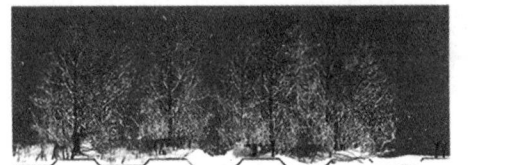

MEADOW MARSH / TALL GRASS PRAIRIE
UPLAND NEST

PRAIRIE DROPSEED
BUTTERFLY WEED
WILD LUPINE
CULVER'S ROOT
BLAZING STAR
LITTLE BLUE-STEM
SWITCH GRASS

GREAT LAKES / ST. LAWRENCE FOREST PATCH
UPLAND NEST

SUGAR MAPLE
AMERICAN BEECH
RED OAK
STAGHORN SUMAC
NANNYBERRY
GOLDENROD
PURPLE MILKWEED
LITTLE BLUE-STEM

SUMAC / SASSAFRAS GROVE
UPLAND NEST

STAGHORN SUMAC
NANNYBERRY
SASSAFRAS
BIG BLUE-STEM
INDIAN GRASS

EASTERN SYCAMORE GROVE
LOWLAND NEST

EASTERN SYCAMORE
SILVER MAPLE
EASTERN COTTONWOOD
SPECKLED ALDER
WET SEDGES
SWITCH GRASS

图 5-48 自然生长的生态体系的建立

视为动态和多样化的过程，城市地表是由各种功能区块组成，这些组织结构及功能区块通过相互作用和功能混合来发挥作用并引发改变，就像景观一样。

按照艾伦的说法，物体之间的相互作用要比单一物体更为重要。从功能编排角度讲，这具有操作潜力，可以运用相关的策略来组合、并置或者让它们处于开放和非限定的状态：并置策略通过预判未来需求，让不同的功能相混合来应对未来的变化；非限定空间策略说明一定程度的空间非限定性能够促进社会长期可持续性发展；而时空多样性策略则说明如何在时空变化过程中运用功能组织来赋予一个场地的特性，通过空间的多功能使用来增加场地的绩效。

城市和公园如何发挥功能，不是由它的外观，而是由它的功能所决定的。功能编排的策略不仅表现在生态方面，而且还表现在社会、经济和文化方面。功能编排模式通过公众的使用来组织一个场地，并以此作为应对未来社会和文化变化的一种方式。然而就像在时空变化中生态和其他自然过程一样，社会过程也是动态的，社会发展从来就不能被直接控制或预测，因此功能编排还应该是灵活的和具有适应性的。通过对功能深思熟虑的编排来引导这些社会过程向特定的方向发展。一些项目的事件特征，在短时间内可以用来制造观赏和兴奋点，而长期的活动可以帮助建立一个地方的特色。功能编排模式及其策略可以产生形式，但更重要的是该模式所包含的策略随时间变化所产生影响。

本章总结

景观作为整体空间形态的理念将地表视为一个充满活力的、积极的、有厚度的操作性场域，而不是被动的薄板。这里场域包括了建筑、道路、基础设施、绿色肌理、开放空间、自然栖息地、水域等等，它们之间相互联系和相互影响。沃尔用增厚（Thickening）来描述这一场域现象，而科纳则将景观作为城市一种结构性载体。

景观地表被认为是一个加厚层叠的过程，人们关注的重点是场域组成部分（物体）之间的关系以及由此可能生成的效益和影响，而不是孤立的（物体）形式。同时景观场域有着广泛的多样性（涉及物质性、功能性和组织结构，还包含文化和自然的时空过程），被认为是代表现代都市状态最有效的模式。有了这种异质性领地作为一种模式，在研究城市时，就可以用景观来取代建筑作为构筑城市的组织框架和构成要素。这里景观充当的是一种促进城市未来发展的催化剂和结构性载体。

这种分层叠加的异质性景观场域有以下几种模式：框架是用来对场地进行整体把控，为的是编排场地内特有的过程；层叠被用来组织场地的历史、生态和各个功能层的叠加和混合；折叠打破了景观和建筑二元对立的观点，在这个模式中建筑形式源于景观过程；而功能编排则是一种着重使用效果的组成方式，而不仅仅是不同功能分区的组织形式。

用景观而不是建筑来构筑城市，这种设想提出了一种图底关系倒置（反转）的景观化的城市，正如瓦尔德海姆所说的那样："对许多不同专业的人士来说，景观已成为一种透视镜，通过它，当今城市得以展示；同时景观又是一种载体，通过它，当今城市得以建造和延展（Waldheim，2006）。"

参考文献

[1] Modularity[EB/OL][2016-06-18].https：//en.wikipedia.org/wiki/Modularity#Modularity_in_technology_and_management.

[2] Pickett S T A，Cadenasso M L，Grove J M. Resilient cities：meaning，models，and metaphor for integrating the ecological，socio-economic，and planning realms[J]. Landscape and urban planning，2004，69（4）：369-384.

[3] Strategy [EB/OL][2016-06-18].https：//en.wikipedia.org/wiki/Strategy.

[4] Fernández Per，A. & Mozas，J.（2010）. Strategy Public. Vitoria-Gasteiz：A+T Architecture Publishers.

[5] Allen，S. . From Object to Field. *Architectural Design*，vol. 67，pp. 24-31.

1997.

[6] Berribeitia, A.（2007）. Re-placing Process. In Czerniak, J. & Hargreaves, G.（ ed.） Large Parks. New York：Princeton Architectural Press.

[7] Lister，N-M.（2007）. Sustainable Large Parks：Ecological Design or Designer Ecology? In Czerniak，J. & Hargreaves，G.（ ed.）Large Parks. New York：Princeton Architectural Press，pp. 35-58.

[8] 翟俊. 基于景观都市主义的景观城市 [J]. 建筑学报.2010（11）：6-11.

[9] 杨沛儒. 生态都市主义：尺度、流动与设计 .[M]. 北京：中国建筑工业出版社，2010.

[10] 翟俊. 从城市化的景观到景观化的城市——景观城市的"城市＝公园"之路 [J]，建筑学报，2014（01）.

[11] Koolhaas，Rem. Whatever Happened to Urbanism? S，M，L，XL[M]. New York：Monacelli Press，1995：958-971.

[12] Diagram [EB/OL][2016-06-18].https：//en.wikipedia.org/wiki/diagram.

[13] Allen，S.（2003）. Diagrams. In Gausa，M.，Guallart，V.，Müller，W.，Soriano，F.，Porras，F. & Morales，J.（ ed.）The Metapolis Dictionary of AdvancedArchitecture. Barcelona：Actar，p. 162.

[14] Italo Calvino. The Castle of Crossed Destinies. New York：Harcourt Brace Jovanovich Publishers，1976. Translated from the Italian by William Weaver.

[15] Gausa，M.（2003）. Cartographies. In Gausa，M.，Guallart，V.，Müller，W.，Soriano，F.，Porras，F. & Morales，J.（ ed.）The Metapolis Dictionary of Advanced Architecture. Barcelona：Actar，pp. 102-103.

[16]（美）卡尔·斯坦尼兹. 景观设计思想发展史（上）——在北京大学的演讲，黄国平 整理翻译，中国园林，2001（05）：92-95.

[17] Palimpsest [EB/OL][2016-06-18]. https：//en.wikipedia.org/wiki/Palimpsest.

[18] Kirkwood，N.（2001）. Manufactured Sites. London：Spon Pressp. 175-198.

[19] 翟俊. 应对环境同质化的景观实践 [J]. 中国园林.2012（05）.

[20] 翟俊. 列车过后的景象——纽约高架线公园 [J]. 景观设计 / 景观设计师 .2009（06）.

[21] Martin Prominsk，Spyridon Koutroufinis.：Folded Landscapes：Deleuze's Concept of the Fold and Its Potential for Contemporary Landscape Architecture [J]. Landscape Journal，2009，28：2-09：151-165.

[22] Hybridisation[EB/OL][2016-06-18].https：//en.wikipedia.org/wiki/Hybridisation.

[23] Hanna Assargård（2011）. Landscape Urbanism-from a methodological perspective and a conceptual framework（MA-LP）. Swedish University of Agricultural Sciences，Uppsala.

[24] Czerniak，J.（2007）. Legibility and Resilience. In Czerniak，J. & Hargreaves，G.（ed.）Large Parks. New York：Princeton Architectural Press，pp.215-251.

[25] Spirn，A. W.（1993），"Deep Structure：On Process，Form，and Design in the Urban Landscape，" in T. M.Kristensen，et al.，eds.，City and Nature：Changing Relations in Time and Space，Odense，Denmark：Odense University Press.

[26] Marot，S.（1999）. The Reclaiming of Sites. In Corner，J.（ed.）RecoveringLandscape：Essays in Contemporary Landscape Architecture. New York：Princeton Architectural Press，pp. 45-58.

[27] Program [EB/OL][2016-06-18]. http：//www.merriam-webster.com/dictionary/program.

[28] Hargreaves，G.（2007）. Large Parks：A Designer's Perspective. In Czerniak，J. & Hargreaves，G.（ed.）Large Parks. New York：Princeton Architectural Press，pp. 121-174.

[29] Wall，A.（1999）. Programming the Urban Surface. In Corner，J.（ed.）RecoveringLandscape：Essays in Contemporary Landscape Architecture. New York：Princeton Architectural Press，pp. 233-250.

[30] Juxtaposition [EB/OL][2016-06-18].http：//www.dictionary.com/browse/juxtaposition.

[31] 王向荣等 . 人类和自然共生的舞台——荷兰景观设计师高伊策的设计作品 [J]. 中国园林 .2002（03）.

[32] 翟俊 . 弹性作为城市应对气候变化的组织架构——以美国"桑迪"飓风灾后重建竞赛的优胜方案为例 [J]. 城市规划 .2016（08）.

[33] James Corner.（Ed.）. Recovering Landscape as Cirtical Cultural Practice. Recovering Landscape：Essays in Contemporary Landscape Architecture[M]. New York：Princeton Architecture Press，1999：1-26.

[34] Anticipation [EB/OL][2016-06-18].https：//en.wikipedia.org/wiki/anticipation.

[35] Mostafavi，M.（2010）. Why Ecological urbanism? Why now? In Mostafavi，M. & Doherty G.（ed.）*Ecological Urbanism*. Baden：Lars Müller Publishers.

[36] 陈洁萍 . 场地书写 [M]. 东南大学出版，2011.

[37] Charles Waldheim. Landscape as Urbanism. //Charles Waldheim. (Ed.) The Landscape Urbanism Reader [M]. New York: Princeton Architectural Press, 2006.

第 6 章

景观作为生态系统的
模式与策略

The Models and Strategies of
Landscape as an Ecosystem

自然界的每一个过程都有其必要的形式，这些过程常导致功能性形式。其遵循两点之间最短距离法则：冷却只发生在暴露于冷却环境的表面上；压力只作用在压力点上；张力作用在张力作用线上；运动产生了自身的运动形式——对每一种能量，都有一种能量形式相对应。

每一种技术形式都能从自然形式中推出。最小阻力法则和最经济做工法则使得类似的活动往往导致类似的结构。所以人可以用迥异于以往的另一种方法控制自然。人如果应用了有机体赖以茁壮成长的一切法则，那么他会从中为未来世纪所有的资金、力量和才能找到足够的利用机会。每丛灌木、每棵树都可以给人指导，给人建议，向人们显示无数的发明、装置和技术应用。

——拉乌尔·弗朗斯

景观都市主义把景观视为一系列的过程、一个生态系统的观点，在很大程度是受到了生态设计的影响。西蒙·范·迪·瑞恩（Sim Van Der Ryn）和斯图亚特·考恩（Stuart Cown）将生态设计描述为自然和文化的纽带，在这种新的混合形式中，人类文化和自然系统及其过程是相互交错的，它们之间的互相作用所产生的混合形式不仅更加符合，而且更能够代表当今城市内在的生态学和外在的形态学。除生态过程之外，这个新的混合形式还包含了跨尺度的概念，因为现代生态学认为场地、城市、区域甚至全球是一个相互联系的整体生态系统。这种过程和尺度转化的范围跨越了传统景观与城市二元论的界限和范畴。在实践中这意味着设计除了需要结合自然（Design with nature）外还必须结合社会、经济和文化的因素。

不可否认，在景观的发展过程中，生态学对其产生的影响尤为重大，特别是从奥尔多·利奥普德（Aldo Leopold）的《沙郡年记》（1949）、雷切尔·卡森（Rachel Carson）的《寂静的春天》（1962）、伊恩·麦克哈格的《设计结合自然》（1969）出版以来。然而直到今天，生态往往还和环境保护联系在一起，从而大大削弱了生态学对设计的影响。事实上最早在1997年，詹姆斯·科纳就在其"生态和景观作为创造力的中介"一文中，批判了这种局限性的生态观点，认为为应对日益抽象化的环境，人类需要发明一种有创造性的生态学来挑战那种缺乏创造力、同时带有科学偏见的传统生态学。他倡导用一种批判性的新生态学来作为景观设计的基础。"一个真正生态的景观设计应该更加关注设计的过程、策略、手段和框架———个可以创造、催生、网络、互联以及区分多样化关系的促进框架，而不是最终完成的作品。设计这些策略层面框架的目的不是以一种具象的方式去展现不同和多元化，而是为了在自由的生命（不可预见性、偶然性和变化性）和展现与形式一致性及结构／材料细致性之间构建一种可能的关系（Corner，1997）。"科纳这种观念为将景观和生态作为一种对设计师和规划师想象力和创造力不可或缺的源泉打开了一扇新的大门，在此生态和景观变成了城市设计的模式与策略。

6.1 格局模式

景观格局（Landscape pattern）一般指景观的空间格局（Spatial pattern），是大小、形状、属性不一的景观空间单元（斑块）在空间上的分布与组合规律。格局是大自然作用的结果，所有格局都是当时改变景观的所有力量作用的结果。景观展现的是非常复杂的格局，它们集中表达了影响一个地方有关自然过程、经历以及人类文化对其产生的影响。

哈佛大学理查德·福尔曼教授撰写的有关景观生态学的两本巨著：1986 年出版的《景观生态学》（Landscape Ecology）为设计师提供了一个"斑块—廊道—基质"的生态空间格局和土地利用模式；而1995 年出版的《土地镶嵌体》（Land Mosaics）则进一步将生态作为一种复杂关系的格局理论拓展到更广泛的区域尺度。研究基地、城市到区域之间跨尺度的景观空间模式及其生态流动的关系至关重要，都市圈区域的土地镶嵌体结构提供了一个较为完整的分析范围（例如可以以一个集水区全流域为研究尺度，来探讨都市发展与自然环境系统的空间整体关系），福尔曼的理论为规划师和设计师提供了一种理解景观是一种变化的生态系统、通过景观来创造生态复杂性的景观空间格局切实可行的方法。并可以以此作为都市环境政策、规划与行动的依据。俞孔坚在此基础上发展出景观安全格局（SP）理论，认为景观中存在着某种潜在的空间格局，它们由景观中一些关键性的局部、点及位置关系所构成（俞孔坚等，2001）。这种关键性元素、战略位置和联系所形成的格局就是景观安全格局，它们对维护和控制生态过程或其他水平过程具有格外重要的意义。

6.1.1 斑块

斑块（Patch）是景观格局的基本组成单元，是指不同于周围背景的、相对均质的非线性区域。不同生态学家对斑块的定义不同，但所有定义都强调斑块的空间非连续性和内部相似性。邬建国等对斑块的定义是：依赖于尺度的，与周围环境在性质上或者外观上不同的空间实体（邬建国等，1992）。景观都市主义认为城市是由积累的斑块和分层的系统组成，斑块的概念可以为分散或破碎的区域作为视觉的组织模式，以构造和支持这些地区未来的发展。

案例：树城——当斯维尔公园竞赛方案 /OMA ＋布鲁斯·茂 / 加拿大多伦多 /2000 年

在当斯维尔公园竞赛方案"树之城"中，最明显的特征是占地 1/4 以上的多个多功能圆形的景观斑块，库哈斯试图用这种斑块的图解组成架构来组织这块被废弃的领地未来不断发展演变的模式。他将这些斑块称之为"景观制造器"（Vegetal Epicenter），希望通过它们来"人造自然"（Manufacturing Nature），使景观在都市中延伸，实现所谓的"绿色蔓延"（Green Sprawl），从而与多伦多的其他绿地联系在一起构成大多伦多公园系统。在这种模式下，城市和景观彼此对立的二元论被连续的景观组成的一系列操作图解所替代——共同组成城市和景观片段的拼图（图 6-1）。城市因此可以被看作是由一连串不同功能斑块的拼贴而成，这里多样性是斑块随着时间推移发生转变的整体指导方针。其中每个部分或斑块被视为一个彼此之间没有等级关系相对独立的单元，这意味着组成城市的景观要素是平等的，而不同功能的斑块则代表着城市的不同特点。

6.1.2　廊道

廊道（Corridor）是不同于两侧基质的狭长的线性景观单元，具有通道和阻隔的双重作用。所有的景观都会被廊道分割同时又被廊道联结在一起，其结构特征对一个景观的生态过程有重要的影响。

案例：高线公园 / 场域操作事务所 / 纽约 /2006 ~ 2014 年

距离地面 9m 多、全长 2.4km 的纽约高线公园，是一个位于纽约曼哈顿西侧从下城区的 SoHo 到中城的线型空中廊道。作为全新的哈得孙河畔城市公共空间景观，它兼顾了生态、休闲和社会文化三大功能。

城市文化的保护和传承是高线公园的一大特色，这主要表现在

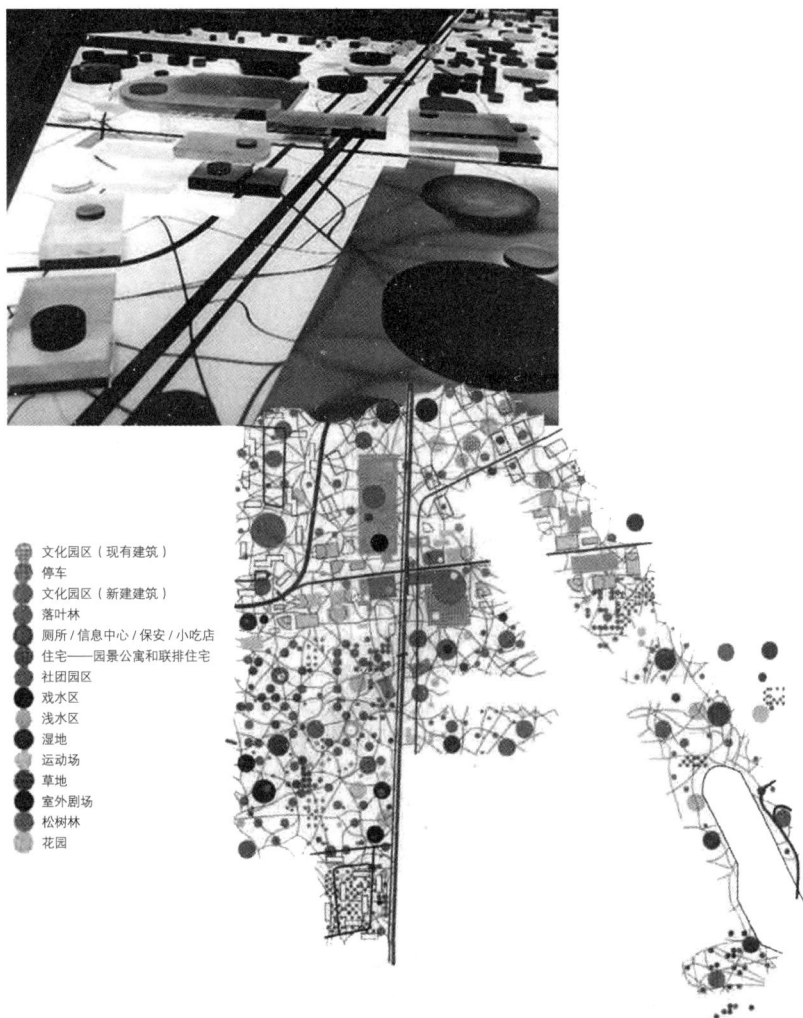

图例：
- 文化园区（现有建筑）
- 停车
- 文化园区（新建建筑）
- 落叶林
- 厕所／信息中心／保安／小吃店
- 住宅——园景公寓和联排住宅
- 社团园区
- 戏水区
- 浅水区
- 湿地
- 运动场
- 草地
- 室外剧场
- 松树林
- 花园

图 6-1 城市成为景观斑块的拼图

对场地历史的尊重，其中对原场地结构特性的保存和重新诠释是其转型为公园的关键所在。公园不仅保留了铁轨，还保留了部分厂房的残垣断壁。这些场景，记载、诉说和传递着场地的历史，又承载了这座城市的记忆。由于保留了高线铁路遗址，高线公园成为纽约西区工业化历史的一座活生生的"纪念碑"（图6-2）。

在生态功能建设方面，公园植被的选择和配置上注重植物的多样性与复杂性，依据植物的不同颜色和特性，同时注重花期的不间

图6-2 景观记载、诉说和传递着场地的历史

断性，设计团队精心挑选出210种本地植物，并巧妙地结合了在废弃年间生长的一些"原生态"的抗旱扛风植物，从而保留了废弃铁轨中自然生长的野花杂草，彰显野性的生机与活力（图6-3）。

在社会使用方面，高出地面9米的空中步道所带来的独特的城市体验，以及与城市的紧密联系是高线公园休闲功能最鲜明的特色。它以不间断的形态横向切入多变的城市景观中，人们在深入城市的同时也在远离城市。很多对周围环境早已了然于心的纽约人也不禁走上高线，以一种全新的视角一睹城市风采，他们往往能够收获意想不到的惊喜。这里，人们可以欣赏到曼哈顿对岸新泽西州的轮廓线、哈得孙河的日落以及曼哈顿一侧的54号码头等美景，也可以在木躺椅区尽情享受日光浴，还可以隔着落地玻璃窗可以欣赏曼哈顿车水马龙的繁忙景致（图6-4）。

图6-3 废弃铁轨中自然生长的野花杂草（左）

图6-4 高线公园的细节设计（右）

案例：水牛河绿色廊道 /SWA 事务所 / 美国休斯敦 /2006 年

水牛河（Buffalo Bayou）毗邻休斯敦市中心，在休斯敦的城市发展过程中曾经起到过关键的作用。然而随着城市毫无节制的扩张，未经处理的城市污水与工业废水被排入河道，对河道生态环境造成了破坏，使其沦为"排污渠"。与此同时，多条连接休斯敦北部与市

中心的立交桥跨越其上，遮挡了阳光，导致植被生长不良。过去很长一段时间，这里一直是被人遗忘，甚至极力躲避的区域。

作为水牛河道整治工程关键组成部分的水牛河道散步道项目，总长 1.9km，总面积 9.3hm²，并于 2006 年竣工。改造后的水牛河绿色廊道，除了泄洪功能之外，还在多个功能层面上发挥作用：包括与野生动植物及鱼类等有关的生态功能的动植物栖息地、改善水质以及承担休闲娱乐功能的线性公园及通航功能，如皮划艇比赛等绿色廊道的功能。更重要的是设计师通过竖向和横向两个维度的改造，重新将过去孤立的河道与城市连接，使河道重新焕发活力，并成为休斯敦公共空间系统的重要组成部分（图 6-5、图 6-6）。正如该项目总设计师凯文·杉立（Kevin Shanley）总结的那样：传统上，人们大多仅从单一方面来思考河道的问题：如果你是交通专家，你会把河道理解为起运输作用的航道；如果你是雨洪管理者，你会从防洪的角度来考虑问题；如果你只想排走污水，你可能会觉得河道是倾倒污水以及废水的好渠道；如果你是生物学家，你只会看到河道在自然生态方面的功能……而这些片面的思维逐渐被综合性的思维所取代，如今人们更倾向于将河道理解为具有多种功能的、复杂的"景观基础设施"（隋心，2012）。

图 6-5　水牛河绿色廊道（左）

图 6-6　水牛河绿色廊道（右）

案例：台州城市规划／土人景观与建筑规划设计研究院／浙江台州／2005 年

俞孔坚土人团队 2005 年完成的基于生态基础设施的台州城市规划是一个从区域到城市再到地段，跨尺度的规划设计项目。该规划从环境和生态安全格局出发，应用景观生态格局理论和方法，通过建立宏观、中观、微观三个尺度的生态基础设施体系，在满足生态防洪、生物保护、乡土文化遗产保护和游憩等功能的同时，构建了一个集综合功能需要的多种建筑、基础设施组成的整体景观形态的城市空间结构（图6-7）。通过运用格局、过程和尺度转换等原理，设计师设计的生态景观项目能够具有容纳动态的生态过程和不断变化的社会和经济过程，并始终能够呈现一个清晰的设计形式。

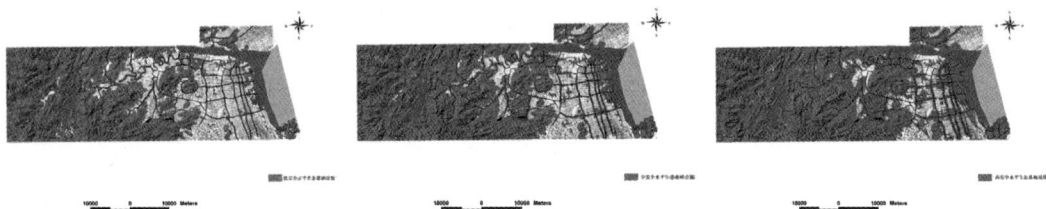

图6-7 不同安全格局下的城市空间

小结

福尔曼的景观格局及其"斑块—廊道—基质"理论促进了对都市区域的又一层理解，我们由此可以将当今世界理解为由不同等级的许多点（斑块）和线（廊道）组成，由全球系统中各种连接来决定。根据这种解释，过去认为城市是由独立的物质形式：如建筑、街道、公园以其他公共空间的传统认知对当今不断变化的城市来说已不再有效。相反，城市范围应该被理解为一种斑块和廊道的组装和交流，它们共同组成了城市和整个大都市区域，当代的都市主义因此成为复杂而动态的社会和生态进程。而这种进程是依托景观这一载体，通过某种格局的形式来呈现的。

通过将生态学描述为一组复杂格局间的关系，进而将抽象的生态学数据转换成形象的图解，这样有利设计师对生态学的理解，同时将生态的、社会的和经济的复杂性包含在他们的设计之中。在创造形式时有助于发挥他们的专业技能，以尺度、过程和适应性的不同为前提，来促进复杂性。在景观都市设计师看来，格局是自然和社会文化过程与设计之间的联系，他们除了需要会采集数据、参数模拟和叠加分析之外，还要理解一个地方的自然和社会文化格局，并且能够阐述其背后的故事：这个地方过去曾经是一个什么样的地方，它是如何变化的，今后又会向哪个方向发生变化。设计的项目应该能够适应不可预测的生态过程、社会和经济的变化，并仍旧提供一种清晰的格局形式。

6.2 过程模式

"如果城市要发展繁衍的话，那过程是其必然的结果。城市的真理最终存在于动态的过程之中。"

——斯皮罗·科斯托夫

景观都市主义语境下的过程概念源于生态学，但包含一个更宽泛的范畴：除生物的过程之外，还包括建设和规划的过程、城市演变的过程，社会文化的过程甚至经济发展的过程。它们既是社会的、生态的，经济的又是当地的、区域的，甚至是全球的。

过程是设计方法和策略而不是形式是景观都市主义的核心思想。由于基地上的材料是有机的和动态的，对基地内外不同自然和文化过程的了解对任何一个项目都是必需的，因此设计师工作的重点是如何确定、选择、安排和调整基地的原有的过程，并将自己的设计与这些过程相协同，而不是将某种特定的，外在主观的形式强加于场地之上。科纳为此提出了"生命形式"（Life form）的观念，认为在一个设计中设计师研究的重点应该是过程以及过程产生的影响，因为生命形式需要最大化地通过设计、材料和体验过程所产生的影响来获得成功。这一观念认同了这样一个事实，那就是空间是一个更大系统中有生命的实体，空间一直是存在于过程之中，并且永远不会结束。

景观作为一个生命体，是随时间演变的物质，景观在其变化过程中创造新的形式和功能。景观的这种能动性使它成为一个多产的

美不是已经完成或做好的东西，而是创作的过程。如果我们欣赏一件物品，那恰恰是因为我们在重温创作时自由超脱的感受。美是在行为选择过程中产生的兴趣和愉悦的副产品。

——雅各布·布洛夫斯基

中介，过程让设计师按照时空变化来进行设计成为可能。本章接下来的内容是有关过程模式如何能够产生物质的空间形态，及其在不同的策略中的解读和在实际项目中的运用。

6.2.1 开放系统策略

开放系统（Open-ended systems）指的是一个动态的系统或者状态，它不受明确的界限、条件或结构的限制，允许或适应变化。该系统是不确定的，允许一个自发的，非结构化的响应（thefreedictionary.com）。

案例：博施森林公园/范伊斯特伦和马尔德/荷兰阿姆斯特丹/1929 ~ 1950 年

在实践中决定场地的哪些要素应该在过程中开放，而哪些则需要相对固定？是一个很大的挑战。以范·伊斯特伦（Cornelis van Esteren）和马尔德（Jacopa Mulder）设计的阿姆斯特丹著名的博施（Bos）公园为例：该公园由一个动态演变的森林系统和一个人为控制、相对固定的运河系统构成（图 6-8）。这里的运河系统是一个封闭的系统，根据需要用水泵来调节运河水位的高低，并将水分配到公园的其他地方。而森林则不同，它的种植方式是以过程为基础的实践，通过植物演替来得到开放式的生长繁衍。公园最初种植了两种类型的林木：一种是速生的先锋树种，另外一种是计划持久保留的慢生树种。这是基于生态学的考虑，因为在树木生长初期，先锋树种可以提供慢生树种生长所需的树荫，从而有利于慢生树种的生长发育（图 6-9）。15 年后，除了保留少数先锋树作为水平分支层来提供树荫以防止地被植物的泛滥之外，其余的都将被砍除，以便为持久保留的慢生树种生长繁衍腾出空间（Berrizbeitia，1999）。

案例：Haarlemmermeer 开拓地/Vista 设计事务所/荷兰阿姆斯特丹/2004 年

20 世纪 90 年代，荷兰 Vista 事务所发展了一套基于开发系统，以"过程设计"为基础，结合建筑、景观、生态、工程等多个专业的土地发展和建设策略。Haarlemmermeer 开拓地（Polder）是阿姆

图6-8 博施森林公园
平面图

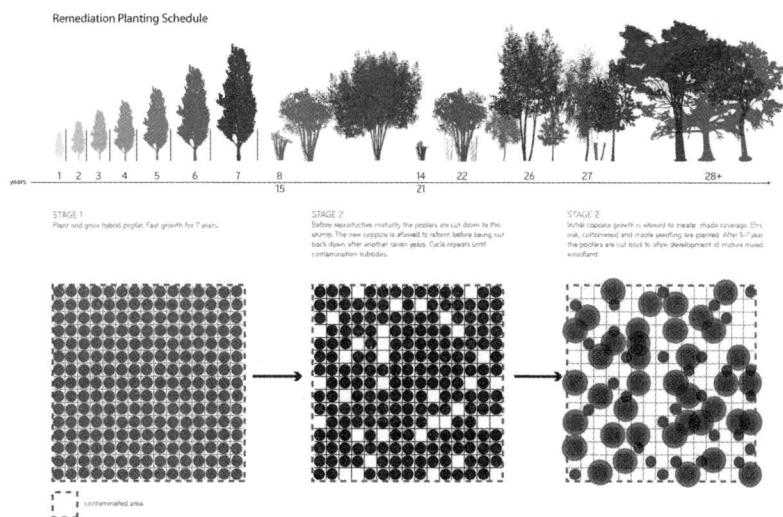

Remediation Planting Schedule

years 1 2 3 4 5 6 7 8 14 22 26 27 28+
15 21

STAGE 1
Plant and grow hybrid poplar. Fast growth for 7 years.

STAGE 2
Before reproductive maturity the poplars are cut down to the stump. The new coppice is allowed to reform before being cut back down after another seven years. Cycle repeats until contamination subsides.

STAGE 2
Initial coppice growth is allowed to create shade coverage. Elm, oak, cottonwood and maple seedling are planted. After 5-7 year the poplars are cut back to allow development of mature mixed woodland.

contaminated area

图6-9 速生和慢生树
种的动态管理

斯特丹一处房产项目，他们通过历时多年分阶段的对水体、植被与人造系统的生态控制，使景观建设与土地社会价值、经济价值的开发结合成为一个延续的有计划的整体系统（图 6-10、图 6-11）。

图 6-10 地产项目的
"过程设计"（左）

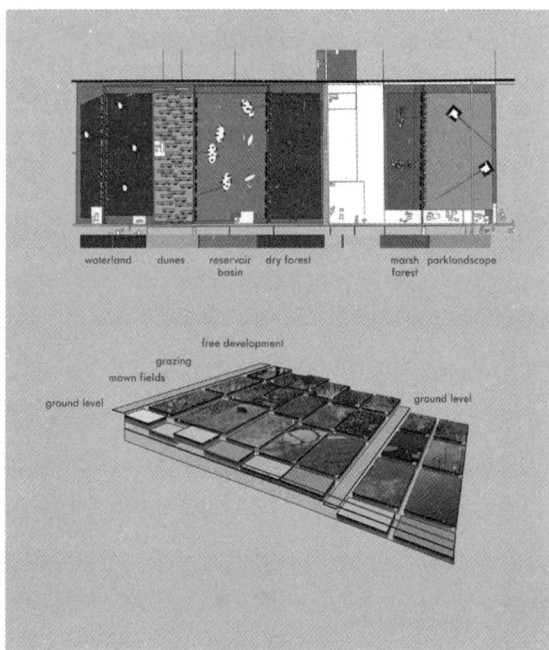

图 6-11 地产项目的
"过程设计"（右）

正如荷兰的大多数土地一样，这块占地 500hm² 的低地也是填海造地而成。海拔在 –6m 到 –3.5m 之间，经历了湖面、农田的阶段，而今将开发成地产。在多次试验后，首先由开发公司确定了每公顷 5 座建筑的密度，以平衡政府绿色规划的绿化率（1:5）和房产开发的利益。随后最重要的是改造原有的马铃薯田，使它成为有吸引力的环境。对低地来说，水体处理是其中的关键，为此 500hm² 的圩区被细分成 16 个矩形的圩田，景观设计师在此充分利用了自然生态系统的演替过程，使人造系统与自然系统获得和谐：

第一步，从土方工程入手，建造堤坝和不同高程的盆地，安排好排水系统、抽水系统，保证预设的容纳 100 万 m³ 的水量，吸收雨季 500mm 的降雨，在内部形成自循环水系统。并种植树苗标示出场地上的原有小路，保留历史信息；

第二步，引水淹地，促使植物群落生长。不出两年，这里将覆盖丰富的植被，形成一个初级生物群落；

第三步，开始精心处理不同水系的环境，有的放水形成旱地树林；有的保持积水，形成泥煤沼泽；高低波动的水面将形成芦苇荡。这时的场地将是一处可供游憩的生态公园，适当引入少量的人群活动，获得社会效益。这一过程又将历时5年；

第四步，当生态环境、生物群落达到一定的稳态，建筑和道路等人造系统才会进入。当然，这时的人造系统的基础早已与自然系统融为一体，因此，社会的干扰将被大大降低，而良好的生态环境也将提升房产开发的价值，获得更大的经济利益（陈洁萍，2011）。

荷兰景观评论家米契尔·丹瑞特（Michiel den Ruijter）认为："这种方法的特别之处在于它不是去寻求最终的理想状态，规划的目的是为了设置人为控制和自然演替的进程与步骤，其结果是一种以矩形外观的农田和内部有机植物群落对比为特征的自我发展的秩序。"该方案展现设计师如何可以通过理解过程来处理复杂性，以及自然过程的动力如何可以用来设计一个复杂的系统，其中不确定性不被视为是需要解决的问题，而是作为设计的组成部分（Prominski，2005）。

案例：日内瓦艾尔河修复/Superpositions集团/瑞士日内瓦/2001～2016年

在本项目开始之前设计师就意识到，设计和建造固定的河床是与河流生态修复相违背的，最好的方法是让河流自由而完美地设计自己的路线。然而，河流自身的设计过程显然主要依赖水流冲刷，因此需要经历一定的时间。但当地政府的环境部门却并无耐心等待，催促设计师去寻找一种途径，以更快获得更具多样性的新河床。为了找寻解决方案，设计师不仅参考了渗流现象，还进行了测绘和建模，最终设置了一组菱形网格，为水流开凿出一系列复杂而流向不定的河道。这些菱形岛屿的规模经过设置可"适应"河流原本的蜿蜒程度，而让河流本身自主完成剩下的工作，结果证明这是一项完美的河流设计（图6-12）。

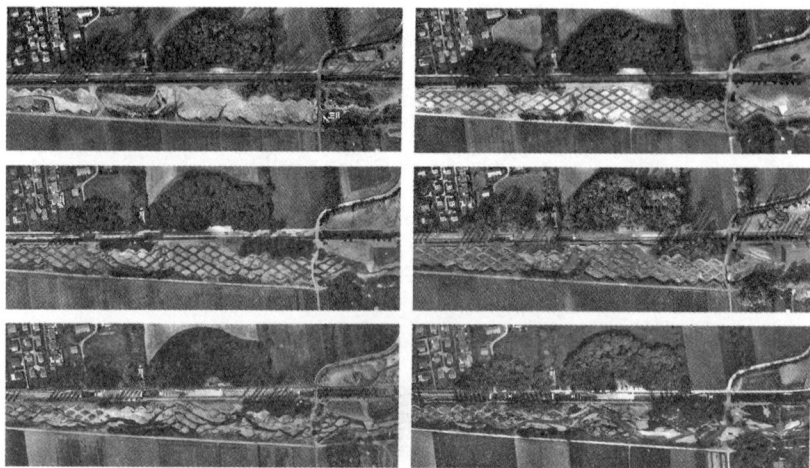

图 6-12　河流自我设计的过程

图 6-13　修复后的日内瓦艾尔河局部鸟瞰

改造后的艾尔河所呈现的最终状态令人惊叹（图 6-13），它契合了景观都市主义的开放系统设计、设计"过程"以及设计师不是场地唯一设计者等多个设计策略，明确地将人为干涉转化为自然行为，并将之后的工作交给自然过程去完成。设计师只是创建了一个启动架构，并以此来激发河流流线与现有地形之间的相互作用。

6.2.2 演替策略

演替（Succession）指的是按照一定秩序或序列的行动或者过程，其中生态演替是生态群落物种结构历时变化的过程（en.wikipedia.org）。演替是描述植物和动物群落变化和发育过程的一个名词，是一个群落逐渐取代另一个群落的过程。在这个过程中，植物群落的演替往往伴随着动物群落的演替。植物群落主导的演替是所有食物链的基础。演替的过程趋向于朝着生物群落间更复杂的相互关系方向发展。了解演替的过程，既了解植物群落发育，是对植物进行长期管理的关键，也是以最少的干预来构建和维护本地景观的关键。通过应用自然演替，我们可以为自然设定一个重建植物与植物间，植物与基地间生境关系的平台（Franklin，1997）。

案例：高线公园 / 场域操作事务所 / 纽约 /2006 ~ 2014 年

作为设计灵感的来源，科纳设计的纽约曼哈顿高线公园，其主要的参照是昔日被废弃后高架线铁轨周边长满的野花野草，及其所呈现的粗犷的自然之美（图 6-14）。因此植物的季相演替（Successional growth）自然而然地成为其设计的表现手法，被用来比喻被废弃期后，高架线上植物自然繁衍生长的原始生态状态。于是由荷兰著名园艺学家皮特·欧多夫（Piet Oudolf）经过精心选择的适应性且低养护成本的 210 种多年生草本、草花、灌木和乔木被用来创造这种比自然更加丰富的景观，特别是其中由本土和非本土品种混植而成的野花草甸群落确保了一年四季的绝大多数时间（从初春到晚秋）都有鲜花绽放，正所谓"源于自然，而高于自然"。这些杂草野花组成的新奇色调为高架线公园增添了浓墨重彩的一笔，而整个高架线公园也因此成为纽约

图 6-14 "源于自然，而高于自然"的自然之美

图 6-15　野花野草粗犷的自然之美（左）

图 6-16　高线公园成为曼哈顿一道亮丽的风景线（右）

曼哈顿一道亮丽的风景线（图 6-15、图 6-16）。一条废弃的高架铁路在华丽转身之后成为了受人们喜爱的公园，设计者通过对植物季相演替的诗意表现，完美地呈现了自然过程与人类创造性的想象力之间的对话；并从中获得了丰富的设计元素、达到对旧事物新的解读和对现有场所的重塑（翟俊，2015，2007）。

案例：普莱森特山 公园 / 加拿大北方设计事务所 / 加拿大哈利法克斯 /2001 年

在修复被龙卷风"胡安"摧毁的哈利法克斯普莱森特山（Point Pleasant）公园的规划中，加拿大北方设计事务所也是应用演替的方法，通过植物自然演替和群落生成的过程来逐步修复被龙卷风"胡安"破坏的山体植被。基于对场地的地理位置、地形特征以及历史价值的充分了解，修复规划确定以坡度上植被的修复作为基地范围内弹性生态体系恢复的主要手段，通过植物分期种植策略，以及人为辅助措施，来营造一个能够适应病虫害、应对极端气候以及人为使用所带来的干扰，最终养育出一个能够适应内外部环境变化，多林相的健康而可持续森林体系（图 6-17）。在这一例子中，通过人为控制和自然演替相

图 6-17　植物自然演替与过程化的设计管理

互交替，容许空间和时间及局部的偶然性发生，从而让景观在不同时间段呈现不同的效果。但总体又在一种宽松的控制之下，能够保持整体的连续性，可以说这种管理方法既是精确也是模糊的。

案例：清泉公园竞赛方案／詹姆斯·科纳场域操作事务所／纽约斯塔滕岛／2001年

当代城市中的大多数公园在针对适应性和开放性方面做得都很不成功。我们的设计和管理方法更多的是为了让公园维持在某一特定的阶段，为此采用大量的人工管理措施（如修剪）以保持这种不变的状态。而基地本身的生态系统和过程则常常被忽视（Lister，2007）。因此不难看出，维持公园不变的景色、保持其稳定的状态对于基地的自然过程是一种抑制作用。这些人工化的设计和管理方式凌驾于基地自然的生态系统之上，在消耗了大量的人力、物力和财力的同时，还使公园自身失去了弹性和可持续性。

科纳的纽约清泉公园所采用的设计方法则完全不同，这个被称作"生命景观"，让自然做功、长时间生态修复的方案，是以土壤的改良和植物自然演替过程为基础的开放式的动态设计。科纳首先设计的是一个以群岛（组团）、线、面组成的弹性框架：线（Threads）是线性森林、排水沟以及交通体系，线形脉络引导了水、能量及场地周边生物的流动，给其他同质化区域注入新的生命。面区（Mats）是一种扩展蔓延的机制，在陆地上通过运动场和户外活动场地向外扩展和占有，在水下它是间隙潮水的生态斑块，盐水沼泽和淡水湿地可以在它上面生长蔓延。群岛（Islands）是由高密度组团积聚而成，在生态方面表现为被保护的动植物栖息地，在规划方面则代表规划的项目和构筑物（翟俊，2010）。

通过上述初始框架的设置，为场地提供了一个总体的特性，场地由此可以进化和适应成为一个越来越多样化、自我维持的环境。科纳将"生命景观"描述为更受时间和过程主导的开发系统而不是固定的空间和形式。由此可见，设计在景观都市主义的方法中也变得具有适应性和可塑性，而不像传统建筑方法中，以结果主导的"蓝图"式的设计方法，设计因此保持了空间和过程的开放性。随着时间的变化和对使用者的开放，在检测后进行调整，特别在长期、大规模的、动态的、不确定的和复杂的情况下进行设计，可以让设计本身更具弹性，能够在生态环境和社会文化两个方面应对未来不可预见的干扰和需求。

6.2.3　灵活的分期实施

城市建设和环境的生态修复都是大尺度且长期的工作，在此过程中，政治、经济和环境等方面都存在着诸多变数。因此应对建设过程中的复杂性和不确定性，除了设计必须与规划和管理相结合外，还需要有一个科学而灵活的分期实施策略，来统筹整个建设过程。在科纳的各类竞赛作品中，如当斯维尔公园和清泉公园，分期实施策略都是其方案的重要组成部分，这些策略涉及生态、社会和经济多个系统以及这些系统间的交互影响。

案例：清泉公园竞赛方案 / 詹姆斯·科纳场域操作事务所 / 纽约斯塔滕岛 /2001 年

上述清泉公园原址是纽约人使用了 50 年的一座垃圾填埋场，其面积约为 900hm² 是著名的纽约中央公园的 3 倍，该项目还是人类迄今为止最庞大的环境修复工程。科纳计划用 30 年的时间将其改造成公园，这不仅工程本身任务复杂而艰巨，而且公园建设过程中，在社会、经济和生态方面都存在着许多不可控因素。传统上一步到位的"蓝图"式解决方法在这里不再有效，为此科纳应用景观作为整体生态系统的策略，以场地的自然演替过程为依据，制定了一个详细的分期实施步骤：

整个设计不是以总体规划的结束为终结、也不是通过一次性设计来完成、更不是一个由设计师完全控制，将自己的主观意识强加于基地之上的设计；而是一个不断根据基地的反馈进行调整的动态的设计与管理：首先，设计师以场地的现状条件为依据，设计一个以群岛（组团）、线、面组成的弹性框架；其次，根据实施过程中的现场回馈，制定出生态修复的不同阶段有针对性的动态调控和管理措施，从而从无到有逐步创造出多样化的生境；最后，开启大自然的自组织和自设计过程，由此达到生态系统自我修复和更新的目的。具体步骤是：先引入抗性强的乡土野草，经过几个周期生长来制造植物生长所需要的土壤（图 6-18）；随后再引入适宜生长的草本植物来降解土壤中的有毒物质；随着因地制宜的动态管理，促进基地环境的不断改善，再逐步引入木本植物，达到恢复自然生境和完善生态体系，为今后娱乐项目的设立做准备目的。这个高度创新的设计方案，阐述了一个更加弹性和可持续性的公园设计理念，那就是"长出"（Grow）一个公园，而不是"种出"（Plant）一个公园。通过一系列清晰明了的分期实施图解，科纳将这些复杂的动态过程和建设步骤清晰地展现给了大家（图 6-19）（翟俊，2010）。

图 6-18 通过速生乡土野草来制造土壤(上)

图 6-19 "长出"一个公园的图解（下）

0 - 15 YEARS 0-15 年
HABITAT DIVERSIFICATION OVER TIME 生境随时间多样化
early stages: preliminary plantings related to existing biomass and habitat
初始状态：根据现有的生物量和生境进行的初步植物种植

50'
17m

200' (67m)

| existing MORAINAL FOREST 现存的冰碛的森林 | BIRCH THICKET 桦木灌木丛 | MAPLE/ SWEET GUM 枫香 | MARITIME FOREST 海水森林 | DRY PRAIRIE 旱生草地 DWARF CHESTNUT OAK 矮橡树 | DRY PRAIRIE 旱生草地 | MOIST PRAIRIE 湿生草地 |

15 - 30 YEARS 15-30 年
HABITAT DIVERSIFICATION OVER TIME 生境随时间多样化
developed stages: overlapping inter-plantings and "spread" of seed bank and species, establishing stratified habitat communities and diverse ecological matrices
发展状态：通过重叠种植以及种子库和物种的蔓延逐步建立分层次的生境和生态多样性的基质

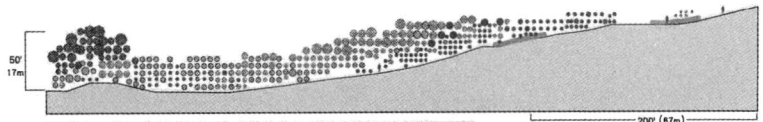

50'
17m

200' (67m)

| existing MORAINAL FOREST 现存的冰碛的森林 | BIRCH THICKET 桦木灌木丛 | MAPLE/ SWEET GUM 枫香 | MARITIME FOREST 海水森林 | DRY PRAIRIE 旱生草地 DWARF CHESTNUT OAK 矮橡树 | DRY PRAIRIE 旱生草地 ERICACEOUS SCRUB 杜鹃花科灌木丛 MOIST PRAIRIE MESIC SAVANNA 湿地草原 | PINE BARREN ISLANDS 耐贫瘠的松树品屿 |

6.2.4　过程产生形式

1896 年现代主义和摩天大楼之父路易斯·沙利文（Louis Sullivan）提出了"功能决定形式"（Form follows function），该法则影响了一个世纪以来无数的建筑设计与城市发展。长期以来城市规划设计一直被视为扩大版的建筑设计和道路的延伸。然而在今天人类所面临的日益严重的生态和环境问题面前，这一法则受到了越来越多的挑战：首先这里的"功能"不再是局限于现代主义机械化和工具化的范畴。不能仅仅是为人服务的功能，整体的都市主义认为功能应该是更全面的，除形式之外，它还应该包含环境的、生态的、情感的、象征的和精神的"功能"；其次这里的"形式"也不能仅仅是人为强加到场地上的图案的组合形式，而必须是通过认识基地自然能动性，基于场地的生态的流动与过程而生成的形式（翟俊，2015）。

案例：哥德鲁普河滨公园/乔治·哈格里夫斯事务所/美国加州圣何塞/2001 年

20 世纪 70 年代美国大地艺术家罗伯特·史密森（Robert Smithson）创作的一系列结合自然过程的大地艺术作品，引发了人们对人工自然过程所呈现的审美价值的关注。受其影响，乔治·哈格里夫斯是一位将这种自然过程通过景观的方法，而不仅仅是艺术的表现手段展现给世人的景观设计师。哈格里夫斯认为时间、重力、侵蚀等自然的物质性与人的使用可以发生互动作用。他注意到了当时设计规划领域的二元对立的形象：即设计文化对自然系统会产生潜在的破坏，而生态学的方法又无视文化从而远离人们的生活。因此，他致力于探索介于文化和生态两者之间的方法即以物质性为本，从基地的特定性去找寻景观过程的内涵，建立人与自然相关的设计框架，其结果是耐人寻味的和多样化的景观作品。哈格里夫斯把这种方法比喻为"建立过程，而不控制终端产品"。也就是说，他为基地搭建一个舞台，让自然要素与人的活动产生互动，哈格里夫斯称之为"环境剧场"。

他设计的加州圣何塞哥德鲁普河滨公园（Guadalupe River Park）就是其中的一个代表。该公园是由一条穿越圣何塞市市中心、长达

4.8km 的河道改建而成。由于经常遭受洪水侵袭，美国工程兵原本计划沿河修建一条防洪堤，但圣何塞市政府则希望在整治河道的同时，能够营造一个供人们休闲娱乐的滨水活动空间，并以此为催化剂带动河两岸土地的开发和利用。因此他们没有采纳工程兵们的建议，而是邀请了由哈格里夫斯为首的一个集景观，水利、市政、结构、地质等方面的专家组成的多学科的设计团队来完成这项工作。经过分析研究，哈格里夫斯团队提出了一个将河道的防洪功能与休闲功能协同整合的大胆设想：他们将河道分为上下两层，下层为行洪通道，上层则为滨河散步道和野生动植物迁徙和繁衍的廊道，并以此连接周围新建的市政建筑、住宅和商业开发区。该方案最为引人注目的是河岸上波浪状起伏的特色地形，这不是简单的大地雕塑，而是哈格里夫斯精细设计的一套水文系统。通过模拟洪水过程、形态，分析水流速度和走势对河岸可能产生的作用，哈格里夫斯采用了一种类似于麻花状沟壑地形体系———种顺应水流自然过程的"过程化的形式"（图 6-20）。这些自然起伏、暗示河流自然形态以及水的活力和流动性的形式不仅富有动感和雕塑感，而且更重要的是有利于在行洪时，起到分流、减缓水流的速度，从而最大限度地降低水流对河岸的冲击，达到河水下渗的目的（图 6-21、图 6-22）（翟俊，2015）。

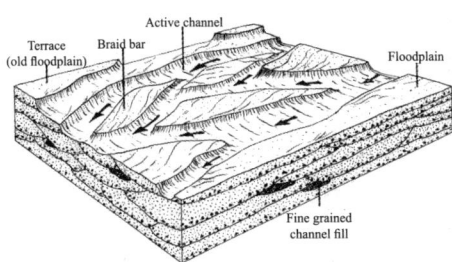

图 6-20　自然界中的"过程化的形式"

案例：海滨新城 /West8 事务所 / 荷兰阿姆斯特丹 /1995 年

景观的动态属性决定了景观都市主义的设计应该是一种以过程为导向的设计，得到结果的过程和结果同样重要。西 8 设计事务所首席设计师阿德里安·戈伊茨在规划距离荷兰首都阿姆斯特丹不远，

图 6-21 哥德鲁普河滨公园平面（左）

图 6-22 顺应水流自然过程的沟壑体系（右）

一座具居住、商业办公和娱乐休闲为一体的海滨新城（Buckthorn city）时，其城市形式不是人为强加于场地的设计，而是按照场地现状及其发展规律，做了一个随着时间、空间不断展开的过程化设计。从最初两个人工岛的建造到自然沙丘和海滨区域的形成；再到城市形成的不同阶段；植物群落演替和与此相对应的生态系统的形成过程（图 6-23、图 6-24）。通过图解的方式，将沙棘和沙丘树木的照片与项目的剖面放在一起，戈伊茨向我们清晰而生动地展示了自然生态体系的演变与城市逐步形成过程，其中沙丘的形成演变是由风、水和植物生长的自然规律所决定的。该方案很好地诠释了景观和都市主义的关联性是让大家更加的关注整个城市演进的过程，而不单单只关注它最后的结果（翟俊，2012）。

案例：当斯维尔公园竞赛方案 / 詹姆斯·科纳场域操作事务所 / 加拿大多伦多 /2001 年

当过程与场地的其他特征相结合时，无论是文化的还是自然的

图 6-23 一个随着时代不断展开的过程化形式（左）

图 6-24 一个随着时代不断展开的过程化形式（右）

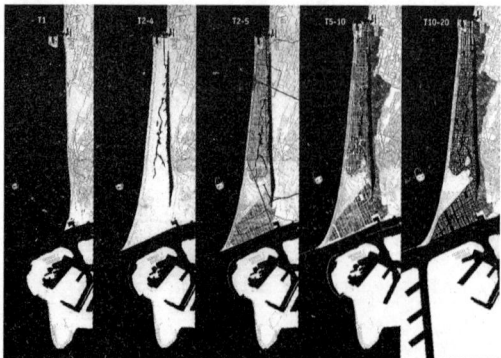

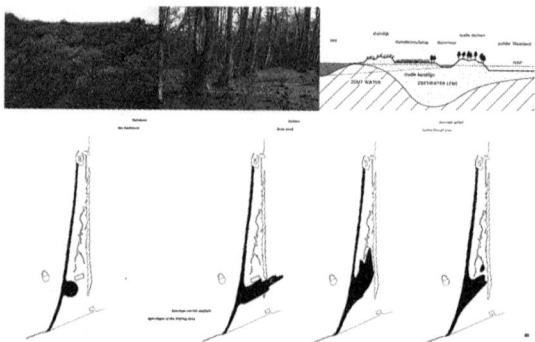

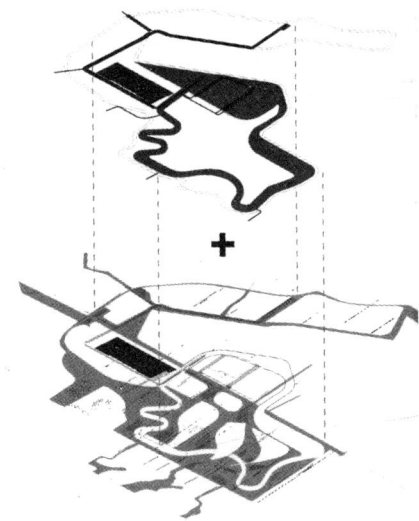

图 6-25（1） 水流的回归营造出多种生境栖息地

图 6-25（2） 生物多样性廊道的建立

都能够将过程从仅仅是技术层面转变为清晰的设计形式。科纳多伦多当斯维尔公园的参赛作品："自然生长的生态体系"为我们展示的就是场地特征与过程相结合、一个系统化的适应环境的生态设计方法。这个被废弃的空军基地，由于过去需要满足飞机的起降，地形被整治得非常平坦，以至于所有可以流经此地的水流都汇集到了场地之外。为了通过场地的生态修复来带动周边经济和社会的发展，针对场地这些固有特性，科纳设想用地形作为生态流动的载体，来支持自然系统的演生与传播：从最初水流的引入、到播种、再到场地演变过程中逐渐增加的复杂性和适应性。水流的回归有利于生物多样性廊道的建立，从而开启了场地的生态修复过程，包括各种植物的演变、多种生境栖息地以及循环生态体系的产生（图 6-25）。

通过对场地周边环境和生态过程的理解，引导出明显的和有意图的形式。该方案实实在在地将过程和形式连接在一起，通过空间中的时间因素去重新创造人与人所建造的环境之间的重要联系，进而传达方案的可读性和意境，最终达到生态修复的目的，并使之前边缘化的土地重获新生。

案例：堂河港口新城设计 /Stoss 景观都市主义事务所 / 加拿大多伦多 /2007 年

和许多经历过工业化发展过程的港口城市一样，多伦多堂河（Don）

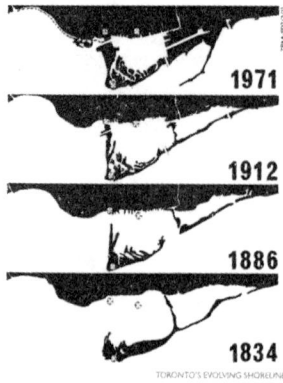

图 6-26　多伦多堂河
河口逐步人工化的过程

港口新城所在的 280 英亩的现状场地强烈缺乏自然特征，堂河与安大略湖交汇处原有的 500 公顷面积的湿地，从浅滩变成了沙滩，再到湿地的完全消失，最后成为进入多伦多工业港口区域的泥滩（图 6-26）。同时由于缺少泄洪区，临近丹河的地区在面对洪水时，显得十分脆弱。

为恢复河与湖交汇区域的生境与生态功能（图 6-27），将丹河港口打造成生态功能多样、社会文化生活丰富多彩、个性鲜明的滨湖新社区，Stoss 团队摒弃了将城市建造在被裁弯取直和硬化了的河道两侧的传统城市的发展模式，提出"河流第一"（River first）的指导方针。该方案的最大亮点是依据区域内常年水位的动态过程，洪水的走势和通道，用河

图 6-27　河口鱼类活
动范围

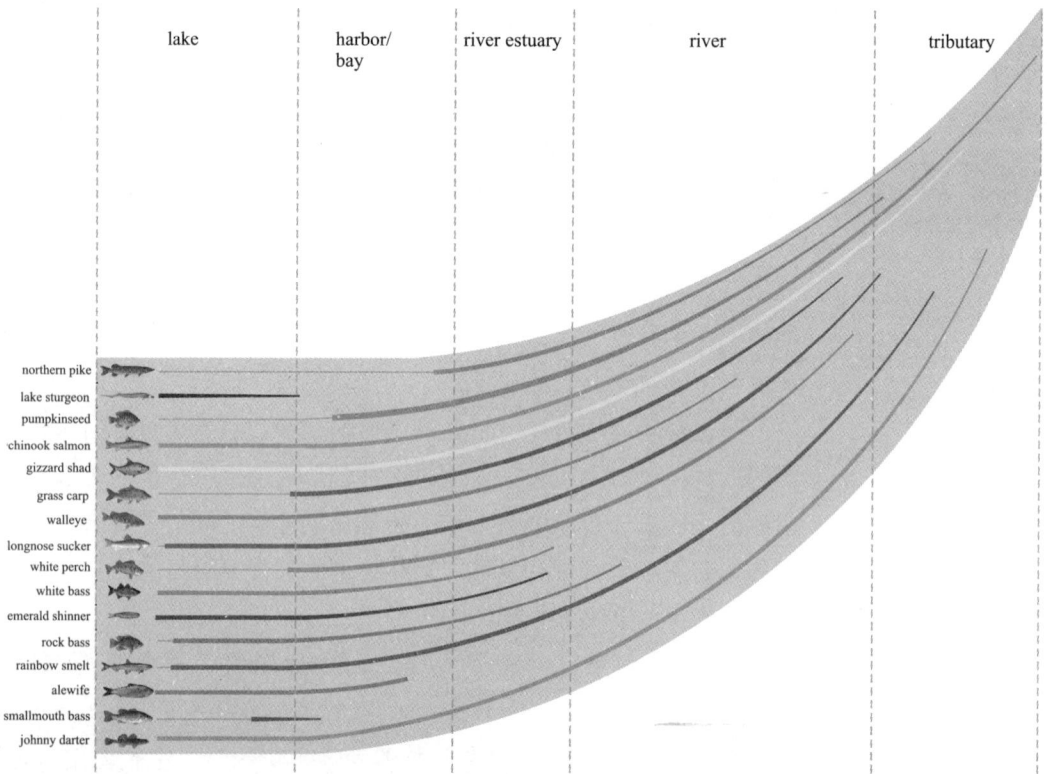

流的动态过程来塑造城市的形态与形式，并以此构建了一个包含大大小小的公园、野生动物栖息地以及以步行和公共交通为主导，复合联系的景观基础设施网络作为城市生成的框架。在此基础上，发展成一系列由商业、文化和办公等不同建筑类型、不同密度和不同公共空间类型组合而成的混合型街区（图6-28），从而达到用河流的动态变化来塑造和丰富港口新城的居住环境和休闲体验的目的。

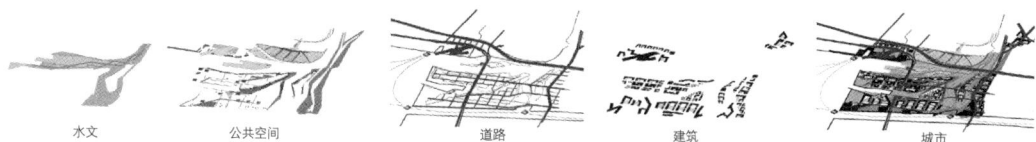

水文　　　公共空间　　　道路　　　建筑　　　城市

图 6-28　水文的流动过程产生城市形式

上述案例充分说明，设计者就是试图采用这种依据自然过程而产生的更具弹性的城市形态来取代现代主义刚性的形式与结构，来作为一种组织城市空间形态的更好途径。这种由生态流过程所产生的地景形式横跨了从邻里到街区再到整个城市的各种空间尺度，并在城市整体景观场域中催生各种类型的空间形态的生成，正所谓"过程催生形式"（Process generates form）（翟俊，2014）。

小结

景观作为生态系统在过程模式下可以用比喻和操作两种方式进行解释。作为思维方法，它用生态系统的构成为出发点，研究系统要素的相互作用，该模式进而可以被理解为情境化的过程。而该模式的操作性视角则注重揭示其工具或方法层面的潜力，这些方法将生态系统的过程和动态特征的抽象概念转变成形式。格局、分期实施、演替和开放系统的策略都有助于发挥设计潜力，这些策略进一步激发了基地的空间特质。要做到这些，首先需要对景观操作性有一个深刻的理解，其次要分析基地现有的过程以及它们对基地的影响。

景观都市主义以不同的策略来探讨过程模式：开放系统策略主要用来探讨生态过程；格局不仅用来探讨生态过程还有社会过程；演替策略针对的同样是开放而不是封闭的系统，除生态系统之外，演替策略还包括社会和经济过程，因为植被生态演替不仅影响基地的生态功能，同时还会影响到它的社会和经济方面；分期实施策略演示了过程如何可以被用作为"过程设计"的方法，通过建立阶段性的设计方案来处理基地的延续与过渡，灵活地解决自然、社会和经济过程之间的关系。这里的社会方面是指公园的游客参与如何影响和改变基地的发展过程，而经济方面旨在设计一个灵活的及投资和预算合适的解决方案，以应对和适应未来的不确定性。上述策略都是用创新性的方式来处理过程，从而使过程成为一个形式的创造者。

虽然过程模式和与其相关的策略主要是通过景观的表现方式来阐述动态的生态系统，然而这并不意味着对大自然的过程和功能的单纯模仿、模拟甚至复制。因为对自然过程的纯粹模仿是将人类文化因素排除在外，从而阻碍了丰富的自然、生态系统和社会文化活动之间的互动。相反，自然和文化元素的融合将会激发出更多创造性的设计实践活动（Lister，2007）。在景观都市主义的语境中，生态系统的再生和恢复不仅涉及自然的因素，它还需要将社会文化和经济的因素包括在内。

综上，景观过程引发景观变化，形式随着过程的变化而变化，并产生不同的形式，因此形式总是暂时的，而过程则是永恒的。景观都市主义把时空作为过程中的变化因素来设计，从而更好地认识到景观自组织与形态变化的能力。用这种方法设计所得到的是一种有生命力的"场域"而不是功能单一的"空间"，其形式是作为"过程的形式"而不是"作品的形式"。过程的形式是一种逐渐形成的而不是一蹴而就的，是一个事件/时刻/情景，而不仅仅是一种单纯空间的表现。设计也因此不仅仅是一种形式的创造，更是一种融入环境背景和过程的协同。

6.3 弹性

一个规划的成功与否，恰恰不在其是否准确预测了社会经济发展规律和是否在此基础上制定了完备的空间规划。规划的科学性似乎在于对不确定的社会经济发展规模和速度的适应能力，特别是"非常发展速度"的适应能力；在于当其空间结构满足不可预测的发展规模和速度情况下，仍然能持续地保持安全和健康的生态条件。

——俞孔坚

　　弹性理论是当今西方学术界的新认识，弹性"resilience"来源于拉丁文"resilio"。关于这一概念的起源仍有争议：有学者认为它起源于生态学，也有学者认为它起源于物理学（俞孔坚，2015）。1973年加拿大生态学家霍林首次将弹性引入生态学，认为弹性是"系统中持久性的关系"和"这些系统消化状态变量、驱动变量及其他变量变化，并能够继续存在的能力"。换句话说，弹性是系统在受到干扰情况下，能够保持其自身的功能和应对干扰的能力（翟俊，2016）。从20世纪70年代初开始，同随后组建的弹性联盟（Resilience Alliance）开启了对弹性概念的多学科探讨，将研究领域从生态系统扩展到社会系统，再延伸到社会生态系统，使弹性内涵从工程弹性、生态弹性、社会弹性到生态社会弹性不断进行深化（刘丹，2015）。

　　弹性的概念在城市中的运用，是受到生态系统相关研究的启发，借用生态研究中生态系统应对外界因素压力和干扰的能力发展而来，并逐渐被运用到城市的社会系统、经济恢复、灾害重建甚至安全系统等领域。玛丽娜·阿尔贝蒂（Marina Alberti）等人将弹性城市定义为：城市一系列结构和过程变化重组之前，所能够吸收与化解变化的能力与程度（Alberti，2003）。弹性联盟将弹性城市定义为：城市或城市系统能够消化并吸收外界干扰，并保持原有主要特征、结构和关键功能的能力（Resilience Alliance，2007）。

　　就弹性城市的实践而言，欧美国家的弹性城市与规划实践已经发展到将弹性城市提升到引导城市发展政策的层面。除了应对气候变化和灾害风险的弹性城市的理论研究以外，还致力于将弹性理念与城市发展综合决策和规划实践整合在一起。通过将设计的项目想象成一个生态系统，这些实践项目应该像生态系统一样行使功能，能够预见和应对当地、区域环境甚至是全球尺度上所发生的变化，并能从内部和外部环境的影响中恢复,甚至从遭到破坏的情况下实现自我修复(翟俊,2016)。

6.3.1 适应性

适应性是一个系统或过程的一个特征,在生态学中,适应性被描述为系统能够在环境中自我调节,应对突发干扰的能力(en. wikipedia.org)。这种能力是弹性系统最重要的特征,我们可以说任何可持续的系统都必须是弹性的,但是不一定总是一成不变的。而适应性的生态设计,顾名思义就是应用生态学原理,结合城市的功能和空间形态进行的可持续设计。现代生态学已经证明自然体系具有适应外界变化和干扰的能力。为适应外界环境变化,自然体系始终处于从一种状态到另一种状态转变、以求达到新的稳定和暂时平衡的状态之中。例如一个森林可能是由不同年龄层次的林相组成,每个林相都会经历生长发育直到成熟、衰老、死亡的过程。同时由于森林火灾、风灾、虫灾或其他干扰导致森林中的树种的死亡。之后,新的生长又重新开始,如此周而复始。尽管森林还是森林,但其中的林相景观却始终处于不断的变化之中。同时这种状态的转变也具有不确定性和多种可能性(可以是这种状态,也可以是其他某种状态)。

再如由软枫林(Soft maple)组成的湿地是一种不稳定的生境,水位的高低将直接导致该生境状况的改变:持续的干旱会使水位迅速下降,甚至消失,从而导致生境从湿地变成草地或高地森林;相反,持续的洪水将导致水位上升,从而形成一个沼泽生境(图6-29)。红枫(Acer rubrum)和银枫(Acer sacharrum)在它们的生长期可以

图6-29 不稳定的生境

漆树林　　　　　　　　　　　　洪水　　　　　　　　　　　　漆树沼泽

忍受长达 30% ~ 40% 的时间被水浸泡，但如果被水浸泡的时间过长，它们就都会死亡，让位给耐水性更好的沼泽植物（翟俊，2010）。

面对不断变化的社会、环境及气候变化的挑战，系统的自我调节能力是保持系统整体长期可持续发展的关键所在。因此基于弹性理论的城市设计方法与追求稳定性、最优化和高效率的传统设计方法有很大的不同，设计的弹性思维最基本的观点就是必须接受变化是始终存在这样一个事实。为了减少变化带来的危害，城市系统应该能够吸纳这些变化，避免其结构和功能（状态）发生质的改变，在受到干扰后能够重新自我组织，从而使其自身的主要功能得以维持，并且发展出新的适应性策略。

那么从设计和管理角度来说，一个城市环境在无法预测未来变化和干扰面前如何才能实现可持续？我们的设计策略应该如何应对诸如以上这些不确定的环境变化，从而让我们的设计更具有弹性和适应性？以下三个案例在这方面做了有意的尝试。

案例：烛台点文化公园 / 乔治·哈格里夫斯事务所 / 美国加州旧金山 /1985 ~ 1993 年

烛台点文化公园（Candlestick point cultural park）位于美国北加州旧金山市外围的海湾，占地 18 英亩（约 7.3hm²），紧接烛台体育馆，它的另一面和旧金山海湾相接。公园整体风格简洁疏朗，游人在这里能体验四季变化的海风、萧瑟的树木与浪击石岸的涛声。基地以前是城市的一个碎石、建筑垃圾堆积场。在详细分析基地所处的位置、季风和常年的主导风向后，哈格里夫斯的设计策略是让游人充分参与到开放的自然过程之中。为此，他用沿着海岸线弯曲延伸的人工山体来覆盖基地原有的垃圾场，这些人工山体具有屏风作用，便于公园内各类娱乐活动的开展。但他在最靠近烛台体育馆一侧的山坡上开了一个大缺口，并以此作为公园的主入口，这个叫作风门的大缺口可以引导海风进入公园。同时为了让游人体验潮水的涨落，他还将迎接海潮的两条人工水湾延伸进公园的腹地。这两条由长满绿草的矩形平台构成的人工水湾，边缘是岩石砌筑的潮间带——随着潮起潮落，从物理上和空间上将潮水带入或带出公园（这一过程还伴随着海水中漂浮的树干、动物尸骨、塑料瓶子和其他垃圾漂浮物的进出）（图6-30）。通过打开公园的空间去拥抱大自然的力量，烛台点文化公园设计强化了基地的特有自然元素（海风和潮水）。此举彻底颠覆了传统公园边际与周边环境相隔裂的对立关系，从而营造出一个以基地特色为卖点的新文化公园。显而易见，这个公园提供了一个人与自然相互交流与亲近的场所，扩展了我们对美学认识的范畴，它以一种新的景观形式让人们亲近自然、感受自然的过程。

图6-30 设计强化自然过程

案例：多伦多堂河港口新城 /Stoss 景观都市主义事务所 /2001 年

为了增加场地的弹性，设计需要促进生物和生境的多样性，因为多样的物种和生境有助于适应自然过程的循环波动，如洪水、火灾、虫灾和风暴等。以某地区的季节性洪水为例，我们知道这个地区每年都可能会有洪水的发生，但每次洪水具体有多大，影响的区域和范围又有多大？这些问题相对来说却不能准确地预测。面对这些不确定的因素，设计者应该乐意去接受大自然动态特征所提供的挑战和机遇，城市或公园设计可以根据水位的波动，以最少的人为干预去适应洪水的变化，并营造时有时无的临时性的栖息地（Lister，2007 p. 43）。

前面提到的 Stoss 公司的多伦多堂河港口新城规划就是这方面有代表性的一个案例。除前面我们已经探讨过的"过程催生形式"之外，该方案还向我们展示了一个与河水交融、与洪水为友的一整套以适应性、弹性为指导的城市发展策略。

为顺应自然河流水位的动态变化，方案通过一系列人工水道和特色地形的设置，去营造时有时无的临时性的栖息地（图 6-31），创造出具有适应性与自我调节功能的景观生态体系，这样既解决了季节性洪水的不确定性，又满足了娱乐、教育和居住环境等多种功能的需要。在解决了因人工刻意控制河流水方向而带来的泥沙堆积和洪水泛滥等问题的同时，还为我们奉献一个由季节性与永久性景观共同构成，各

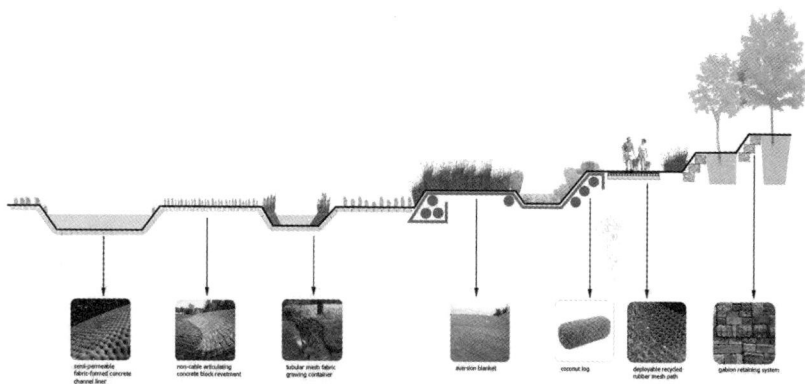

图 6-31　人工化临时性的栖息地

图 6-32　与雨洪为友的适应性城市

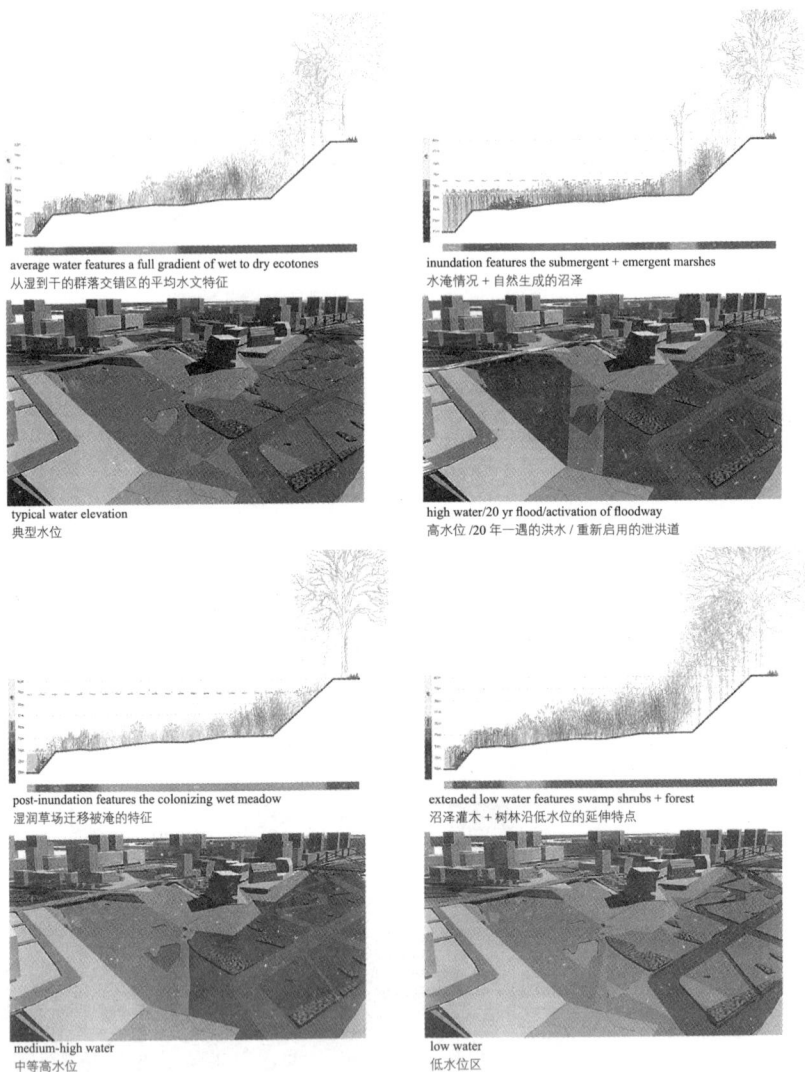

average water features a full gradient of wet to dry ecotones
从湿到干的群落交错区的平均水文特征

typical water elevation
典型水位

inundation features the submergent + emergent marshes
水淹情况 + 自然生成的沼泽

high water/20 yr flood/activation of floodway
高水位 /20 年一遇的洪水 / 重新启用的泄洪道

post-inundation features the colonizing wet meadow
湿润草场迁移被淹的特征

medium-high water
中等高水位

extended low water features swamp shrubs + forest
沼泽灌木 + 树林沿低水位的延伸特点

low water
低水位区

图 6-33　与雨洪为友的适应性城市

具功能且美轮美奂的生命景观的视觉盛宴（图 6-32、图 6-33）。

　　案例：霍布肯防洪综合规划 /OMA/ 美国新泽西州霍布肯 /2013 年

　　通过城市规划设计的方法来增加城市的弹性，需要设计师针对每一个特定区域经常受到干扰的事件及其发生的频率和强度进行分析，以便发展出适应性的设计策略。为应对诸如气候变化所带来的灾难，城市这种适应性的设计策略需要是一个综合性的策略，而不是单一的应对手段，因为单一功能的干预往往会顾此失彼，进而有可能带来意想不到的灾难性后果。

霍布肯（Hoboken）是与曼哈顿一河之隔的历史小镇，在2012年飓风"桑迪"对美国东部造成的洪涝灾害中，是受灾最严重的地区之一。在针对小镇所做的防洪规划中，OMA团队同时采用了防御（Resist）、延缓（Delay）、存储（Store）、排放（Discharge）4种方法协同整合的综合性的雨洪管理策略，来应对海潮和暴雨引发的洪水的影响：他们在霍布肯北面的小海湾，结合防洪堤设计了一个坡地公园，用于防御区域内重要的基础设施免受海潮的冲击；而在沿城中心区的主要街道华盛顿街，结合路边的人行道和绿化带增设了诸如透水地面、雨水花园和景观排水沟等，用来延缓地表径流的流速，最大限度地实现雨洪下渗；同时利用城外围的轻轨线路作为集交通、雨洪过滤、存储和下渗为一体综合性的景观基础设施；最后再将经过净化过的多余雨水排放回哈得孙河（图6-34、图6-35）。

城市的弹性不是仅仅考虑如何防止干扰，更重要的是如何去适

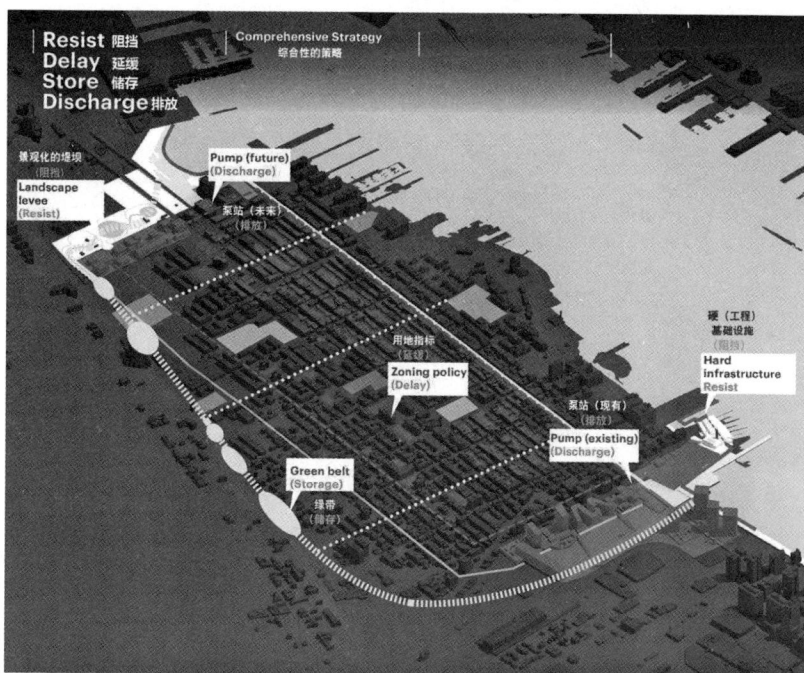

图6-34 由4种方式组成的适应性综合防御系统

图 6-35　4 种防御系统的位置及其景观形态

应变化。同样可持续不是为了要保持一个系统的平衡状态而减少系统的动态性从而降低系统的功效，而是注重系统调控和保持适应性的能力。从防御到适应、从防洪抗洪到与洪水为友、从强调稳定性和可预见性到注重包容不确定性的"风险管理"（Risk management）的可持续方法，通过与自然力合作的做法，应用景观的途径将洪水疏导过程变为审美与体验的过程，上述方案为我们展示了一个高效经济、雨洪适应型的弹性城市形态。而人与洪水的相处也不再是畏惧与逃离，而是相互找到了一种和谐共生的状态（翟俊，2016）。

6.3.2　模块化

实现城市弹性发展的另一个策略是可辨识性的灵活模块化框架的建立。模块指的是对系统的组成部分进行某种程度上拆分和重组，在设计中模块可以通过组织标准化的单元来构成一个物体（en.wikipedia.org）。

案例：高线公园 / 詹姆斯·科纳场域操作事务所 / 纽约 /2006 ~ 2014 年

在纽约高线公园的设计中，科纳摈弃了传统园林景观设计中，道路与广场采用不同形式、硬质铺装和绿化全然对立的设计与布局，通过一个被称为"自然—人工"（Argri-Tecture）的混凝土预制模块，实现了象征自然的乡土野草与代表人工的铺地相互交融，完成了道路到广场、硬质到绿化，从 100% 的铺地到 100% 的绿地的自然过渡。这种质朴简约、灵活性极高的模块化铺装体系不仅使空间过渡和谐自然，而且最大限度地满足了不同区域的功能要求（图 6-36、图 6-37）。设计者通过对结构构造模块系统（Tectonic）的诗意表现，完美地呈

图 6-36 "自然—人工"的模块系统

PLAINS	BRIDGE	MOUND	RAMP	FLYOVER
40% : 60%	50% : 50%	55% : 45%	60% : 40%	100% : 10%

TALL MEADOW
Avena
Festuca
Miscanthus
Pennisetum
Sorghastrum

WETLAND
Aster
Carex
Eupatorium
Luzula
Lythrum
Verbena

WOODLAND THICKET
Adiantum spp.
Asarum
Betula nigra 'Heritage'
Cledra barbinervis
Sassafras albidum
Osmunda spp.
Viburnum dilatatum

MIXED PERENNIAL MEADOW
Artemisia
Eryngium giganteum
Heuchera
Monarda
Perovskia
Sanguisorba officinalis
Salvia

YOUNG WOODLAND
Agastache
Buxus sempervirens
Cercis canadensis
Lavatera
Rhus chinensis
Salix elegantis

图 6-37 "自然—人工"的模块系统

现了自然过程与人类创造性的想象力之间的对话；并从中获得了丰富的设计元素、达到对场所新的解读和重塑。

案例：组装的生态——照单点菜的基础设施 /Cecilia Benites，Clare Lyster and Oisse 建筑事务所 / 芝加哥 /2004 年

"组装的生态"（Assembled Ecology）是芝加哥林肯公园设计竞赛获胜方案，设计者以芝加哥典型的街区（Block）的尺度为蓝本，设计出了五种模块化的组件，并以此构成城市边缘发展形态的形成、发展和演变的框架。设计团队对模块的类型进行了充分界定，旨在为每一类型提供一个独特的身份和清晰的识别度。这个方案的另一个独特之处是项目是由设计者和投资者共同完成的，如同餐馆里的菜单一样，顾客可以照菜单点菜。该策略一方面对投资者完全的自由发挥加以限定；另一方面，它又给予投资者选择的权力，让投资者充分参与项目建设过程，在自己模块上充分表现各自的个性。这种"组装的生态"模式确保了每个模块的自主性与完整性，只要未来这个组织体系的框架被维持和保留，人们就可以在各自的模块上安排各种活动、项目和功能。因此，来自政治、文化、财政方面的不确定性对未来城市发展的压力将会被这个极具弹性的框架所缓解（图 6-38、图 6-39）。不难看出，

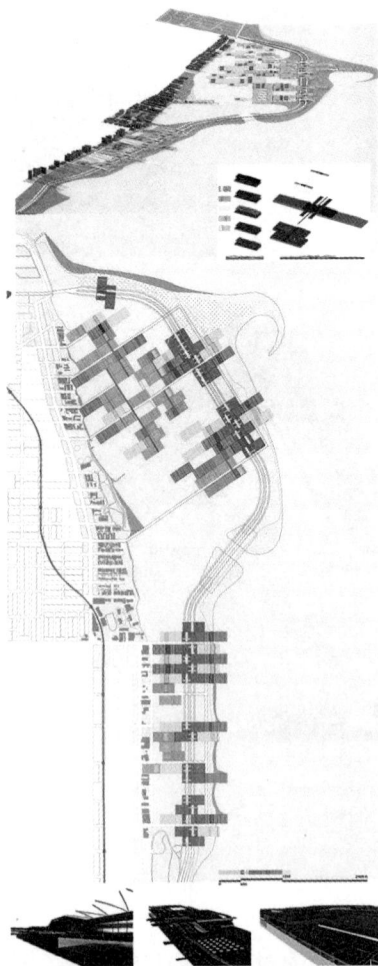

图 6-38 以芝加哥典型的街区为蓝本的城市发展架构

图 6-39 组装的生态模块

设计者试图通过这种由"人工自然"组成的可塑性的弹性体系来取代现代主义刚性的形式与结构，成为未来城市发展中用来组织城市空间形态的一种更好途径（翟俊，2014）。该项目的弹性是通过社会和经济的方式来实现的，因为它包含了一个共同参与的过程，投资者可以在一定程度上去影响设计，从而有助于项目长期可持续发展。

案例：BigU/Big 事务所 / 纽约曼哈顿 /2013 年

模块化在城市规划设计中的另一种应用就是设法为城市的主要功能或服务建立一个由备用、非中心元素组成的模块化体系。备用措施和模块化是指系统中多个元素和组分提供相同或者类似的备份功能。当城市赖以维持的主要功能或服务只由某种集中式的基础设施提供，这样的系统存在着极大的隐患（如城市的供水、供电等大都是由中央系统控制，通常没有备用措施，一旦系统中的某个环节出了问题，整个系统都有可能瘫痪）；相反，当相同的功能由非集中式的系统来提供时，则在应对干扰时更具有弹性。

由丹麦新锐建筑事务所 BIG 针对曼哈顿岛下城低洼地带的不同社区，一个被称为"Big U"的 U 型的防洪系统（东至 42 街，西达 57 街，绵延 10 英里）提案正是基于这样的认识发展而来。这个由多个备用、非中心元素组成的模块化的系统防御体系，既相互联系又可以独立运作，每一个模块都有各自的保护区，即使其中某一单元出了问题，也不会影响全局。由于是针对不同的社区和环境量身打造的，在建设周期上可以分期建设，分段实施，最后完成闭合，在时间和空间上确保了环环相联。这些灵活多变的功能模块（Compartments）体系，不仅可以屏蔽雨洪，同时还是一个兼顾社会功能的公共领地，并能与正在建设中的城市滨水区域的开发重建融为一体（图 6-40、图 6-41、图 6-42）。

图 6-40 特色景观坡地从公园里穿过

城市的社会—生态系统通过由高度多样性和个

图 6-41 海事博物馆
作为防洪墙体（左）

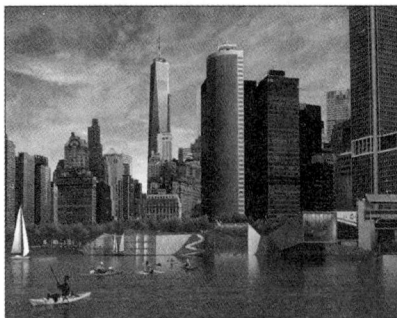

图 6-42 标注了洪水
水位线的防洪玻璃墙
（右）

性化的功能模块组成，而这些模块是根据各个地方的特点及各组分互动产生的。在这样的模式化系统下，局部出现的问题可以被控制，并阻止其蔓延到系统的其他部分。因为备用和模块化可以将危险分散到不同的时间、地点和系统中去。这种备用和模块化方式正是为了避免"把所有的鸡蛋放到一个篮子里"（翟俊，2016）。

6.3.3 生物多样性

一个物种多样性的生态系统具有功能的多样性，它能够让系统以不同的方法应对遇到的变化和干扰。城市的生物多样性可以为城市提供应对变化和对抗干扰能力的多样性。生物多样性与社会、文化以及经济的多样性一样是城市增强自身弹性的重要和有效的手段，它不仅支持生态系统服务和过程，而且整个人类社会都可以从中获益。然而长期以来生物多样性在城市规划设计中的重要性一直被忽视，更不要说将其与应对自然灾害联系起来。作为为数不多的实践案例，由纽约 Scape 景观公司完成的"生命防波堤"（Living Breakwaters）项目在这方面做了有意的尝试，为生物多样性在城市防灾减灾中的运用提供了借鉴。

项目："生命防波堤"/Scape 景观公司 / 纽约斯塔藤岛 /2013 年

虽然该项目的实施地，纽约斯塔藤岛在飓风及其洪涝灾害面前面临巨大风险，但"生命防波堤"并没有采用传统高筑坝，将洪水拒之门外的做法，而是采取了对水包容与水为友的方法。这些由一系列低堰组成的防波堤，虽然不能完全阻挡由飓风引发的海浪，但却可以减少海浪的高度，延缓水的流速，从而降低海浪对岸边的冲击。更主要的是这些所谓的"礁石大街"（Reef street）形成了一个微型的生物多样性的生境，为牡蛎、鳍鱼、龙虾和贝类等海洋提供了生长繁衍的栖息地。而从社会弹性来说，由多个防波堤所组成的分层的防御体系，不仅避免了单层防御体系所存在的隐患（一旦崩溃就会造成不可弥补的严重后果），而且重建了社区与水之间的联系，一系列诸如户外课堂、皮划艇、湿地研究工作站和鸟类观测站、聚会场所和餐馆、自然观测站等水上活动项目都可以在防波堤和海岸之间流速缓慢、相对平静的水面上展开（图 6-43、图 6-44）。

图 6-43 "生命防波堤"生物多样性的生境（左）

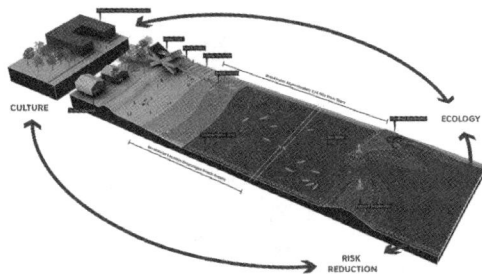

图 6-44 弹性的基础设施综合了经济、社会和生态功能（右）

从刚性的"堤坝"到弹性的"生命防波堤"，该方案所秉承的生态学的核心是构建一种"软系统"（Soft Systems），一个流动性的、柔性的、适应性和进化的场域，这种"软系统"既是一片牡蛎等海洋生物的栖息地，同时还是一种新型的防御型基础设施，具有吸收、转化和与周围环境交换信息的能力，它的稳定和"健康"来自其动态性和适应性，体现在其把握和处理运动、差异和变化的能力中。作为一个弹性的防洪系统，"生命防波堤"开创了将海岸基础设施建设与生物多样性的动植物栖息地共同创建的模式，通过将应对气候变化的防御措施与社区参与、改善社区日常休闲娱乐活动和区域经济发展相结合，充分展现了基础设施同时应该具有的生态、社会和经济价值。

项目：东斯凯尔特防浪堤 / 西 8 事务所 / 荷兰泽兰 /1990～1992 年

由荷兰西 8 设计事务所阿德里安·戈伊茨设计的位于荷兰泽兰（Zeeland）的防浪堤项目，是当今运用景观设计作为生态介入的一次有益尝试。设计者利用当地蚌类产业的废弃物（黑色和白色的贝壳），创造出一个黑白相间的圩田景观，用来作为吸引深色和浅色的海鸟的觅食地（黑色的贝壳吸引黑色的海鸟和白色的贝壳吸引白色的海鸟）（图 6-45）。这个案例很好地诠释了生态过程中，"自然选择"及"互惠互利"的共生关系，同时整个圩田景观又与周边大尺度的环境相互呼应，交替且重复平行出现的黑白相间贝壳带看起来极富视觉冲击力，像是周边基础设施的延续，从而将整个区域连成一个整体（图 6-46）。

图 6-45 黑色、白色鸟类被同色贝壳吸引（左）

图 6-46 黑白相间的贝壳构成圩田景观（右）

由此可见，将人的生存环境和其他生物的栖息地放在一起，可以造就一种社会、文化和自然相互融合的新型的城市生态环境，只有当生物多样性在生态系统服务和功能中所承担的角色被人们所认识，才有可能会被用于城市规划的策略和具体的实践中（翟俊，2016）。

小结

景观作为生态系统在弹性模式中同样可以从比喻性和操作性两方面来解释。作为一种思维方式，弹性来源于对景观作为一种持续的、适应性的生态系统的解读。项目和其所在的环境被视为一个统一的生态系统，而设计的目的旨在让项目和其所在的环境适应变化和从受到的影响中恢复，从而使这种生态系统得以延续。无论是一个公园还是一个城市，其长期发展和繁荣都需要基于适应性、弹性的设计。除生态系统之外，这种设计也必须包括社会、经济和文化方面的考虑，同时设计还必须考虑系统功能方面的多样性，不仅是生态和社会文化的多样性，与此相对应的还有可持续发展的各个层面。在城市环境中，弹性意味着设计应该能够应对诸如人口、社会需求、投资、气候以及周边环境变化等因素，始终保持其作为一个城市的特点与功能。而对于一个公园来说，弹性则是能够吸收并适应环境的变化而不失其个性特征的能力，或者能从这些变化中发展演变的能力。我们的设计应该能经得起干扰，并能在公众参与和反馈的过程中修正，这样的项目才更有弹性和可持续性。

从操作性层面来说，由弹性模式所生成的策略旨在用创新性的方式从不同层次和尺度上来实现弹性。适应性策略是通过系统自我调节能力来增加弹性；模块化策略主要通过提供一个高度多样性和个性化的功能模块组合和备用预案来实现城市社会和生态系统的弹性发展；而生物多样性则是通过整合一个项目中的生物的栖息和人类社会活动的相互作用，促进生态、社会和经济方面长时间的弹性发展。然而严格来说，适应性和弹性之间是有区别的。适应性需要持续的形式和识别性上的变化来适应一系列的变化（如从空地到草地再到森林），弹性则暗示着系统在受到干扰后，能够回归到一种可接受的状态（Czerniak，2007）。

6.4 尺度转换

景观作为生态系统是一种策略而不是单纯的理念，为了切实可行，必须基于一个地方环境的生态、社会和经济的动态驱动机制，同时还必须整合于本地、区域甚至全球相互联系的不同尺度之中。因为本地的视角给我们一个具体的生境，而区域甚至全球尺度的视角则给我们一个大系统的全局观。

传统的设计方法都有其适用的尺度范围，在一个小尺度上可行的方法，并不一定适用于大的尺度。为了应对当代城市的多样性和复杂性，将项目与不同尺度相联系，拥有一个能够在不同尺度之间转换的模式特别重要，因为基地周边环境的性质是通过生态进程下本地和区域性视角来进行分析的。在实践中，尺度转换意味着将项目置于周边环境之中加以考虑，通过一个涵盖从宏观到微观尺度的转换来处理其与周边环境的关系，在考虑不同尺度相互影响的同时，将基地与其本地、区域、地区甚至全球环境联系起来。全球尺度的意识不仅包括了与自然和谐相处，还暗示了针对项目可持续发展的总体策略。这进一步说明了基地为什么会受到基地范围以外因素的影响，并在一个更大的环境背景下协同整合的意识。以下通过相关项目的描述来阐述何为尺度转换模式，及其在实践中意味着什么。

6.4.1 连续性

项目：后湾公园 / 奥姆斯特德 / 美国波士顿 /1878 年

景观尺度转换在城市设计领域中最早的实践案例是 19 世纪 80 年代由美国景观之父奥姆斯特德设计，被称为"蓝宝石项链"（Emerald Necklace）的波士顿后湾公园。19 世纪中期，为了波士顿城区建设而填埋了后湾附近的泥河，这一不明智的举措，直接导致了波士顿市区及附近地区经常性的洪水泛滥。奥姆斯特德设想通过恢复原有的河流和潮汐沼泽地，来控制洪水泛滥并改善水质。建成后的后湾公园并不只是单个公园，而是由公园、溪流、河道、湿地和城市交通循环体系共同组成的多功能的城市雨洪调蓄生态系统（图 6-47、图 6-48）。由于这个"公园"与当时流行的画境园林（Picturesque）

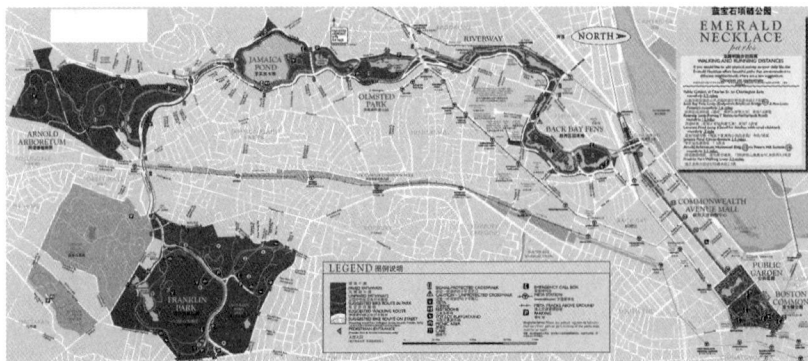

图 6-47 波士顿后湾公园系统

图 6-48 波士顿后湾
公园系统

截然不同：它既不是田园风光，也不是自然美景，更不像花园，因此遭到了许多非议。然而奥姆斯特德是这样描述这个将水利工程与自然过程相结合的"公园"的："在人造都市的土地上它也许是一种新鲜事物，也许暂时会有认可度和合适性的问题……但它是针对当地现有问题直接发展而来，并与人口密集的社区需要相一致。如果从这个意义上说，在艺术的世界里它将是自然的，因为对于厌倦城市的人们来说，他们更欣赏的是纯朴的诗情画意，而不是精致的公园（翟俊，2013）。"

这个将城市的交通设施、雨洪管理、景观规划相互融合的早期景观基础设施案例说明，景观作为自然过程和人文过程的载体，能够将自然的和不自然的（人工的），以及通过尺度转换将本地尺度和区域尺度联系成一个能行使多种功能的生态体系。在这种结构下创造出的环境，不是一个被"设计"出的某个物体或特定的形态（如公园），而是一个动态过程中不同尺度系统和元素互动的整体生态系统。

6.4.2　系统性

案例：区域景观基础设施公园 / 麻省理工学院 / 美国新泽西草甸盆地区 /2013 年

生态系统作用的发挥是通过跨尺度、相互联系的网络来获取的。城市中孤立的单个公园、广场、绿地不利于生态效益的发挥，城市景观作为一个生态系统要发挥作用，各组分跨尺度的联系至关重要。

依据上述系统性原理，作为对纽约哈得孙河东岸，位于新泽西州境内的草甸盆地区（Meadowlands）的综合规划，麻省理工团队提出了一个将洪水防御与区域交通枢纽、生态重建和地区发展紧密结合在一起的设想。在确保草甸区域免受洪水侵害的同时，规划提出重建过去一个多世纪以来因工业发展而失去的生物多样性，确保在还原性和可持续模式下为纽约和新泽西北部提供生态系统服务和未来进一步发展提供更多的机遇，从而最大限度发挥该地区临近曼哈顿的区位优势，吸引更多的人流和资金的关注。整个草甸区域防洪整治综合规划由核心区和边带区两种景观类型组成：

核心区是一个集公众日常休闲娱乐和洪水缓冲功能为一体的自然湿地保护区。设计团队规划了一个滨水阶地和沼泽相互交错，具有抵御海水潮湿侵袭和收集周边城镇地表雨水的功能的生态系统。除了可以发挥生态功能之外，核心区本身还为周边土地开发提供了视觉和娱乐活动的附加值。

边带区是核心区周边地带，由社区街道、快速公交路线以及一系列的公共空间、娱乐区域和连接核心区的入口部分组成。边带区将不同功能的系统（防洪、交通、生态和发展）和不同尺度（本地和区域）的空间环境，城镇和湿地以及本地居民和外来游客联系在了一起（图 6-49、图 6-50）。

上述案例应用景观格局和尺度之间相互转换的关系，通过建设一个区域景观基础设施系统来提供生态系统、雨洪调蓄和休闲服务。

图 6-49 跨尺度相互联系的景观基础设施公园

图 6-50 跨尺度相互联系的景观基础设施公园

这种依据地域条件、满足当地人们的特殊需求而发展起来的人与自然的共生模式，既增强了生活、工作以及环境之间联系，又为自然与人工系统之间的联系和区域经济发展提供了更多的机遇。

小结

景观作为生态系统在尺度转换模式中同样可以用比喻和操作两种方式来解释。作为一种思维方式，尺度转换来源于景观作为一种连续性和系统性的生态系统的解释。因此，项目和其所在的周边环境被视为一个整体的生态系统。尺度转换强调的是周边环境、本地、区域，甚至全球对于基地影响的关注。而这种比喻性解读转换成操作性策略，都出自于景观功能范畴及与尺度的联系，这进一步说明了多学科交叉的重要性，如规划与设计，设计与管理交叉与二元对立的消解。大尺度、多层次的空间是通过提供分期发展过程的空间多样化使用来表现弹性。因为各种各样的生态和社会需求及反馈需要被包含在多样性使用过程之内，这种多样性的使用让基地更具弹性，而对这些问题的关注将进一步促进项目的可持续化发展。

本章总结

城市生态学（Urban Ecology）的研究大体上经历了两个阶段的发展：第一个阶段是最初的和最通常的方法，即研究范围仅仅包含调查城市中栖息地或有机体的生态结构和功能，如一块林地或者一条河流，这一方法被称作"城市中的生态学"（Ecology in city）。第二个阶段是近些年兴起、并仍在形成过程中的方法，即将整个城市或大都市区域作为是一个整体的生态系统，研究范围不仅包括城市中的人、人工环境和生物有机体，还包含了它们之间相互作用的动态关系。这第二阶段被称为"城市生态学"（Ecology of city）。

景观都市主义的目标和主张是上述第二阶段的城市生态学。因为城市是由相互联系的因素组成的动态整体，而不是彼此独立的单个个体。它通过拓展景观概念的内涵和外延，提出有关基地、场域、网络、生态系统和基础设施的理论，并以此为载体和媒介来组织庞大的城市区域。其目的是提倡一个与城市真实的多样性和复杂性更相近的新兴的都市主义，并以此为基础为当下刚性的、中央集权式的规划机制提供一个可替代的方法。

景观作为生态系统必须接受系统是随时空改变的，这种系统是一种变量，也是各种指标的展示。而景观城市设计师则需要采取基于时空的生态学原理的设计方法：诸如格局、过程、弹性以及尺度转换。通过上述模式和策略有助于我们将看不见的变为可视的，将静态的变为动态的，并以此创造一个由事件、场所乃至整体的区域环境相关联的时空系统。在景观都市主义的语境中，设计也因此不再是一种形式的图案组合，而是一种语境、进程和系统的创造。

参考文献

[1] 隋心.布法罗河道散步道项目的设计与理念——城市河道景观基础设施整治与改善的成功案例 [J].中国园林，2012，（06）：33-38.

[2] Anita Berrizbeitia.（1999）. The Amsterdam Bos. In Corner，J.（ed.）Recovering Landscape：Essays in Contemporary Landscape Architecture. New York：Princeton Architectural Press，pp. 187-203.

[3] James Corner. Ecology and Landscape as Agents of Creativity. Ecological Design and Planning [M]//George E. Thompson and Frederick R. Steiner. Editors. John Wiley & Sons. 1997.

[4] 俞孔坚等.敏感地段的景观生态安全格局计及地理信息系统应用 [J].中国园林，2001（1）：11-16.

[5] 翟俊.不以审美表象为主导的师法自然——行使功能的景观 [J].中国园林，2010（12）：36-40.

[6] 邬建国等.缀块性和缀块动态：生态学杂志，11（4），1992：41-45.

[7] 翟俊.弹性作为城市应对气候变化的组织架构——以美国"桑迪"飓风灾后重建竞赛的优胜方案为例 [J].城市规划.2016（08）.

[8] 翟俊.列车过后的景象——纽约高架线公园 [J].景观设计/景观设计师.2009（06）.

[9] 翟俊.不以审美表象为主导的师法自然 —— 行使功能的景观 [J].中国园林.2010（12）.

[10] 翟俊. 应对环境同质化的景观实践 [J]. 中国园林. 2012（05）.

[11] 翟俊. 生态的景观表现 [J]. 北京林业大学学报社会科学版. 2015（04）.

[12] 翟俊. 走向人工自然的新范式——从生态设计到设计生态 [J]. 新建筑. 2013（04）.

[13] Process [EB/OL][2016-06-18]. http：//www.merriam-webster.com/dictionary/process.

[14] Martin Prominski. designing landscape as evolutionary systems.，In：Design Studies Vol. 8（3），2005：S. 25 - 34.

[15] [Anticipation EB/OL][2016-06-18]. https：//en.wikipedia.org/wiki/Anticipation.

[16] Adaptability [EB/OL][2016-06-18]. https：//en.wikipedia.org/wiki/Adaptability.

[17] modifiability [EB/OL][2016-06-18]. http：//www.dictionary.com/browse/modifiability.

[18] spiro kostof. The City Shaped：Urban Patterns and Meanings Through History [M].Bulfinch press，New York City 1993.

[19] Berribeitia，A.（2007）. Re-placing Process. In Czerniak，J. & Hargreaves，G.（ed.）Large Parks. New York：Princeton Architectural Press，pp. 175-198.

[20] Lister，N-M.（2007）. Sustainable Large Parks：Ecological Design or DesignerEcology? In Czerniak，J. & Hargreaves，G.（ed.）Large Parks. NewYork：Princeton Architectural Press，pp. 35-58.

[21] Kvisthöj，C.（2008）. Life Forms：Learning from Corner. Nordisk Arkitekturforskning，no. 2，pp. 37-50.

[22] open-ended [EB/OL][2016-06-18].http：//www.thefreedictionary.com/open-ended.

[23] Holling C S. Resilience and stability of ecological systems[J]. Annual review of ecology and systematics，1973：1-23.

[24] Pickett S T A，Cadenasso M L，Grove J M. Resilient cities：meaning，models，and metaphor for integrating the ecological，socio-economic，and planning realms[J]. Landscape and urban planning，2004，69（4）：369-384.

[25] Carol Franklin. Fostering Living Landscapes. Ecological Design and Planning [M]. Ecological Design and Planning. George F. Thompson，Frederick R. Steiner（Ed.）. John Wiley &sons，Inc.，1997.

[26] Marina Alberti，John M Marzluff，Eric Shulenberger，et al. Integrating Humans into Ecology：Opportunities and Challenges for Studying Urban Ecosystems. Bioscience，2003,53（4）：1169-1179.

[27] Resilience Alliance[EB/OL][2017-02-18]. http：//www.resalliance.org/index.php/urban.

[28] 俞孔坚等. 城市水系统弹性研究进展 [J]. 城市规划学刊 2015（1）：75-83.

[29] 刘丹. 弹性城市的规划理念与方法研究. 浙江大学博士论文. 2015.

第 7 章

走向未来的景观城市
Towards Future of Landscape City

建筑不再是城市秩序的首要元素，城市秩序逐渐地由薄薄的水平植物（景观）平面所界定，景观成为首要元素。

——雷姆·库哈斯

景观已成为一种透视镜，通过它，当今城市得以展示；同时景观又是一种载体，通过它，当今城市得以建造和延展。

——查尔斯·瓦尔德海姆

景观不再仅仅被视为在建筑物周边的装修物；相反，它已在语境、加强体验，以及嵌入时间与自然的人工环境中承担起更深层次的角色。人们越来越认识到，景观对建筑和城市、引发新形式的体验、意义和价值有着深刻的环境和存在的承诺。正在新兴的景观，不主要是风景、绿色、荒野和世外桃源和那些普适的环境，而更多的是丰富的生态体验、诗意和富于表现力的生活维度。

——马克·特莱伯

景观对建筑与环境艺术的意义除了对土地深刻的认知和感性体验之外，还有象征、比喻、生态、政治方面的内容。本书的第3章和第4章通过景观作为整体空间形态以及景观作为生态系统两个方面的比喻，阐述了城市复杂性、综合性的不同进程，以及随时空变化的特征。回顾城市发展的历史，比喻对城市规划同样产生过很大的影响。城市空间中建筑和自然的关系经常被用比喻的方式来表达，例如田园城市、网络城市、山水城市、花园城市等等。所有这些形象的比喻对认识自然过程和城市形态的关系，以及环境对城市生存体验的重要性等方面都具有启发性，并提供了一个对城市统一整体形态的思考。

除形象比喻之外，还有将城市作为整体宏观有机体的比喻：如公园被视为"城市的肺"，而道路和河流则被比喻为"城市的动脉"；以及如日本建筑师黑川纪章探讨的"城市新陈代谢"和城市的"生态足迹"等等。这些将城市作为有机体的比喻，提供了一个对城市统一而整体的思考：城市通过将自己以动态而不是静止的方式、并以与人类和其他生物体共生而不是二元对立的方式来呈现，可以唤起并强化一种集体认同感。接下来的章节将探讨景观作为城市生成、发展和演变的透镜、媒介和载体——即用"景观城市"（Landscape City）的比喻来探讨城市规划与设计的新思路，并在"景观城市"这一以景观作为整体空间形态以及景观作为生态系统的综合领地下，提出"景观城市"构成的模式和策略。

<aside>
景观都市主义描述了当今（城市建设）所涉及的相关学科先后次序的重新排列，即景观取代建筑成为当今城市的基本组成部分。对许多不同专业的人士来说，景观已成为一种透视镜，通过它，当今城市得以展示；同时景观又是一种载体，通过它，当今城市得以建造和延展。

——查尔斯·瓦尔德海姆
</aside>

7.1 景观城市的概念

笔者在《建筑学报》2010年的一篇题为"基于景观都市主义的景观城市"文章中首次提出了景观城市的概念，主要是基于以下两个方面的思考。

7.1.1 溶解城市与景观：二元对立的消除

直到20世纪中叶，人们会很容易将城市以外的区域定义为绿地和蓝天为主导的郊区或者农村，这样的定义，即景观/城市二元对立在今天已经没有那么明显了。库哈斯有关由于城镇景观与乡村景观分界线的淡化所形成的无边界景观（Scape）的描述；以及科纳将景观看作双向的渗透：城市边缘景观向城市内部的渗透和城市向城市边缘景观的渗透。这两种说法都是基于城市与乡村边界消解的设想，即将城市的肌理融入区域和生态环境中。在这里，城市景观（Town-scape）和乡村景观（Country-scape）不再被认为是独立的个体而单独存在，而是统一形成的一种表现形态。Scape 也因此成为无边界城市（Edgeless city）或无限的景观（Limitless landscape）的代名词（Angelil et al.，2000）。

　　与此同时，当代景观的内涵和外延也在被不断拓展和扩充，景观已经从过去仅仅局限于审美价值、供人休憩游赏的田园牧歌取向，发展到今天涵盖大地上所有存在的物体及其状态以及相应空间的总和。这其中就包含了建筑、基础设施乃至整个城市。在这块领地上，中心与边缘、内部与外部、城市与乡村、形体与地面、人造的和自然的已不那么明显，约翰·杰克逊将其称之为"动态的人造空间体系"，而德国环境历史学家斯福里斯则称之为"整体景观"（Total Landscape）（Prominski，2005）。

7.1.2　景观作为新的城市系统和形态的一种比喻模式

　　长期以来，有关生态城市的可再生能源、低碳以及可持续发展等概念遭到滥用，这些耳熟能详的观点看上去似乎都很正确，但却混淆了我们对生态城市理解，导致生态城市的概念变得模糊不清。这也大大阻碍了城市规划设计具有好的生态结构的可能（杨沛儒，2010）。此外，当前有关生态城市的研究更多的是有关单个组成部分的研究，如绿色建筑、节能减排、循环经济等，而关于生态城市的形式、结构、城市空间布局（长得什么样？）等方面的研究却相对较少。

　　景观城市的提出在很大程度上正是基于这方面的考虑。要知道之所以在"生态学"的基础上出现了"景观生态学"，一个重要的原因就是为了建立生态和视觉的关联性，以及具有景观形态意义上的模式。因为大多数生态学家不像大多数设计师一样具有视觉思维能力，他们所收集的生态信息很少能够被设计师和规划师直接利用，这就大大阻碍了城市建造和管理具有好的生态结构的现实。毕竟大家对可视的、直观的东西的理解会更加深刻。

无论是类比还是比喻，以及对已有景观形式、格局或者日益增长的去城市化的绿色增长的回归（主要发生在欧美），城市可以被认为是景观的概念，已经被确认为是一种重要观点，而且这种观点已经有了一段时间的发展。由于当代城市日益增长的复杂性，以及景观具有的能够解释错综复杂的交织过程以及各种不确定性的能力，景观与城市所具有的这种共同特征，使二者的关系被重新认识。景观都市主义是基于景观模式而不是建筑形式模式对当代城市发展特征进行的重新定位，而这种模式已经使其成为了一个更具吸引力的模式。正如斯坦·艾伦所说："景观不仅是当今城市化的模式，更是一种能够很好地体现城市化过程的模式（Allen，2002）。"与此同时，景观都市主义的理论及实践又大幅度提升了景观在城市规划和设计中的作用，"景观既是表现城市的透镜，又是建设城市的载体，景观取代建筑成为当今城市的基本要素"。这段由查尔斯·瓦尔德海姆给出的景观都市主义的核心思想至少包含以下两层含义：首先，景观成为城市新秩序的首要元素，城市现象的景观化阅读是理解和表达城市的全新视角，借助景观的"透镜"，有助于更好地把握城市生成、发展和演变的过程，更好地协调城市发展过程中的不确定因素。其次，景观作为载体介入城市的结构，城市可以被理解为行使着公园功能的生态环境，成为重新组织城市形态和空间结构的重要手段，一种景观化复合型的城市形态。

7.1.3　景观城市的 3 种新范式

传统城市中的建筑和基础设施，它们与景观是互不相干，独立存在的个体或物体，与前面提到的景观地表互为图—底（Figure—Ground）对立而存在。而景观都市主义则把大地上所有存在的物体及其状态和空间的视觉总和阅读为延续蔓延的景观，肯尼斯·弗兰普顿引用"巨构形式"（Megaform），而斯坦·艾伦则用连续"场域"（Field）来描述在复杂的物质流、能量流、信息流和人流相互影响下，当今大城市存在的过程、形式或状态。在这种局部服从整体的状态中，物体的个体形态不如物体之间的形态来得重要；同时个体之间的关系较之个体自身更为重要，而这种关系同时决定了它们的内外部形态。

基于上述认识，图 7-1 中提出了一种景观城市的新模式，它试图突破传统城市物体与地面的限制性框架，将当代城市的景观、建筑和基础设施协同整合成一个相互依靠的关系，综合形成一个以景观为载体的整体形态和系统。这种新模式是以"加厚的地面"、"景观（化的）建筑"、"景观基础设施"的形式介入城市结构。

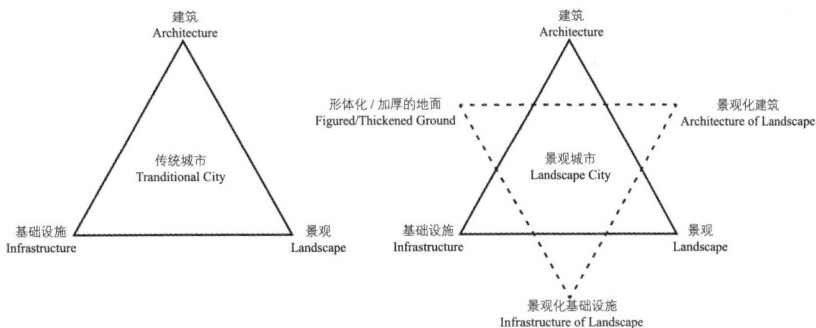

图 7-1 传统城市与景观城市对比

小结

景观都市主义不能被简单地认为是"反建筑"或"反基础设施"那样非黑即白，它是一种新的视角，是如何使建筑和基础设施融入城市公共空间，为此应该如何做整体设计，以及怎样使它们对生态环境和人类相互作用的社会领域上产生积极的整体影响。它在实践中运用的领地是连续的空间，一种分层的、非中心化的变化关系，总是同时对多个领域进行的探究。因为景观是外在与内在整合的统一体，一个协同不同环境功能与人的需求的载体，通过让不同专业背景的人们来操作这一共享的界面，能够促进协同和推进综合性学科的发展。正是基于这样的考虑，景观城市的概念在反对二元对立的过程中逐渐形成。它是针对传统城市中的景观、建筑及基础设施相互并置、互不相干的状态而提出的新的应对方法。

7.2 加厚的地表

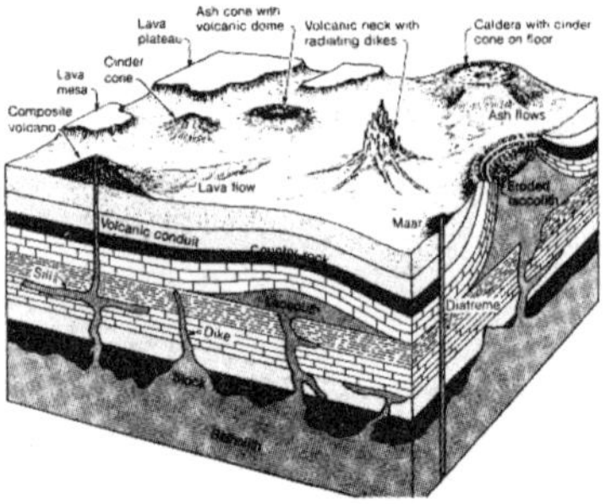

图 7-2 地表的分层结构

虽然地表在人类干预之前就有其自身的结构，然而人类的干预可以使其结构增强或者重新构建（图 7-2、图 7-3）。当地表变成一种空间，它需要层次和空间上的复杂性来满足不同功能和高密度土地利用的要求。因为复杂的城市活动和过程是需要在城市地上、地面以及地下同时发生的。"加厚的地面"（Thickened Ground）是基于地球表面起伏变化这一形态特征，重新考虑传统城市中景观、建筑和基础设施之间的相互关系及空间状态，形成立体化、多层次变化的地形地质结构—— 一种复合的整体景观形态。它将景观的概念从作为现代建筑和城市的背景发展为有着深层结构的操作性场域。

事实上将地面视为 "加厚的地表" 对景观设计师来说并不陌生。因为在他们的日常工作中，景观设计师不仅要设计地面上的地形、

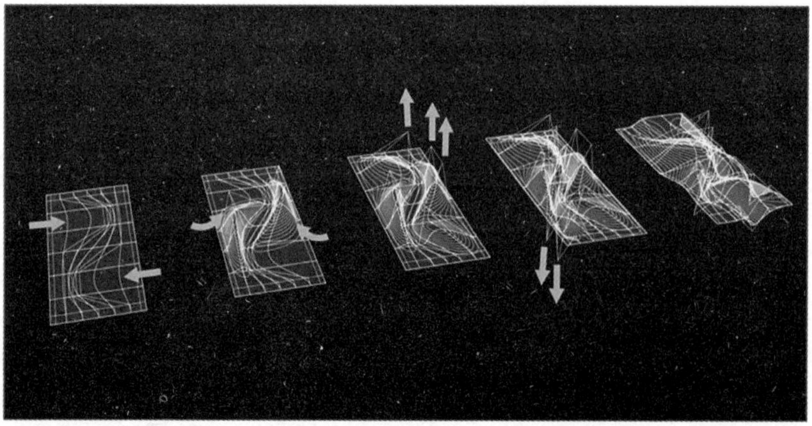

图 7-3 地形的人工化操作

座椅、小径和配置植物，而且还需要了解地面之下的信息和事物，如地下水位的深度、流量和土壤中的营养物质的含量，以及建筑地下部分的结构和基础设施管网分布等情况。因此地面下方有什么很大程度上决定了地面上方该如何规划设计。这些信息不再与项目的现状条件不相关联，或者将其视为仅仅是建筑师、工程师或交通规划所需要关注的问题，相反它们是新的、范围扩大了的，与景观直接关联的部分。

城市规划设计也是一样，没有什么可以简单地放置在地表上面，城市地表的组成要求地面结构不可避免地延伸到一个复杂的，由扰动过的土壤、市政管网、地铁、隧道等组成的混合结构。沃尔认为城市地表不是我们从鸟瞰图中看到的那样，可以被简单理解为一层薄板，而是被多样化技术、组织和审美使用的厚厚的层叠，一种"加厚的地面"。城市多层交通系统就是这一观点的具体体现，当增加新的功能层时，这些设施增加了地表的厚度。通过电梯、自动扶梯、坡道等相联系的多层次的人流同样构成了连续、多样化和动态的加厚的地表（Wall，1999）。

"加厚的地面"还类似于科纳的"地表策略"和安妮·斯伯恩的"深度结构"，"加厚"是一种对都市主义更深层次的探讨，因为有些事物比我们从表面形式上看到的更加复杂。因此"加厚"不是为了单纯地把景观解读为一个表面上有厚度的地面——一个理想化的图像，而是提供一种策略：不同的层，例如一个功能层（如道路或建筑），过去彼此相互独立，然而如果将它们叠加为一个实体，就可以形成一个多层面、立体化的城市空间体系，成为整体的景观形态，因此"加厚"模式有一种多功能整合的潜力。这意味着不同领域分层叠加可以产生多功能和综合的效应。城市景观包括城市得以建造的实际的地面，而这种（加厚的）地面是城市生态流动和过程的必经之路。

7.2.1　连续性

连续性，即整体景观形态的整合。连续的地面结构是这一形态整合最为关注的对象，它不主张强调孤立的建筑或基础设施的形式，取而代之的是一个与周边城市地表相联系的连续的公共空间，一个整合了公共空间、交通、建筑等多维系统功能复合叠加的景观场域。

案例：渡轮码头 / 外国建筑师事务所 / 日本横滨 /1995 年

通过将建筑视为"加厚的表面"，可以将建筑内外空间联系成一种连续的新型地面空间，进而让建筑和交通功能的融合成为可能。这些特征在英国外国建筑师事务所（FOA，因夫妻离婚该事务所现已解散）早期的一个代表作品，横滨港国际游船码头中表现得非常明显。

建筑不再是一个孤立物体或形体，而是周边城市地表的延续。秉承这一设计理念，以"不走回头路的景观"为设想，设计师创新地将整个码头设计为一个流动的、连续的和多方位的公共空间。叠加的地面途径改变了传统设计中的功能分区，这里不仅建筑的每层平面相互连接，而且各个功能区相互渗透，人流和物流以一种新型的视觉途径相结合。在这样的组织结构下产生了两种特殊的空间连续性：即内外空间的连续性和建筑不同层面间的连续性。由于整个建筑被置于隆起的地表之下，屋顶和地面的界限变得模糊，从而使码头建筑的内部和外部成为了一种景观化的地表，仿佛烟波浩渺海水和连绵起伏的地形（图 7-4、图 7-5）。游客驾船游览时能看到码头上交错的木板路就像精心雕琢的"木沙丘"，忽而隐入水中，忽而显现水上，码头将横滨与海洋连为一体。

图 7-4　建筑作为一种景观化的地表（左）

图 7-5　建筑作为一种景观化的地表（右）

7.2.2 层叠性

层叠性，即多层面立体化的城市空间体系。这一设计的整体思路就是景观从竖向垂直空间介入城市的结构。随着城市密度的增加与中心用地的短缺，多层面空间立体化必将成为未来发展方向，并将促成传统城市由水平式横向发展向立体化高空发展的转变：即地表空间、地上空间、地下空间的综合开发利用及多层面道路交通系统等。层叠性所代表的多层面立体化的城市空间组织体系，为解决由于人口和功能的高度集聚而产生的交通问题及对公共空间的大量需求，提供了一种可行的解决方法（图7-6）。

图7-6 多层面立体化的城市空间体系

案例：高速公路公园 / 劳伦斯·哈普林 / 美国西雅图 /1970 年

西雅图高速公路公园（Freeway Park）是美国著名景观设计大师劳伦斯·哈普林（Lawrence Halprin）在城市改造和更新与景观结合上做出的一次大胆的尝试。这座位于西雅图市中心的 5 号州际公路（I-5）将城市分割成金融区和住宅区两个部分，在西雅图市中心形成了一道南北向的峡谷。作为"加厚的地面"早期的一个案例，哈普林试图建造一处便于居民通行的空中连廊，将它架跨在高速公路之上，来重新缝合被高速公路破坏了的城市肌理，从而使两个分离的区域重新联系起来。这个占地 2.2 公顷的新型公园延伸长达 400 米的范围，覆盖了高速公路的主要十条车道，宽度长达一个街区的范围，非常有效地整合了该区域的城市空间，大大改善了公园周边的环境。在设计中哈普林充分利用地形，再次使用他所擅长巨大的块状混凝土构造物和喷泉跌水手法，创造了一个水流峡谷的印象，将车辆交通带来的噪音隐没于悦耳的水声中。这里哈普林所做的不是给基础设施穿上绿色外衣的简单的绿化遮挡，而是试图创造一种城市性与自然性合而为一的人工自然的新景观（图 7-7、图 7-8）。正如哈普林所言："设计将原有的高速公路看作是城市景观的一部分，我们应该试图去改善它的环境而不仅仅是去抱怨它存在的问题。"

图 7-7　西雅图高速公路鸟瞰

图 7-8　西雅图高速公路局部

　　案例：奥林匹克雕塑公园 / 维斯、曼弗雷迪建筑事务所 / 美国西雅图 /2007 年

　　西雅图奥林匹克雕塑公园位于西雅图的埃利奥特（Elliot）海湾，原址是一块棕带。一条铁轨和一条国道从基地上穿过，将城市与它的滨水地带完全分隔（图 7-9）。来自纽约的维斯 / 曼弗雷迪（Weiss/Manfredi）建筑事务所用一个 "Z" 字形的绿色折板，来跨越公路与铁路，将相互分离的三个地块重新缝合在一起，构建了一条从西雅图艺术博物馆到滨水区的连续的户外雕塑展览与游览的路径（图

7-10）。折板表面被大面积的绿化覆盖，绿地与各式雕塑结合，共同构成了一个行走中的雕塑艺术博物馆。人们能够在一种愉悦轻松的状态下，浑然不觉地跨越了折板下方交通极为繁忙的城市快速道、铁路和公共停车场（图 7-11、图 7-12）。该公园表面上是艺术馆的室外延伸，以雕塑公园的形式出现，而事实上，"加厚的地面"的策略和手法才是该项目与众不同之处。这里"加厚的地面"不仅创造出新形式的城市公共空间，加强了城市滨水区的可达性，并重新将城

图 7-9 奥林匹克雕塑公园前后对比（左、中）

图 7-10 "Z"字形的折板（右上）

图 7-11 奥林匹克雕塑公园鸟瞰（右下）

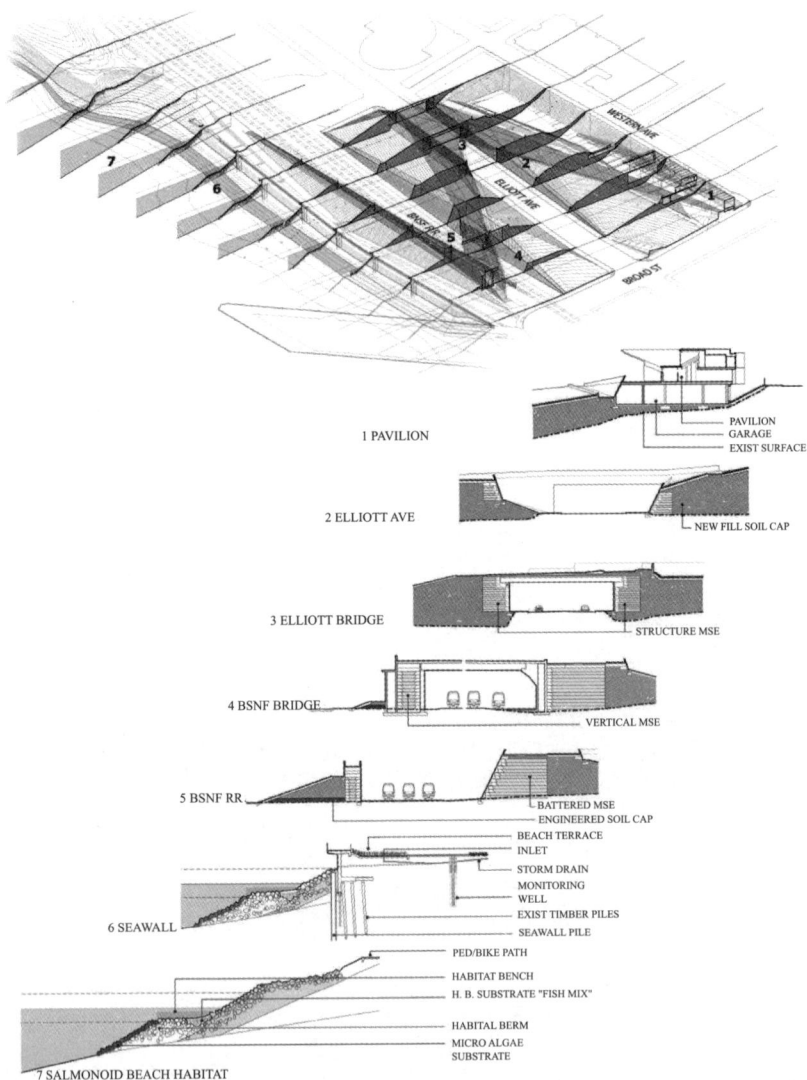

1 PAVILION

PAVILION
GARAGE
EXIST SURFACE

2 ELLIOTT AVE

NEW FILL SOIL CAP

3 ELLIOTT BRIDGE

STRUCTURE MSE

4 BSNF BRIDGE

VERTICAL MSE

5 BSNF RR

BATTERED MSE
ENGINEERED SOIL CAP
BEACH TERRACE
INLET
STORM DRAIN
MONITORING
WELL
EXIST TIMBER PILES
SEAWALL PILE

6 SEAWALL

PED/BIKE PATH
HABITAT BENCH
H. B. SUBSTRATE "FISH MIX"
HABITAL BERM
MICRO ALGAE
SUBSTRATE

7 SALMONOID BEACH HABITAT

图 7-12 奥林匹克雕塑公园系列剖面

市与它的滨水地带联系在一起；同时还利用叠加所形成的空腔解决了交通和停车问题，实现了土地的集约利用。

小结

1965 年地球上人口超过百万城市的数量只有 2 个，现在已经增加到 35 个，到 2050 年预计会达到 50 个（dirt.asla.org）。在这些大型城市中，密度较大是不可避免的，而"加厚的地面"就是用来增加城市密度的一种新方法。景观都市主义把大地上所有存在的物体（自然的或人造的）及其状态和空间的视觉总和阅读为延续蔓延的景观。认为城市是由自然力在地表作用加剧"隆起"而形成，是自然过程的混凝土的表现形式。这里景观不仅仅是绿色的景物或自然空间，更是连续的地表结构，一种"加厚的地面"。作为一种能行使功能的层叠式结构，"加厚的地面"模式能够"汇"、"编"穿越其间动态的社会文化事件与生态过程，并能最大限度为它们提供联络、互动、交换、聚散、混合和相互融入的可能性。正如同澳大利亚景观设计师里查德·韦勒所言："景观本身就是一个载体，所有生态交替都要从上面穿过，它是基础设施的未来（Weller，2006）。"

7.3 景观化建筑

"首先，（城市设计）的重点应按照连续的景观形态来设计，而不是（强调）孤立的建筑形体；其次，迫切需要将一些超大型的公共设施，如购物中心、停车场、办公园区转变成景观形态。"

——肯尼斯·弗兰普顿

当前建筑的发展态势，在可持续发展的绿色思潮驱动下，从"内"至"外"，正全方位地朝着"生态"和"场域"两个向度深化。在内在机制上，建筑谋求借助于让自然做功的自然通风、天然采光、太阳能、雨水收集与利用以及生态化调节补偿机制（如窗帘通过自动调节来适应不同等级的光照，以保持屋内相对均衡的温度和照度），来实现最小能耗的所谓绩效建筑（Performative architecture）；而在外部形态上，为谋求与周边环境有机统一的空间形态，建筑形式与周边整体景观场域的深层次整合则方兴未艾，景观都市主义（Landscape Urbanism）、基建都市主义（Infrastructural Urbanism）和生态城市主义（Ecological Urbanism）俨然成为建筑师热议的新话题。

在景观都市主义的理论和方法的讨论方面，建筑师似乎比景观

建筑学又一次处于转变之中。这一次是对后现代主义晚期过分猛烈的潮流的反映，到了该反省的时候了。作为设计对象的建筑的转变首先转向更简洁的，更少装饰的，更富有人情味的建筑，从那些设计是为了控制场地的建筑转向与地形、排水、植被和太阳的轨迹相协调的建筑，从陈列窗式的机械主义到融合环境的，更有利于舒适、充实生活的室内外人居环境。

——约翰·西蒙兹

设计师更加积极，其影响力也更大。如哈佛大学的查尔斯·瓦尔德海姆和莫斯·塔法维充当着景观都市主义倡导者的角色，并继续奠定其发展的基调。在景观都市主义最前沿有这两位建筑师，或许解释了为什么建筑师比景观设计师更渴望采用景观都市主义理论和方法的原因。用景观作为都市主义的一种模式来探索城市功能性、空间性和暂时性的问题，代表了应对当代城市环境问题的新方式（Gray，2006）。这一点在过去 20 多年中对于建筑师来说有着很大的吸引力。

景观化的建筑探讨的是建筑形态与周围环境之间整体整合。认为建筑是由平面组合而成的架构，平面的累积被认为是地面的延续，而地面则被视为一层（或多层）可以被改变了的地形，它们可以被隆起、折叠、叠加、修复甚至重构。

7.3.1 连续的地表

连续的表面是景观最为关注的对象，因为景观本身就是一种连续的地表结构。在景观都市主义的语境中，景观这种"地表"的特质显得尤为重要，因为它是组织结构的基底，事物无论是动态的还是静止的都要在这个平展的表面上实现"聚"、"散"或者"融合"。这一观点也得到了许多拓扑学派（Typologies）建筑师们的认可。库哈斯就一直很信奉纽约洛克菲勒中心（Rockefeller center）的设计师雷蒙德·胡德（Raymond Hood）的一句名言："平面是最重要的，因为人们活动是在平面上发生的。"库哈斯把这句话解释为功能主义者的祈求：平面是设计的主要操作平台，建筑师不要醉心于建筑的外表形式，而应该专注在平面（或地球表面）上为满足人们的活动进行构想和建造（Lootsma，1999）。而在建筑空间和景观空间的相互整合方面，连续性是建筑与景观整合的基本目标之一。连续性意味着我们能够在空间体验层面将建筑与景观紧密地联系在一起，甚至在某种程度上可以视为一体（华晓宁，2009）。由此可见，建筑可以被认为是由平面组合而成的框架，平面的累积则是地面的延续。

案例：朱苏大学图书馆 /OMA 事务所 / 巴黎 /1992 年
上述平面的累积是地面的延续的说法，在库哈斯 1992 年的巴黎朱苏（Jussieu）图书馆竞赛作品中得到了进一步的体现。不同于以往传统的建筑与城市分离的设计，朱苏大学图书馆竞赛方案从城市空间的角度出发，这里地面被重新审视，并作为建筑与城市连续的初始点。建筑平面以折曲的连续楼板的方式形成建筑内部的流线，构造一个具有连续性的地面，并由此将城市的空间氛围和连续性渗透至建筑内部。库哈斯想象这个表面是流畅的，就像是一张带有城市社交性质的魔毯。这里连续性代替了简单的平面堆积，建筑物的每一个楼层之间都相互联结，内部的折曲楼板就像通道一样连接图书馆各个功能区。这条通道从建筑的底层出发,经由相互联结的各层，直至建筑物的屋顶平台。在这样的体系中，过去仅仅存在于图解中的象征性的人流流线，成为了真实的功能流线。库哈斯试图将这条流线塑造成像街道一般具有城市性质的通道："为重新考虑它（图书馆）的（储存与展示）能力，我们将平面想象成钳子状的有社交能力的地毯；同时为增加密度，我们又将它折叠起来，形成一系列累积的平台；建筑的每一层都与它的上下层连接，从而形成一个单一而上升的轨迹（图 7-13）。由此，折叠上升的平面可以被视为被强化了的竖向景观，整个图书馆变成了一个被包裹着的大街，而图书馆中浏览图书的读者则成了大街上闲逛的游客（Koolhaas，1995）。"

案例：梯状塔楼 /BIG 建筑事务所 / 丹麦哥本哈根 /2007 年

该建筑是由欧洲古典哥特式塔楼与传统阶梯广场的整合而成，整合后的衍生物成了建筑和公共空间混合体。整个建筑的过渡空间流畅而自然：底部的商业空间的屋顶被设计成台阶状，外部形成一系列累积上升的露台空间，并与上部作为豪华旅馆的塔楼协调相连；底部逐步下降的大台阶有着与周边道路和广场类似的功能，并与周边环境融为一体。这一极具特色的建筑基座在满足多功能使用的同时，还产生了一种内外空间相互交融的环境：基座的屋顶自然而然成为了户外公共活动空间，同时透过内部空间的外

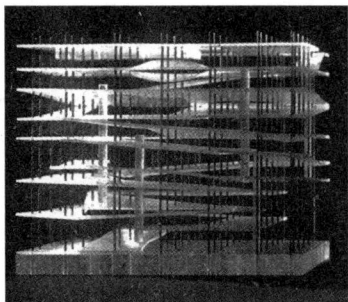

图 7-13　巴黎朱苏图书馆模型

部化，引入光线、微风进入到通透性较高的底层深处，为内部的商业和展示空间送去了可贵的自然光和宜人的室内环境（图7-14、图7-15）。这里建筑不再是城市中的一个孤立物体或形体、一种立面与平面对立的表述形式，而是成为周边城市地表有机过渡的联系体。

图7-14 梯状塔楼底层内景（左）

图7-15 梯状塔楼外观（右）

案例：梅登商业中心／英国外国建筑师事务（FOA）／土耳其伊斯坦布尔/2007年

作为地形学派建筑师的代表，FOA在2007年完成的55000m²土耳其伊斯坦布尔的梅登（Meydan）商业中心，是从三维立体多层面的视角出发，设计强调的不是孤立的建筑形态，而是地形地貌等这些城市的自然形态。其结果是该项目建筑物的形体不再突出，取而代之的是一个与周边城市地表相联系的延续的公共空间。游人不仅可以经中心广场便捷地去往商城内部的地下停车场、地上商店甚至屋顶花园；同时借助于屋顶的可达性，游人还可以由此走向城市的四面八方。梅登购物中心不再是传统意义上的商业广场，因为它提供给游人的不仅是获得购物体验的场所，而且还是一个充满活力的城市中转站（Exchange Hub），一个整合了购物、娱乐、休闲，甚至交通功能的整体连续的景观形态（图7-16）（翟俊，2010）。

这种整体的操作方法，实现了建筑与景观在形态与连续性两方面的整合：一方面通过将建筑形体置于隆起的地表之下，从而确保了两者整体形态上的融合；另一方面是地表的空间界域不再被建筑形体所打断，从而确保了景观空间的连续性（华晓宁，2009）。

图 7-16 伊斯坦布尔的梅登商业中心

7.3.2 整体的地形

将城市景观描述为一种整体形态，意味着城市场域中的元素的形态将更多地受到元素之间复杂关联的影响和制约。"物体的形态不如物体彼此之间的形态更重要（Allen，1997）。"因而在这种状态中，建筑不再如传统中只作为一种"自完满"的"对象（object）"而存在，相反建筑与建筑、建筑与整体景观的其他要素之间关系的重要性凸显出来，并在很大程度上制约，乃至决定了建筑的外在形态。而这正是建筑形态需要与其所处的大地景观进行整合的原因所在。由此产生的操作方法并不是为了改变原有的地面，而是要把建筑与周围的环境联系成一个整体的景观形态。

案例：加利西亚文化城 / 彼得·艾森曼 / 西班牙圣地亚哥 /2011 年

加利西亚（Galica）文化城位于西班牙西北部古城圣地亚哥，占地 87 万平方英尺（大约 14 万 m²），建筑的基址位于圣地亚哥东南部的一座顶部遭到破坏而缺失的山体上。遵循将建筑与自然景观融为一体的设计理念，艾森曼希望将文化城与山体的地貌完美融合，而不是传统建筑设计中的物体与地面、立面与平面对立的表述形式。整个文化城的建筑随着山地地势而变化，"像影子一样"覆盖在山顶之上。艾森曼还从当地传统的朝圣文化中获得灵感，建筑布局模拟通往老教

那么，让我们将赋予生命，充满生活的自然元素重现于我们所筑的房子中，这意味着一种源于场地特性的建筑，意味着向确保设计一所有价值的建筑迈出第一步，因为在这样一所恰到好处的房子里我们感受到一种惬意，那就是所谓的美。

——弗兰克·劳埃德·赖特

堂的5条朝圣路线，同时将路线图与山顶地貌融合，形成由六栋形状独树一格的单体组成的建筑群，更重要的是这六组并列的新建筑的外部形态是对原有被破坏了的山顶的重新复原（图7-17）。艾森曼将通往建筑单体的车行通道放在建筑群下方的地下部分，从而把大部分地表空间让给了行人。一条条步行道蜿蜒于这些人工山体之间，参观的游客仿佛成了当年朝圣的信徒（图7-18）。

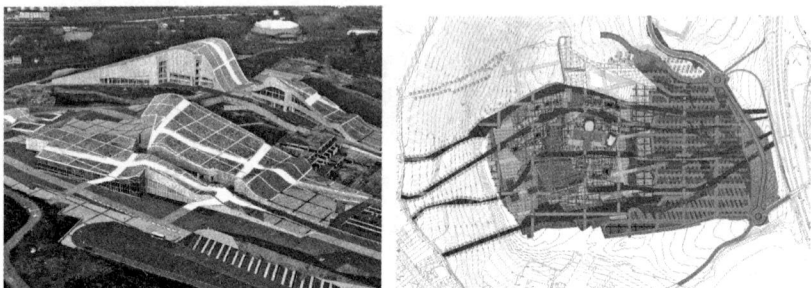

图7-17 建筑作为对被破坏了的山体的修复（左）

图7-18 加利西亚文化城的人行系统（右）

案例：植物园游客中心/维斯/曼弗雷迪建筑事务所/纽约布鲁克林/2012年

由纽约新锐设计公司维斯/曼弗雷迪建筑事务所设计的纽约布鲁克林植物园的游客中心，占地3英亩，建筑面积2万平方英尺（约合1858m²），位于纽约布鲁克林植物园东北角的华盛顿大街上。这座蜿蜒起伏的玻璃建筑被嵌入进布鲁克林植物园东北角原有的小山坡内，并延伸进入植物园内部，看起来就像是沿着现有山体天衣无缝的延伸。该中心被看作是城市与植物园之间的隔离屏和过渡带，成为了城市与植物园之间生动的界面——一个从街边林立的钢筋水泥"丛林"转换为植物园内美轮美奂植物丛林的自然过渡，一个花园和城市之间、文化与自然之间的交接点（图7-19）。游客可从比邻的华盛顿大道经过这座弯曲的玻璃格架进入占地52英亩（约合21万m²）的布鲁克林植物园。在环境设计方面，建筑设计师与景观设计团队和土木工程师紧密合作，把基于生物的雨水管理策略整合进项目的景观设计之中，创建出一系列由景观化雨水管理系统构成的过程化景观——绿色屋顶，景观植草沟地，生物滞留池和颇具特色的雨水花园。

图 7-19　布鲁克林植物园游客中心

案例：难波公园 / Jerde 建筑事务所 / 日本大阪 /2003 年

难波（Namba Parks）公园并非传统意义上的公园，而是一座看起来如同空中园一样的购物中心与办公楼的综合体。远看该建筑群是一个斜坡公园，从街道平面上升至 8 层楼的高度，层层推进、绿树茵茵，仿佛是游离于城市之上的 "森林绿洲"，成为城市嘈杂背景下的一处生动、温馨的街景。

入口处，呈现在眼前的是一个被岩石覆盖的空间，仿佛一个狭小的峡谷，诱惑着好奇的人们向里面探寻。建筑立面上暖黄色到橘黄色逐渐过渡的条纹造型，如同山谷两侧岩石层一般，而设计师精心设计和营造出不同的 "小湾"、"岩洞"、"河谷" 等探险般的空间感受，更让人常常有 "柳暗花明又一村" 的惊喜，为整个购物之旅增添了一抹神秘和新奇的色彩。经由不同楼层的一些特定区域，便可以从 "峡谷" 直接通往室外的露台，这里种植了各色的花草树木，植物每天成长，每天都在改变建筑的样子。"峡谷" 的设计还带来了众多的自然体验要素：溪水、山石、植物、岩洞、山间的阳光等等，这种 "人工自然" 的空间再造，为购物体验展现了全新的思路（图 7-20、图 7-21）。难波公园由此形成了独特的空间序列，它不像一般的购物中心那样，将人们压缩集聚到封闭的空间内，强迫消费，而是以开放的体验化空间吸引人们主动游玩、主动消费。此外难波公园还颠

図 7-20 难波公园全景（左）

图 7-21 难波公园人行"峡谷"的设计（右）

覆了一味追求机器效率的工业化空间设计，打破了室内室外的空间界限，实现了城市空间自然化、戏剧化场景的塑造，形成内部与外部景观的和谐与相互映衬。难波公园近乎完美地实现了为人们提供购物、聚会、游玩、欢庆场所的目的，"场所精神"的理念在难波公园的项目上得到了淋漓尽致的体现（百度百科）。

小结

景观化建筑的操作理念源于水平延展的拓扑形态，表现出一种与广阔视域内的景观相融合的整体景观形态。相对于强调可持续发展的绿色建筑而言，景观化的建筑是一种更开放的场域；而相比常规建筑的平面、立面语言而言，它们与景观和地形学有着更多的共同语言，更适合于用景观和地形学的语言、材料和形式来表述。

作为整体景观形态的组成部分，建筑是景观的层积，其形态取决于景观中各种要素的相互关系，而不是建筑单体本身。无论这些建筑是从地面生长出来的、还是建造于地下的、沿着等高线和坡地建造的，还是对破坏了的地形的修复，其形状都孕育其所处的景观之中，是现有大地景观的延续。由此形成的建筑形式，可以看作为基地地表的空间形态特征，如峰、谷、鞍、坡甚至场地肌理等的再现。过去那种根据人们的主观意愿，随意改造地形、地貌的传统的建筑设计方法已经被对我们依赖以生存的土地尊重和负责任的做法所替代。

从现代主义清晰而坚定的轮廓，转变为景观都市主义模糊而不确定的边界，建筑从最初以景观为背景、与景观对立而存在；发展到将自身融入其中，成为景观元素；再到谋求与景观在整体形态上的整合，与其浑然天成，最终成为人工化的整体景观。建筑与景观的融合，不仅展示了自然和文化二元对立的消解，同时也展示了景观作为一种积极的操作方法的理念。当今的城市建设需要这样一种以整体的景观形态为基础的理论与实践工具，来重新组构大尺度的人工环境，缝合日益碎片化的城市肌理。

7.4　景观基础设施

景观本身就是一种载体，所有生态交替都要从它上面穿过，它是基础设施的未来。

——查德·韦勒

城市的道路、高架桥之所以被称之为基础设施，说明我们还是倾向于将其看作是一个工程，从而忽视了它们应该具备的社会性、文化性和生态性。

——崔恺

景观基础设施是将专项投资、单一功能的市政的"灰色基础设施"与生态的"绿色基础设施"领域对象的协同整合和统筹建设，形成一种更有效、更经济和更具持续性的优化状态。通过以开放空间为导向的设计，来催生和协调多功能的空间，而不是孤立而单一功能的基础设施。

——瞿俊

一谈到基础设施，人们很容易想到的是市政基础设施（Civic Infrastructure），即灰色基础设施（Grey Infrastructure），传统意义上这类基础设施被定义为"由道路、桥梁、铁路以及其他确保工业化经济正常运作所必需的公共设施所组成的网络"（图 7-22）。随着各

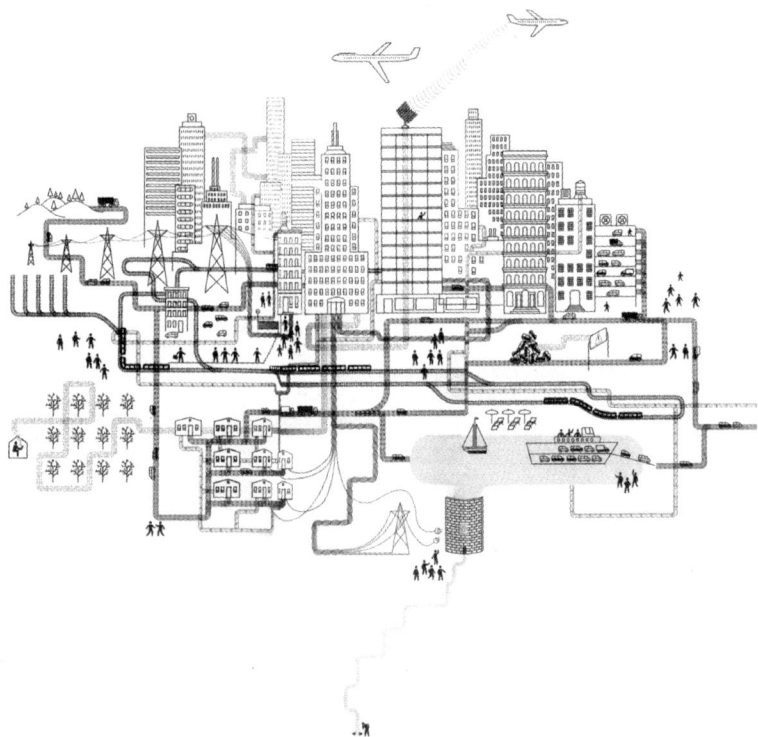

图 7-22　纽约市政基础设施示意图

国政府加大对基础设施建设的投入，到 2030 年，全球基础设施投资需求将达 57 万亿美元（中国新闻网）。在世界各国迫切需要建造新的和修复老旧的基础设施系统的今天（例如中国所主导的亚洲基础设施银行就是在这种巨大的需求下应运而生的），设计和规划方面的专业人士迎来了来重新构想一种新型的基础设施网络的关键机遇。这种既节约土地、投资，恢复以前被忽视或被破坏的自然生态环境，又能提供公众急需的开放空间，同时能够支持多用途和功能的基础设施，就是我们所要探讨的景观基础设施。

虽然美国景观设计师加里·斯特朗（Gary Strang）早在 1996 年就提出了景观基础设施的概念（Strang，1996），但其直到近些年才逐渐成为学术热议的话题。作为城市基础设施多功能使用的探讨，景观基础设施传承了绿色基础设施的基本原则，并将其向前发展，从多个视角来探讨景观和基础设施合二为一的可能性，比如"作为基础设施的景观"（Landscape as Infrastructure），"作为景观的基础设施"（Infrastructure as Landscape），"景观化的基础设施"（Landscape of Infrastructure）或"景观基础设施"（Landscape Infrastructure），其意义大同小异，重点都是探讨景观和基础设施的内在关联性，以及一体化的可能性。它越来越多地涉及我们这个社会的各种基本组成模块，诸如卫生、农业生产、能源、废弃物和社会经济因素等。景观基础设施可以是绿色的，也可以是自然过程的混凝土的表现形式；可能是线型的，也可能是随场地特点变化而变化的。简言之，我们眼里的景观基础设施是更为宽广和全面的一个概念，它超越了"绿色"或"可持续性"所涵盖的范围（阿基诺，2005）。

7.4.1 交通景观基础设施

交通设施设计的重要性不仅在于获得高效率，更重要的是具备激励和支持新的城市公共空间的能力。

——亚历克斯·沃尔

交通基础设施由于其自身的特殊性和复杂的功能要求，长期以来一直被认为是公共空间的禁区。然而 20 世纪 90 年代以来，欧美许多城市通过对传统的交通设施重新审视后发现，它是一种能够对城市建设产生积极影响，却未被充分开发的资源。除了市政功能以外它们还应该像公园和广场一样具有公共空间的特征。将景观的审美、休闲、娱乐和生态功能与基础设施功能相结合将大大增加城市用地的社会、经济和生态绩效。

（1）快速路的景观基础设施

虽然交通基础设施在城市中呈现广泛的网络状分布，但它们通常只是在单一的水平空间层面上蔓延，缺乏对垂直空间层面的利用。这不仅造成了土地资源的浪费和空间使用功能上的单一，而且还是城市空间碎片化现象的主要根源。例如城市快速路作为城市的交通主干道，工程师们往往按照机动车的使用标准和要求进行设计，以单位时间通过机动车的数量的多少为效率高低的衡量指标。它们在产生的巨大噪音和污染的同时将城市分割成一个个孤立的区块，对周边环境和附近城市居民的日常生活造成了不同程度的影响。为此，我们能不能设想一种新型的交通基础设施，在给城市交通"加分"的同时不会给城市环境"减分"？

快速路景观基础设施就是基于上述认识发展而来的新型模式，该模式在保证机动车的快速通行的前提下，应用多层混合结构模式，将城市公共空间功能与城市快速路相叠加，使其转化成为一种垂直多功能的混合结构：贯穿城市的快速路被设置在地面下层，而在其上则作为城市公共空间和慢行交通系统的承载平台，通过景观的手段，依托道路在城市密集区内形成贯穿城市的开放空间廊道，重新建立被快速路切断的城市区域空间联系，实现城市快速路与周边区域的融合和整体发展（李倞，2011）。

案例：中心主干线改造工程 /SWA/ 波士顿 /1991 ~ 2006 年

被誉为世界城市改造史上跨世纪神话的波士顿中心主干线（Central Artery）改造工程，就是这样一个给城市环境"加分"的成功案例。虽然该工程施工过程出现了造价超预算、工期一再延长等这样或那样的问题，但是这个被称为"大挖掘"（Big Dig）的工程对波士顿整体交通和周边城市环境的改善是有目共睹的。通过将原高速路整体放入地下，改造后的中心主干线成为了一个层叠复合的多层面、立体化的空间体系，实现了依据车流的特点进行分流的目的。此举不仅大大缓解了交通堵塞、高速路产生的噪声、污染等对周边环境造成的影响，更重要的是将原高架路的地上部分变成了一条绿色的廊道（图 7-23、图 7-24）。通过综合协调和统筹考虑交通基础设施与城市公共空间的布局，把公共空间与交通基础设施融合到一起，从而将传统上单一功能的市政工程融入更加综合的城市公共体系之中，成为具有更高功能效率和公共活力的景观基础设施。

案例：桥下公园 /PFS Studio/ 多伦多 /2015 年

城市纵横交错的高架交通网络的下部空间往往是被人遗忘的角落，这是许多世界大都市司空见惯的现象。桥下公园所在的区域当然也不例外，这里曾经是多伦多市区偏僻甚至危险的地段，被用于

图 7-23　波士顿中心
主干线改造前（左）

图 7-24　波士顿中心
主干线改造后（右）

非正规的停车甚至一些非法活动的场所。作为多伦多滨水区改造的一部分，当地政府抓住了城市西部振兴这一机遇，变废为宝，将一个被人遗弃的场所，变为一个极富想象力、充满活力的公共空间。

　　景观设计师通过多方位的功能编排，以及对光影、公共艺术的大胆使用，桥下公园不仅成为了连接社区之间的一个安全、优美的公共空间，而且成了多伦多市民休闲的好去处。这里拥有社区活动设施和城市舞台，成为众多艺术活动，包括舞蹈和其他自发演出地，常年为市民提供多样化的休闲娱乐和社交的机会。公园同时还是各种体育活动如篮球、曲棍球、滑板和别出心裁的商业活动的场所（图 7-25、图 7-26）（asla.org）。

图 7-25　桥下公园
（左）

图 7-26　桥下公园
（右）

　　随着城市人口密度的增加以及开放空间资源不断减少，如何抓

住令人意想不到的机遇，如何通过改造，将被人遗忘的废弃地重新转变为城市肌理的一部分，并在城市开放空间体系中扮演一个积极的角色，从而从整体上提升本地区城市的健康和活力。桥下公园在这方面确实给我们带来了许多新的启示。

（2）交通枢纽的景观基础设施

城市中存在着一定数量的将不同交通方式衔接起来的城市交通枢纽（互通）。由于这些交通枢纽流量大，往往选址都是城市中具有战略意义的地段，具有很强的公共性和标志性。因此，交通枢纽不应当单纯看作是一个组织交通流程的技术性的空间，而应当成为一个具有多种公共功能的综合体，成为具有与城市环境相融合的多元价值的景观基础设施（李倞，2011）。

案例：南环桥改造方案 / 苏州大学建筑学院 / 苏州 /2014 年

苏州南环高架就是这方面的典型代表。这个东西长 770m，南北宽 870m，占地 22hm² 的交通枢纽位于苏州"井"字形内环高架快速路的南段。作为连接苏州古城区和园区的重要交通枢纽，南环高架在提供高架上交通便利的同时，对高架下地面交通及周边环境和附近城市居民的日常生活造成了不同程度的影响。由于地面上人流量大，再加上电动车与汽车混行，从而导致该地区交通事故频发，被当地居民称之为"危险"之地。同时该地区还存在绿化面积少，公共活动和公共服务设施缺乏等问题。

本次设计本着以景观为媒介和载体来重新缝合碎片化的城市肌理为目的，充分利用高架桥下的剩余空间，以"拉花＋螺旋"（图7-27）为原型塑造出螺旋上升和螺旋下降等多种空间形态，在竖向和横向两个界面上创造连接性的同时，为当地的居民和商家提供亟需的公共活动和服务设施，及多功能混合使用的弹性空间（图7-28、图7-29）。

事实证明，交通设施和公共空间的结合对城市综合功能的提升可以起到至关重要的作用。通过综合协调和统筹考虑交通基础设施与公共空间的布局，促成交通与公共空间在战略层面的协同，用景观的手段将交通基础设施嵌入到城市的生态肌理之中，从而将传统上单一功

图 7-27 拉花 + 螺旋

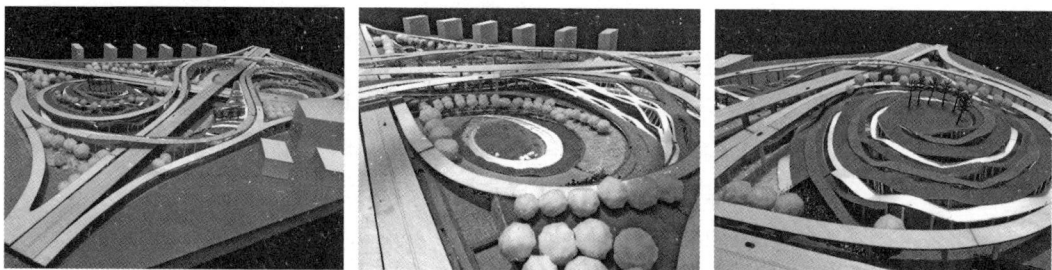

图 7-28 南环高架模型   图 7-29 南环高架模型局部

能的市政工程融入更加综合的城市公共体系之中。这种层叠复合的景观基础设施空间体系，为公共空间与交通设施的融合提供了机遇。

7.4.2 水景观基础设施

景观基础设施另一个主要应用领域是利用城市水系来设计生态过程，其工作范围包括河道改造（生态驳岸、廊道、河口湿地恢复）、旱涝调节（防洪堤、泵站和泄洪闸门）、排水系统（排水沟、蓄洪池）、灌溉系统（水库，灌溉渠道）、污水收集和水质净化的规划和设计，以及城市的雨洪管理。然后在这一生态景观基底上提供丰富多样的生物栖息地、休闲游憩场所，创造多种体验空间。

（1）水质净化景观基础设施

城市河流曾经是城市区域中最重要的自然资源、生态服务和运输的廊道，然而随着城市规模的不断扩大和工业的发展，城市污染日趋加剧，河流成为了城市污水最直接的排放通道。流经江苏昆山的吴淞江，就是此类受污染的河流之一。

案例：吴淞江水处理湿地公园 /SWA/ 昆山花桥 /2012 年

谈到城市河流的水质净化，人们很容易想到的是通过地下管网将污水收集输送至污水处理厂集中处理的常规途径，然而由美国著名景观和城市设计事务所 SWA 领衔，包括水质净化专家、湿地专家、水文工程师和建筑师组成的综合团队，却采用了全然不同的做法。借助于创新的生态技术和规划手段，设计团队将传统河水净化过程的泥沙沉降、过滤、曝气、生物处理等功能环节的池塘和沟渠打造成为一个个独具特色的景观空间，并以一条设计独特的步行道将这一系列的功能空间连接起来（图 7-30、图 7-31）。这种新型的景观基础设施公园不仅行使了污水净化的基础设施功能，而且还充分考虑了游人的参与体验，在发挥科普教育作用的同时，成为了市民休闲娱乐的好去处（图 7-32）。

案例：上海后滩公园、贵州六盘水明湖湿地公园 / 土人 / 上海浦东、贵州六盘水 /2010 年、2012 年

俞孔坚的土人团队长期从事城市河道的生态修复研究与实践。其中有代表性的上海后滩公园和贵州六盘水明湖湿地公园（图 7-33、图 7-34），都是通过运用景观途径对污水处理基础设施形式进行重新诠释，为"灰色"的基础设施赋予了更多城市公共空间的"绿色"与活力，从而促进城市基础设施、滨水开放空间以及周边区域的共生发展。这

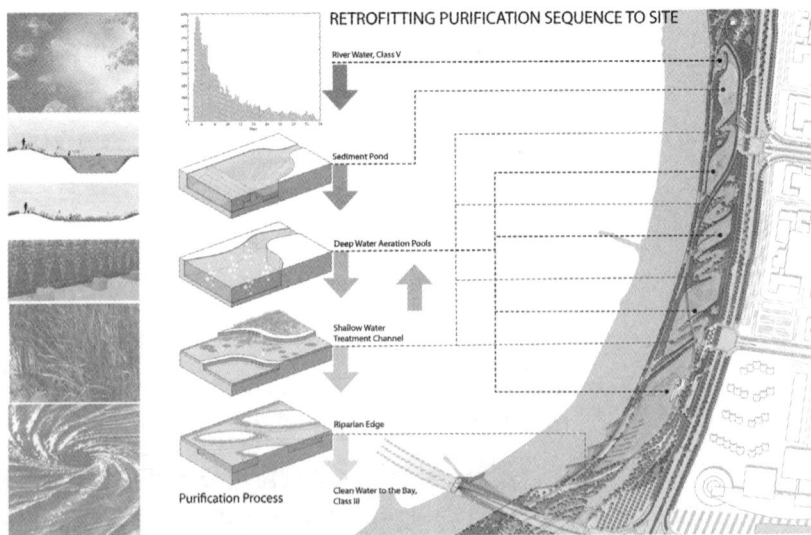

图 7-30 河水净化的功能环节与景观相结合

MAKING WATER TREATMENT
PROCESS A PUBLIC EDUCATION

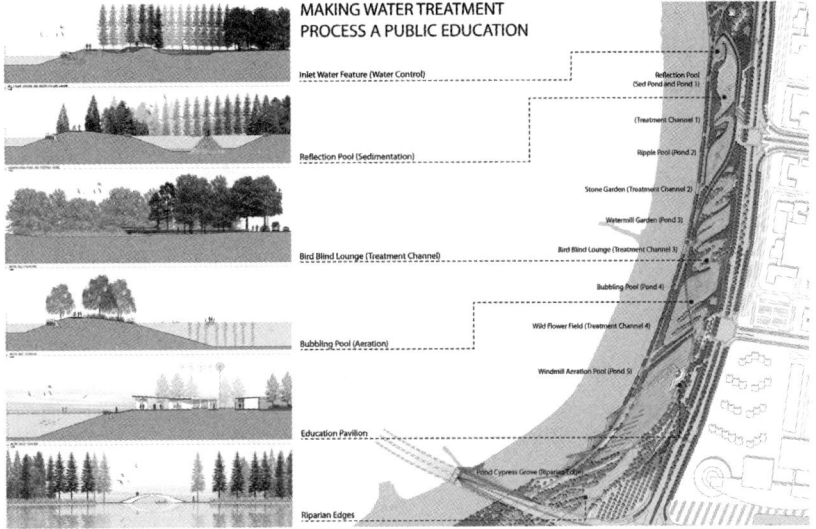

图7-31 河水净化过程成为一系列景观节点

FUTURE DEVELOPEMENT PHASES
Inner Bay Campus and Recreational Marina Downstream

PILOT PROJECT
Treatment Wetland Park Upstream

图7-32 吴淞江水处理湿地公园

图7-33 上海后滩公园（左）

图7-34 贵州六盘水明湖湿地公园（右）

种依据城市自然体系与基础设施关系而进行的整合设计，为根据生态廊道来建立景观基础设施网络的城市发展策略找到了一种新思路和新途径。

（2）雨洪管理景观基础设施

由于近些年来随着经济的发展，与资源、能源匮乏矛盾的日益加剧，人们不得不重新审视人类活动、经济发展和生态系统三者之间的关系，并试图参照自然界原有的循环式的新陈代谢体系，来改变当今现行的单一排放的线性体系，从而将原本纯人工、不自然的工业生产和城市系统变得自然生态（图7-35）。例如面对城市建设区域的不透水地面面积的不断扩大，传统上集中式的城市雨水排放系统在遭遇暴雨时经常会由于负担过重，而直接引发城市洪涝灾害。

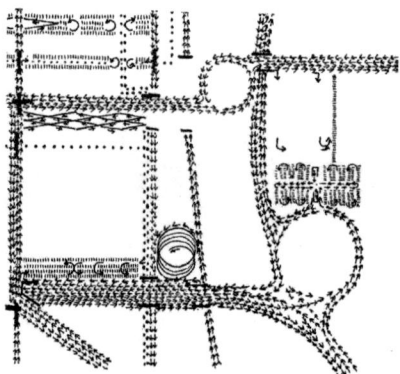

图7-35 早在20世纪60年代，路易斯康就设想街道可以是河流、小巷可以是溪流、而停车场则可以像港湾

相反，应用景观途径结合建筑、公园绿地、道路等进行城市雨水管理，采用地表自然排水系统来部分代替地下排水管网，构建可持续、近自然和多功能的雨水管理才是适合现代城市空间发展的更具弹性和更高效的雨洪管理模式。其中，将城市雨洪管理与公园绿地系统相结合，可以成为城市一道独特的风景。

案例：迪亚曼蒂纳公园／布里斯班城市开发属／澳大利亚布里斯班蔡斯小区／2009年

位于澳大利亚布里斯班的菲茨吉本蔡斯（Chase）小区，是一个于2014年建成的生态节约型全智能社区。作为澳大利亚水敏感型城市设计（WSUD）的样板，小区全部采用自然式排水，其中最大的亮点是作为雨洪调蓄、行洪排涝的迪亚曼蒂纳（Diamantina）公园。该公园位于社区的中部，看上去似乎与我们所熟悉的社区公园没有什么两样，平日里这里是人们放风筝、跑步和交友等娱乐活动的好去处。但是细心的观众很快就会发现公园的标高要比四周道路要低，而公园里的娱乐设施都布置在洪水警戒线之上（图 7-36）。这就是与其他公园的不同之处——公园的主体是一条洪水过境通道的湿地（图 7-37）。它们是由设计者根据洪水发生的频率、持续时间以及流速精心研究后确定的，因为在一场倾盆大雨过后，社区的雨水都会汇集于此，这时公园就好像换了一种身份，能够像基础设施一样行使蓄洪排涝、补充地下水等功能，成为名副其实的城市雨水管理的基础设施。以下几组实景照片完整地记录了 2010 年 10 月和 2011 年 1 月两次洪水过境时的前后情形对比，它们形象地展示了作为一个多功能使用的景观基础设施公园在满足居民日常休闲娱乐功能的同时，是如何行洪排涝，行使城市基础设施的功能的特点（图 7-38）。

案例：富士沃德公园 /HDR 和 Wood + Partners 事务所 / 美国亚特兰大 /2013 年

美国亚特兰大 17 英亩的富士沃德公园（Fourth Ward）距离著名黑人民权运动领袖马丁·路德·金出生地不远，它是亚特兰大连接 45 个社区，总长 22 英里环城绿道的一部分。公园地处亚特兰大的低洼地段，原本是一块受工业严重污染的不毛之地，而且逢雨必涝。由景观设计师领衔的团队通过认真研究并与社区居民和政府官员进行广泛接触与交流后决定在这里建造一个具有滞洪调蓄功能的公园绿地，在解决雨水泛滥问题的同时为附近的社区居民提供急需的公共活动空间（图 7-39）。通过将原本属于不同部门的基础设施工程与公园建设合二为一，变成一个项目，这一做法大大节约了政府的预

图 7-36 公园标高低于四周道路的标高

图 7-37 公园作为洪水通道

観察点 A   観察点 B   観察点 C

A：2010 年 10 月过境洪峰   B：2010 年 10 月过境洪峰   C：2010 年 10 月过境洪峰

A：2011 年 1 月过境洪水   B：2011 年 1 月过境洪水   C：2011 年 1 月过境洪水

A：洪水过境 24 小时后   B：洪水过境 24 小时后   C：洪水过境 24 小时后

图 7-38 2010 年 10 月和 2011 年 1 月两次洪水过境时的实景

图 7-39 富士沃德公园整体鸟瞰图

算。因为建造公园仅仅花费了 2500 万美元，其中还包括购买公园所需土地和场地污染整治的费用，要知道政府原本计划投资 5000 万~7500 万美元来扩容升级该地区的雨水管网设施。

与传统上将雨水视为一种急需排放的废物的雨水管理方法不同，富士沃德公园的景观布局是围绕一个按一定防洪排涝标准设计，用来调蓄雨水的滞洪池展开的。通过雨水的收集与调储过程和富于表现力的水景相结合，从而使雨水成为了公园当仁不让的主景。每当大雨过后，公园周边区域的雨水都会通过地表和地下管网收集于此，然后再通过各具特色的景观表现途径汇集到下方的滞洪池：南面是落差达 35 英尺、随台阶逐阶下降的跌水景观；北面则是气势壮观，落差高达 13 英尺的雨水瀑布（图 7-40）；而南广场上由雨水汇集而成，富有浪漫情调的蜿蜒溪流则象征着曾经流经这块场地的清水溪（图7-41）。公园利用滞洪池常水位和最高水位之间巨大的空间来贮存、调蓄暴雨洪峰流量，而超过设计库存的水量将被排入下游的雨水管网。在暴雨过后再通过绿地喷灌利用、下渗、蒸发等方式逐渐恢复到正常水位。在去除雨水中的污染物方面，采取的方法是利用充气式喷泉来保证水体的流动，而在流速缓慢的滞洪池边缘则通过种植各类净水植物来净化水质。另外和常见的公园一样，水池边缘布置了各具特色的观景平台、广场、木栈道、阶梯式看台，而水池四周的挡墙则被设计成富有艺术感的雕塑墙。

图 7-40　气势壮观的雨水瀑布景观（左）

图 7-41　雨水汇集而成的蜿蜒溪流（右）

　　通过对低洼地改造来解决雨洪对周边区域造成的水涝灾害，富士沃德公园为我们展示的是基础设施与景观艺术表现的完美结合—— 一个集雨洪调蓄、资源回用、休闲娱乐等多功能于为一体的区域性景观基础设施公园（图 7-42、图 7-43），充分彰显了地方感和场所精神（翟俊，2015）。

　　案例：巨型"U"/BIG 建筑事务所 / 美国纽约 /2013 年

　　针对曼哈顿下城区量身打造，被称为"巨型 U"（Big U）的防洪系统（图 7-44），是美国"桑迪"飓风灾后重建国际设计竞赛的优

图 7-42 雨洪调蓄与
景观艺术表现完美结合

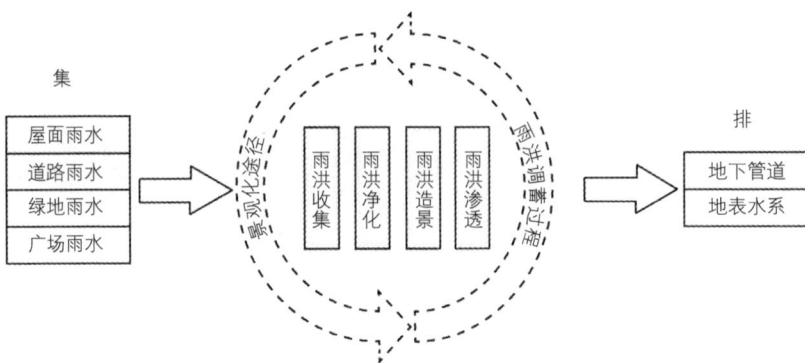

图 7-43 雨洪公园流
程示意图

胜方案之一。该方案多处采用了这种多用途和混合使用的景观基础
设施模式,例如曼哈顿最南端的 Battery 公园由于地势较低,公园东
侧和西侧成了此次海潮的突破口,洪水由此涌入,直接导致地处下
城区的华尔街,这个美国和世界金融中心的瘫痪。作为 "U" 形防
护体现的一部分,Battery 公园部分将被改造防洪堤。与通常的防洪
堤不同的是堤上布置了高低错落的城市农田、特色花园、休闲步道、
日光浴和户外用餐等独具特色的景观空间,从而将防洪堤变成了一
个富有特色的坡地公园(图 7-45)。区域内一处历史建筑——原海岸

274 景观都市主义的理论与方法

图 7-44 多功能模块组成的 U 型防洪系统（左）

图 7-45 特色景观坡地 Battery 公园里穿过组成的 U 型防洪系统（右）

警卫队大楼则被改造成了海事博物馆和环境教育中心，该建筑在提供防洪功能的同时，临水一面的玻璃墙上还被标注上了多条洪水水位线（目前的、飓风"桑迪"来袭时的、百年一遇的），游人在参观之余还可以亲眼目睹海平面和洪水水位高低起伏的变化，从而增加对洪水的感性认识（图 7-46、图 7-47）。

从刚性的"堤坝"到弹性的"景观基础设施"，该方案所秉承的生态学的核心是构建一种"软系统"（Soft systems），一个流动性的、柔性的、适应性和进化的场域，这种"软系统"既是一片充满活力的公园绿地，同时还是一种新型的防御型基础设施。采用基础设施与景观相结合的途径在保证该地区免遭洪水侵袭的同时，又丰富了城市滨水区域的社会服务和参与体验。这种新型的城市雨洪公园既具有"公园性"又具有"基础设施性"（表 7-1），正如 Big 主创设计师比雅克·英格斯（Bjarke Ingels）所说"我们是否能够在曼哈顿的下城区展望一

图 7-46 标注了洪水水位线的防洪玻璃墙（左）

图 7-47 原海事博物馆被改造为特色防洪墙（右）

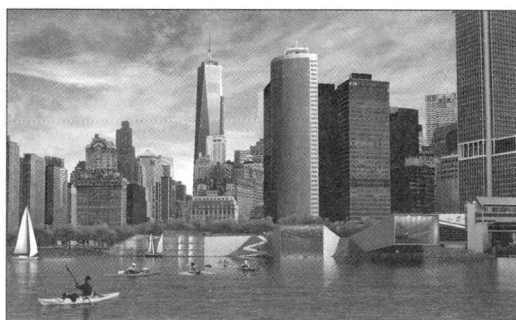

种弹性的基础设施，这种基础设施不应该是城市和水之间的（防洪）墙，而是针对各个不同的社区量身定做的具有社会和环境功能的珍珠项链，而它们恰巧又具备了保护这些社区免受洪水侵害的功能（翟俊，2016）。"由此可见，解决城市问题有效的方法应该是多目标、多功能的综合途径。单一目的、单一功能地解决单一问题的方法，不仅会造成资源浪费，而且还有可能导致意想不到的后果。

城市雨洪调蓄公园与城市景观公园比较 　　　　　　表7-1

特性 ＼ 类型		雨洪公园	景观公园
功能特性	基本目标	以雨洪调蓄为导向，在公园层面上实现基础设施功能与景观和生态功能的统一	以人类行动为活动为导向，提供优美的休闲，游憩，娱乐场所
	功能	雨洪调蓄，生物多样化，休闲娱乐，生态教育	娱乐，游憩，休闲
	空间	以雨洪调蓄为导向，多用途与混合使用	以满足人的体验出发，不同景点的功能分区
生态特性	生境	动植物种类丰富，生物群落垂直结构复杂	群落结构较为单一，生境稳定性较差
	植物配置	乡土树种为主，适地适树	以观赏植物为主，品种单一
	生物种类	生物构成多样，动植物变化以自然演替为主	生物种类单一，以人工控制动植物变化为主
	生态效益	按生态服务要求出发，净化收集水资源，生态修复	人工服务为主，生态效益低
	资源利用	资源利用率高，循环再生	高能耗，低效能，资源浪费，不可循环再生
	养护管理	低养护管理，自然更替为主	高养护成本，人工养护为主
地域特性	审美	生态美学	视觉审美，几何组合构图
	价值观	体现生态价值观，促进人与自然和谐共处	以人为中心，忽视与环境应有的协调关系
	地域性	因地制宜，具有场所精神和地方特色	千园一面，人为主观地改造自然环境
	宣传教育	寓教于乐，参与和体验自然环境	人为宣传教育为主，宣传目标为特定主题

小结

　　近些年来随着景观内涵和外延的拓展，景观的功能性越来越受到人们的重视，景观不再仅仅是审美的表象和休闲娱乐的场所，而成为了城市的基础设施（图7-48）。景观基础设施作为一种城市多功能的媒介和载体，能够提供以各种生态过程为主导的绿色基础设施和市政工程为主导的灰色基础设施之间交换的共生界面，并催生和协同它们彼此间的互动与联动、合作与交换、互补与互惠、镶嵌与混入，直至相互融合，达到共同适应、共同优化和共同发展。只有这样，城市基础设施各要素之间才能形成功能最大化、效益最优化和成本最小化的一个整体，从而实现区域内水系统网络、交通网络、生态网络、户外休闲娱乐网络一体化运作的新的发展范式。这种新的范式是以实现"统筹城市开放空间系统发展"为目标，至此基础设施不再是一个只为满足高性能的城市"机器"，而是一个有生命的多功能混合体；它不再屈服于现代主义的简化原则，而是表达出一种更高层次的复杂性，来更多元地接近当代社会和生活的多样化，从而真正体现"Civic"为公众和社会服务的本意（翟俊，2012）。

18 世纪 18th CENTURY　　19 世纪 19th CENTURY　　当今 TODAY

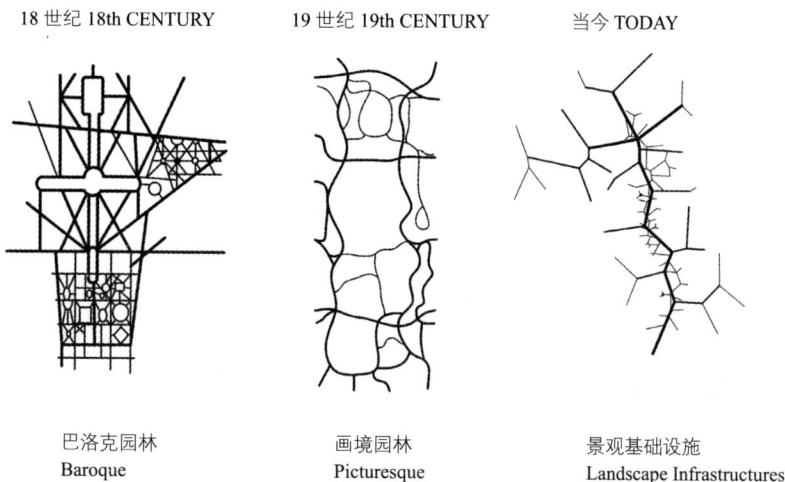

图 7-48　景观内涵和外延的发展

巴洛克园林
Baroque

画境园林
Picturesque

景观基础设施
Landscape Infrastructures

此外，景观基础设施规划设计不是纯工程技术问题，由单学科背景的工程师来完成，而是依赖于强化的、多元整合的规划组织形式，通过各专业和领域的共同参与，由城市建设相关专家平等合作来完成。借助于现代科技手段，使综合的规划得到统一协调，提高系统整体效益。其次景观基础设施的规划内容是融合社会、经济、环境和城市空间结构与形态为一体的综合性协同规划，不仅可以满足工程技术的要求，还可以和社会需求、经济效益和生态环境的安全完美结合。

采用基础设施与景观相结合的途径在改善城市交通、净化水体、保证城市和区域免遭洪水侵袭的同时，提升了城市的社会、生态服务功能，丰富了城市的空间体验。从单一功能的灰色基础设施到协同整合的景观基础设施，景观基础设施在无生命"灰色基础设施"与有生命"绿色基础设施"之间架起了一道桥梁。这种以最少的用地来满足最大的社会和生态系统服务需求的新型的基础设施，在用地紧张的中国具有广泛的应用前景。

7.5 景观城市

景观不仅是当今城市化的模式，更是一种能够很好地体现城市化过程的模式。

——斯坦·艾伦

城市的建筑和街道可以变得像森林和河流一样生态。

——詹姆斯·科纳

景观设计职业现在站在一个分水岭，一条路将引领我们走向一个更好的人居环境，同时另一条路将会让我们继续做一些仅仅是表面上的装饰。

——秀夫.佐佐木

亚特兰大不具有传统城市的特征，它密度不高，而且分散，人口也不多，是由一些小块区域和超级组团组合而成。它给人的最深刻的印象就是植被和基础设施：森林与道路。亚特兰大不是一座城市，它是一种景观。（图7-49）

——雷姆·库哈斯

图 7-49 亚特兰大天
际线

回顾城市的发展历史，大致经历了以下第三种模式：第一种模
式出现于远古的农业时代，其形式是狭小的格局，城市中心周边被
防御设施所围绕；随着 17 ~ 19 世纪工业革命的深入，位于城市中心
的核状的限制性结构被打破，城市由内向外扩散，取而代之的是较
为宽松的第二种模式，这种模式强调几何形布局，如用方格、轴线
以及放射线来组织城市网络。然而随着城市无休止地向外蔓延，这
样的模式必然会带来中心与边缘、市区与郊区、内部与外部的差别
与矛盾。城市发展的第三种形式是后工业时代出现的有机模式：一
个开放的，同时相对紧凑的，由小规模的社区组团组成的多中心城市。
英国著名建筑师塞德里克·普赖斯（Cedric Price）用蛋的三种做法
（煮、煎、炒）来形容上述三种城市模式（图 7-50）。

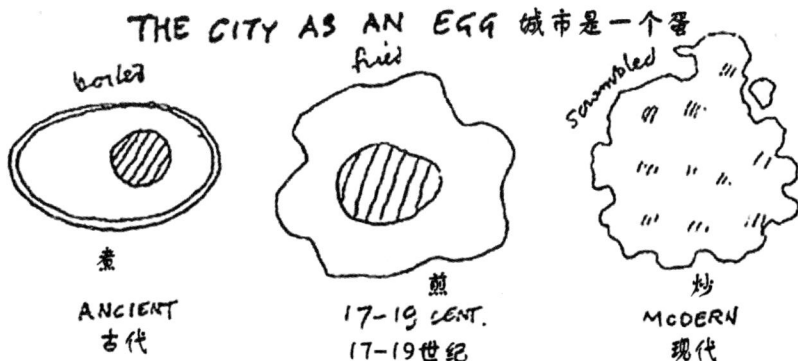

图 7-50 城市发展的
3 种形式如同鸡蛋的 3
种做法

景观化的城市是由第三种被形容为炒蛋的城市模式发展而来：原本在中心的蛋黄被分散到周边，这些相对独立单元（居住、办公、商业、休闲等服务实施）可以被看成生态组团（斑块），通过景观基础设施（廊道）的连接，彼此形成一个大公园（图 7-51）。这里"公园"不仅仅意味着休闲，而是在更广泛的层面上被理解为能行使"城市"功能的公园，所谓公园＝城市（City＝Park）。这种基于生态规划原理，有厚度的，由积聚的斑块组团和层叠的廊道网络构成的有生命的场域状态就是景观城市。概括起来这种新兴的城市形态有以下三方面的特点：

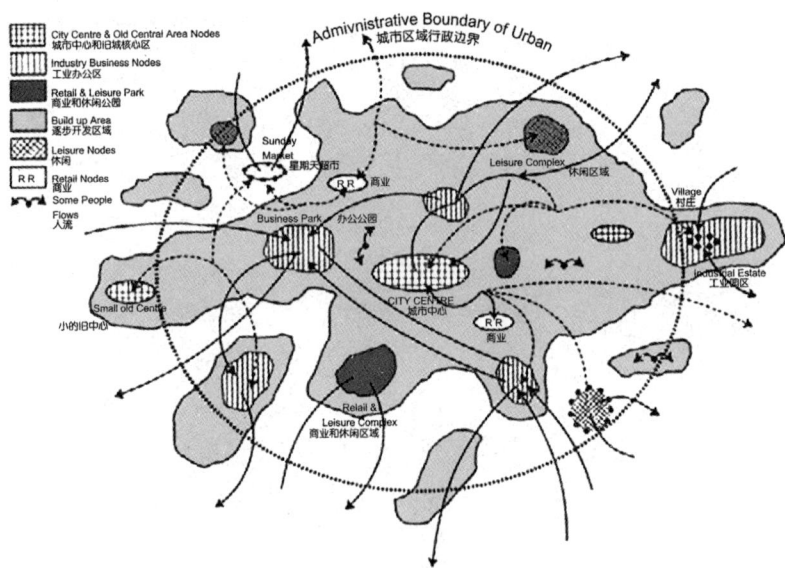

图 7-51　景观城市的空间布局

7.5.1　人工与自然交互的空间布局

景观城市作为当代城市设计综合而生态的模式，强调自然与人工的相互渗透，并以此形成地域自然生态体系与社会文化融为一体的整体景观。从城市形态上它充分体现了库哈斯有关城市与乡村、人工与自然二元对立的消除而形成无边界城市，所谓城乡一体化的无界限景观；霍华德有关为农业生产储备大量的土地资源，就近种植农产品服务周边城市和社区的"田园城市"的形式；赖特和希尔伯塞姆倡导的工作、家庭、食品和市民生活之间相结合的有机城市形态；以及将园林"溶解"于城市之中的"城"在"园"中的钱学森的山水城市格局。

案例：索河综合规划 /SWA/ 河南荥阳 /2011 年

近些年来，我们逐渐掌握了单体建筑生态技术的评估原则及实施方法，同时在废弃地和河道生态修复方面也有许多成功的案例。然而如何将这种局限于单体建筑和场地尺度的生态效益扩展到整个城市环境之中，让大尺度的生态廊道与生态板块渗透浸入城市空间，特别是那些混杂着自然与人工环境的交错地带，以及高密度的城市中心？从而使生态效益不仅仅局限于单体建筑以及河岸及周边区域，而是让整个城市从中受益。

遵循"大的自然"的设计理念，SWA 的河南荥阳索河综合规划在这方面为我们开了一个好头。荥阳新城布局与土地使用规划沿索河两岸展开，依据每个河段的自然系统生态特征的不同，分为七个区段，形成各具特色的发展区块。规划通过在现有 37km 索河两岸，强化生态效应，提升栖息地的生物多样性、改善水质，将受限的生态条件加以扩展，从而使荥阳现有的自然系统，诸如河流、水库、山丘、陡坡、农田、森林等重新焕发生机。"大的自然"的设计理念为治理整个流域的水质、平衡自然资源、促进经济、旅游和休闲产业的发展、创造健康的生活方式提供了机会。

这里的"大"，指的是涵盖了水利工程、交通网络以及旅步道等户外休闲系统在内的，一个整体而完善的连贯机制。它的构思来源于自然系统的运作规律，因为自然系统总是在比所有人为划分的行政范围更大的区域内运作的；"自然"则是指城市中更广泛的生态尺度，它是以景观为载体，通过生态介入，而创造出来的近乎自然条件的人工化的自然环境。这种分散的地景横跨了各种空间尺度，并在城市整体景观场域中催生各种类型的空间形态的生成。至此，"天成自然"的植物群落、动物栖息地、山体及河流与"人工自然"的农田、城市的居住、办公、商业及休闲等公共空间共同组成的土地

归根结底，景观都市主义既不是新的形式主义，也不是为了重新强调城市中的景观。它不仅仅是一种设计理论，更是对设计实践层面创新的承诺。当传统的建筑学和城市规划学难以应对当代城市的人工环境时，景观都市主义便在这个危急关头挺身而出。城市环境在过去的50年里发生了巨大的改变，这种改变几乎颠覆了传统建筑学和城市规划学的知识——例如"城市"已经不再只是以物体的形式存在于这些领域中。

——克里斯托弗·海特

嵌合体（Land mosaics）已无法断然二分，它们如同一个个相互联系的生态斑块共同嵌入到当地的自然与文化肌理之中，通过景观基础设施连接的网络廊道，彼此形成一个大的"公园"（图7-52、图7-53、图7-54）（翟俊，2014）。

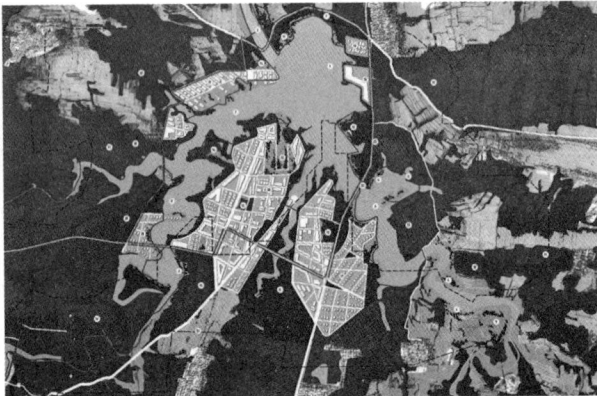

图7-52 SWA的河南荥阳索河综合规划："人工自然"与"天成自然"共同组成的大"公园"（左）

图7-53 "边缘效应"最大化的城市布局（右上）

图7-54 人工自然的峭壁住宅（右下）

这个案例打破了城乡之间隔着的那堵"墙"（拉丁语中"城市"这个单词其实是"墙"的意思），是理念和实践完美结合的典范，城乡的界面相互渗透，就像生物中的细胞膜，中心的细胞核变得没那么重要了，而围绕它周围的一些多功能的综合设施与边界则成为了景观城市的重点。

7.5.2　立体化、多层面的空间体系

在城市聚居区适当提高功能的密度，好的都市主义能将人、场所及其体验联系起来。通过提高效率和协同性，好的都市主义能节省更多、消费更少的资源。换句话说，空间和时间的聚合（人，活动，商业等等）会产生更多混合活动的空间，这些混合活动的空间反过来会让城市进程得以持续。在城市和区域的尺度上，这些特点减少了通勤时间，提高了便利度，保护了自然环境并且提高了公共空间的质量，以及社交活动以及社会资本的使用效率。

——朗·埃林

随着城市密度的增加与中心用地的短缺，多层面空间立体化已经成为未来的发展方向，并将促成传统城市由水平式横向蔓延模式向多层面立体化的方向转变：即地表、地上和地下空间的综合开发利用与多层面的交通系统的联系等。为此，多层面、立体化的整体景观形态整合模式可以为解决由于人口和功能的高度集聚而产生的交通问题及对公共空间的大量需求，提供一种可行的解决方法。它的综合结构使得城市既具有整体统一的特性，便于理性发展，同时又有利于创造令人激动的城市复杂性和丰富性。从而实现从简单、功能单一的城市形态向复杂、多职能的城市形态的转变。为确保"中国式密度"的发展模式的实施，需要催生和协调多种功用来满足城市多样而复杂的需求，因此城市三维多层面空间立体化的景观形态是中国城市结构形态发展的大趋势（翟俊，2010）。

案例：东滩商务中心/SWA/韩国东滩/2001年

人类出于自身发展的需要，必须组织大尺度的人为环境（如城市）。但是由于人类建造的几何形态的空间结构和单一功能的基础设施网络通常未能考虑多方位的生态流动，因此常常会阻断自然过程，造成对自然系统的抑制，从而导致城市的空间形态与生态流动之间出现不"匹配"的现象（图7-55）。然而借助于积层策略，SWA规

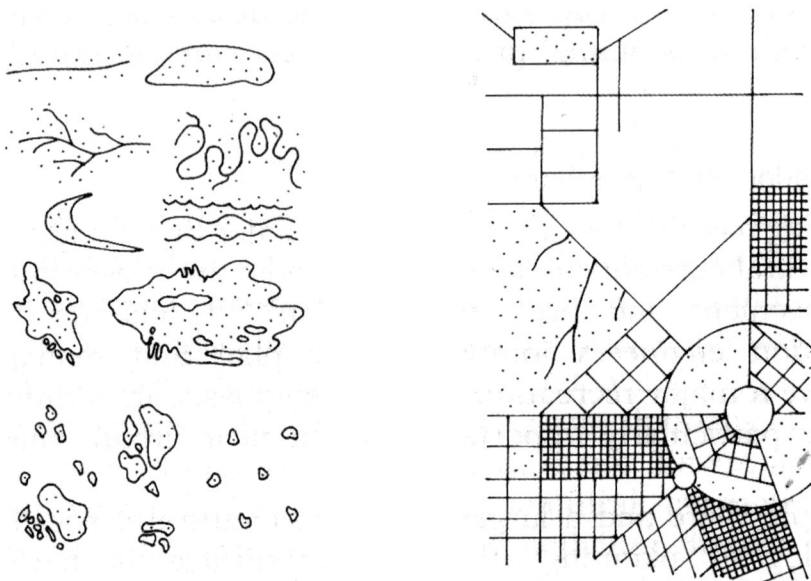

图 7-55（1） 自然系
统形态（左）

图 7-55（2） 人工形
态的城市空间（右）

划的韩国东滩（Dongtan）商务中心，则很好地化解了上述两者之间
的矛盾和冲突。

　　设计师经过对场地所在区域水文系统以及地表径流走向的形态与
流动关系的动态分析之后（图 7-56），在城市交通体系之下叠加了一
层基地开发前场地原有的水文体系，其廊道的连续性设计与横向联系，
使人流、物流、信息流得以和各种生态流动交错互动，为生物移动、
雨洪管理等水文过程提供了更多的机会（图 7-57）。不难看出，这种

图 7-56　区域原有的
水文系统

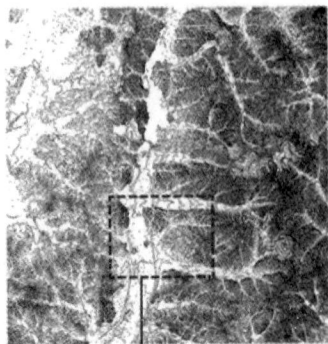

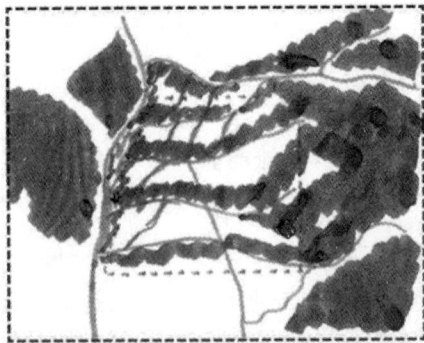

项目基地

Dongtan 规划再现了区域的地形特征与集水区、水文
系统、地表径流的走向的形态与流动关系

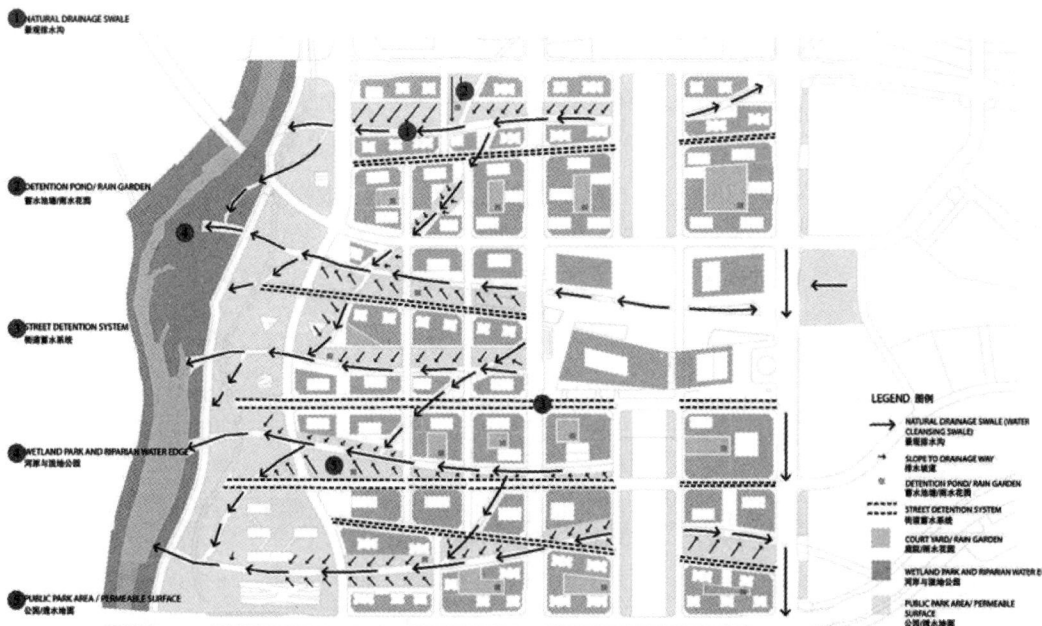

图 7-57 人工自然："自然"与"人为"的协同整合

由灰色的市政基础设施和绿色的生态基础设施叠加整合而成的景观基础设施不仅是城市交通有效的组织结构，同时还是一种生态的发生器。这里，城市的基座（载体）不是扁平状的薄板，而是一个整体的、连续的、有厚度的景观空间。物质和能量在这个空间里发生交换，生态过程也得以在这个空间里进行（翟俊，2014）。

案例：城市花园 /diller scofidio + renfro 事务所 / 苏格兰阿伯丁 /2012 年

由纽约 diller scofidio + renfro 事务所设计的苏格兰阿伯丁城市花园，原址是位于阿伯丁市中心的联合（Union）台地花园。由于受到公路和铁路的分割，这个始建于 19 世纪面积仅为 1.3 万 m² 的花园，事实上是两块互不相干的独立部分。设计师应用类似于垂直叠图技巧，这个被称作"花岗岩蜘蛛网"的设计方案，通过不断叠加各种多层且繁复的空间，将作为未来城市文化中心的城市花园整合成了一个集地面、地上、地下，三维一体综合开发利用，以及多层面立体化交通系统共同组成的层叠式的城市公共领域（图 7-58）。作为一个有厚度的地表、一种人工化地形,该方案在满足多功能使用,以及内外环境无明确边界,过渡空间流畅而自然的同时,还创造出一种适宜的生态环境和宜人的小气候:透过内部空间的外部化,引入光线、微风进入到通透性高的表层内部深处,为下层的基础设施和展示空间送去了可贵的自然光,从而将原本阴暗的地下空间转化为如室外般感觉品质的活动空间(图7-59)。

建成后的城市花园面积将是原有联合台地的两倍,不仅增加了土地的面积和使用效率、减少了噪声的污染,更重要的是借助于这种"人工自然"的层叠式结构,在利用架空人行步道、阶梯状户外剧场、坡地、环线系统等动线因子生成多层面、立体化的城市空间体系的

图 7-58 层叠式的城市公共领域

图 7-59 半地下的艺术画廊

图 7-60　城市花园鸟瞰图

同时，还形成了相应的地形，并以此构成一种操作流动与视觉体验的系统。此外，从象征意义而言，这个流动的地形特征还呼应了阿伯丁所处 Denburn 谷地自然的地形地貌，进而将阿伯丁的过去与现在联系在了一起，充分展示了具有阿伯丁"地方感"和"场所精神"的地理、历史与文化（图 7-60）（翟俊，2014）。

由此可见，混杂性和联结性通过创建临界面或交错地带（多元化且充满活力的场所）来激发场所的活力。就像生态的临界面（如同流经沙漠的一条小河或者河流与湖泊的交汇口），人们会被吸引到城市多元地带，因为这些地方能满足人们物质和情感上的多重需求。

7.5.3　弹性和适应性的组织架构

景观城市用多功能的网络作为自身形态生成、发展和演变的基本战略框架；同时通过让景观作为组织城市领地和容纳、安排复杂城市活动的载体，为丰富多彩的城市生活和活动搭建展示的舞台，并以此作为一种弹性体系来应对未来城市的发展变化。

案例：廊坊万庄生态城 /Aurp/ 河北廊坊 /2000 年

或许是受到意大利颇具远见的建筑师安德里亚·布兰兹（Andrea Branzi）以农业为载体的"弱城市化"（Weak Urbanization）的影响（图 7-61）；或许是对 19 世纪末霍华德"田园城市"的回望，由国际知名公司 Aurp 规划的 80km² 廊坊万庄，就是以丰产景观为载体的农业生态城。除了具有生态城市诸多功能之外，从城市形态上它充分体现了库哈斯有关城市与乡村、人工与自然二元对立的消除而形成无边界城市，所谓城乡一体化的无界限景观，以及霍华德有关为农业生产储备大量的土地资源，就近种植农产品供应周边城市和社区的"田园城市"的形式与格局（图 7-62）。同时，通过应用多维协同整合的景观基础设施作

图 7-61 "弱城市化"城市形态：荷兰飞利浦 Strijp 总体规划模型

图 7-62 景观城市布局下的"廊坊万庄"

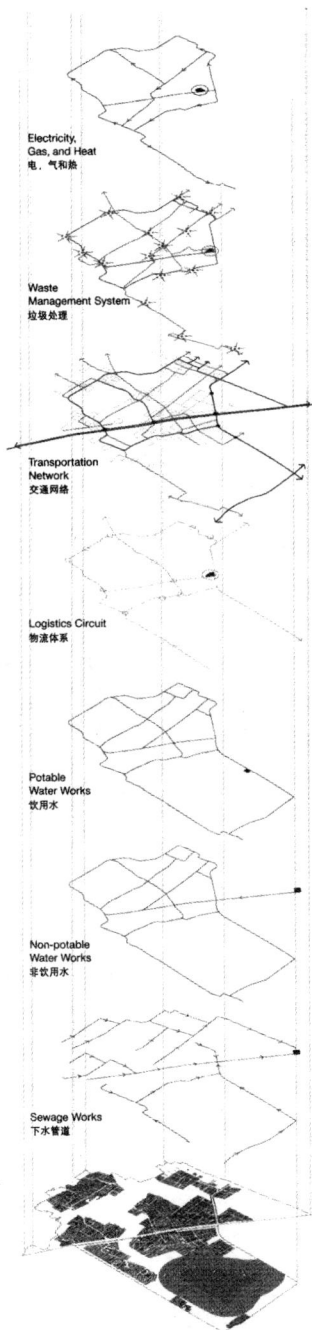

Electricity,
Gas, and Heat
电、气和热

Waste
Management System
垃圾处理

Transportation
Network
交通网络

Logistics Circuit
物流体系

Potable
Water Works
饮用水

Non-potable
Water Works
非饮用水

Sewage Works
下水管道

图 7-63　廊坊万庄协同整合的景观基础设施

为城市形态生成和演变的基本框架（图 7-63），为城市发展提供了一个能够将城市功能与基础设施相结合的层叠而开放的网络格局，并以此形成自然生态体系与地域文化融为一体的地域景观。因此廊坊万庄这座景观城市不仅是对霍华德"田园城市"的传承，更是它的现代升级版（图 7-64）。

案例：前海新城 / 詹姆斯·科纳场域操作事务所 / 深圳 /2010 年

詹姆斯·科纳的深圳前海新城规划方案同样是利用这种创新型的景观基础设施为组织架构，将 1804hm² 的基地划分为 6 个易于管理且特色鲜明的亚区，并以此将新城与前海湾连接起来（图 7-65）。这 5 条被称为"绿色手指"的超大尺度的线性水体走廊被设计成一系列形状各异的梯状湿地，用来过滤场地收集的雨洪径流和清除渠道水体的污染物。通过将水利基础设施和独具特色的滨水空间完美结合，既净化了水体、改善了水质、为野生动植物提供了多样化的栖息地，又增大了沿水的开发面积，增加了经济效益；同时它们还是周边环境和社区开发的特色空间：新城大量的建筑、交通设施都围绕这 5 条生态廊道展开，并由此在各个亚区创造出不同的街区结构、纹理和个性，以及丰富多样的城市邻里单元和社区公共空间。从而为改善整个前海新城的居住环境和休闲体验，提供充裕多样的市民活动场所，满足人们公共活动和休闲娱乐的需求创造了条件（图 7-66）。

此外，科纳的前海新城方案还抛弃了以往时间指向一点的城市总体规划。其中这 5 条生态走廊还是前海新城开发的战略性工具，扮演了一个策略性的角色：因为不管亚区和子街区用地的性质将来如何改变，但可以肯定的是，这 5 条承载着生态服务和社会服务的景观基础设施廊道，是人类生存、动植物繁衍始终的需求。因此在其构架确定的前提下，亚区和子街区的建设可以分期进行，从而避免了一次性高强度开发所带来的诸多问题。同时在新城建设过程中，来自政治、社会、财政方面的不确定性对未来城市发展的压力也将会被这个极具弹性的生态框架所缓解，真可谓是以不变应万变（翟俊，2014）。

以上两个案例的一个共同特点就是，设计者都试图采用这种"人

图 7-64　廊坊万庄效果

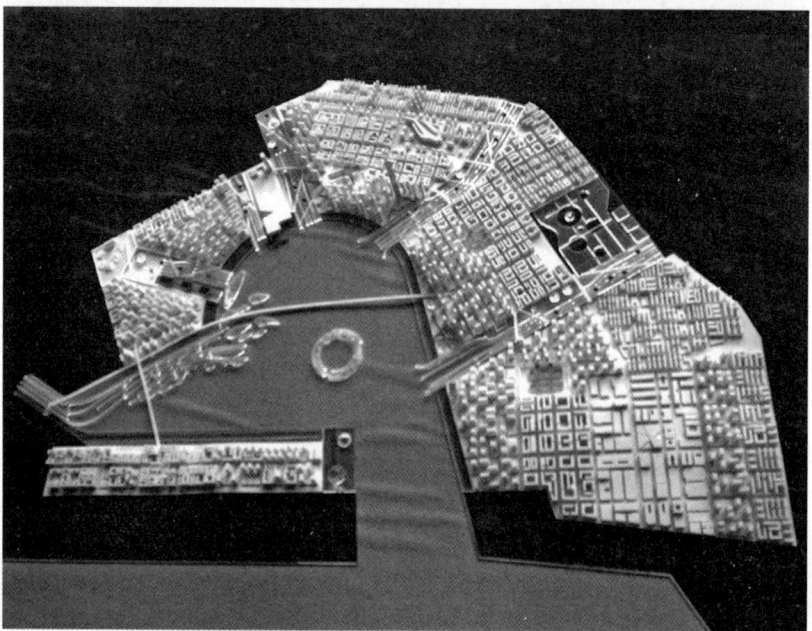

图 7-65　前海新城方案

图 7-66　景观基础设施廊道

工自然"的弹性景观基础设施网络为城市形态的形成、发展和演变提供了一个有力的基底，同时应用这种多功能的弹性体系来取代现代主义刚性的基础设施的形式与结构，成为一种组织城市空间形态和发展的更好途径。不难看出，这里"景观"的含义不再是被加入到建筑和城市中，用于美化外观和改善口味的填充剂和调味品，而是城市结构性载体（Structuring medium），成为城市生成、演变和增长的框架（图 7-67）。

图 7-67　前海新城鸟瞰

小结

　　景观作为一种能容纳和安排各种复杂城市活动的组织结构，既是自然过程，又是人文过程的载体，并能为两者提供相互融入和交换的界面。景观城市就是以景观为载体的一种新型的城市形态和空间结构，它为当今自然和文化脉络已经消解的城市发展提供了一种可供分析的概念化模式和高度结构化的操作方式。这里"景观"的含义既是一种形象比喻又是一种操作方式：

　　首先，作为一种形象比喻的概念化模式，景观城市被认为是由生态体系所组成的整体空间形态，所有城市的组成因子都存在于这个相互依存、相互作用，且不断变化的"生态体系"之中，而由这些因子组成的相对独立区域（居住、办公、商业、休闲等服务实施等）可以被看成生态组团（斑块），通过由"灰色"的市政基础设施和"绿色"的生态基础设施整合而成的景观基础设施（廊道）的连接，彼此构成一个大的"公园"（翟俊，2010）。

　　其次，景观城市的比喻还能够为城市和区域提供了一个概念性的框架，一种组织生态城市空间的原则。利用这个框架，规划师和设计师能够在研究土地结构及其相关生态过程是如何形成的基础上，评估城市空间形态、视觉品质、物质材料等环境效益，分析城市跨尺度、各阶层系统之间的复杂性及相互关系，并注重时间的维度、系统的联系，以城市过程管理来发展可持续的进程。由此可见，城市空间物质形态对社会、文化和经济的可持续发展能力有着重要影响，在足够长时间的条件下，这种基于整体景观形态的人工生态系统将发展成为一种视觉和功能的统一体，从而形成一种清晰的城市形态。

　　最后，作为一种操作方式，景观的动态"过程"是一切城市形式、形态生成的依据。因为城市化是一种时空过程，城市形态是由过程催生而成，它的形成、发展与演变是长期自然过程和社会文化过程共同作用的结果，而且这一过程永远不会定格在某一特定阶段，而是全方位地存在于动态进程之中。因此城市规划不应该是一元的、静态的、蓝图化的，而应该是多解的、动态的、过程化的。景观城市设计师在这里是作为促变者而不是终结者，扮演的是电影导演或乐队指挥的角色而不是演员或乐器手的角色。景观城市设计也因此是进行时，而不是完成时，成为与时间相适应的监控和管理行为。景观城市的这种"过程—形式"的理论同时具有应对气候环境、社会文化、经济兴衰所不可或缺的适应性和弹性，从而能够更好地应对当今复杂而多变的城市环境。此外在景观城市语境下进行设计，传统的设计和规划之间的分界也变得模糊，景观城市设计师和规划师必须要展现其思考和评估跨尺度的空间和时间的能力。

本章总结

城市发展不应该是建筑的放大或道路的延伸，在当今世界，特别是中国过去那种以前所未有尺度和速度进行的城市规划设计已经走到了十字路口，以往在西方发达国家在城市发展过程中所出现过的城市和环境问题以及因此而产生的各种矛盾和后果正在我国凸显，甚至更加严重。传统的城市发展模式和方法已被证明是浪费的、仓促的，同时还是缺乏可塑性和适应性的。

当建筑被视为是景观，景观被认为是基础设施，而城市被阅读为一种以景观为载体的生态体系；这就为我们在非传统层面上阅读和掌控处于动态变化过程中的城市提供了可能，这里的非传统层面就是我们所说的景观城市。这种秩序井然且复杂度高的新的城市物质空间形态和发展模式，充满着各种自由的流动、容许多样性的使用，并能够适应环境产生各种变迁的可能。其尺度超越了我们的视觉极限，其深度穿越了地表的厚度，而其过程则是在整个景观"场域"（Field）上展开的（翟俊，2014）。

随着城市发展阶段的变化，特别是在城市规划设计方面，方法的转变已经从现代主义在机械化之后的程式化的一般性城市（Generic City），到后现代主义模仿传统的新都市主义城市，再到新兴的从生态学和景观系统中获得城市建设灵感的景观城市。与同样强调城市有机成分的花园城市或园林城市相比，景观城市对将公园作为有边界的、美丽的、田园牧歌式的画境园林提出了质疑。如果花园被比喻为有大门的私人天堂的话，那么景观则可以比喻为开放的、共享的"公共天堂"。这也意味公园"内部"和"外部"之间生态学联系的恢复。正如库哈斯所言，"未来的公园不会是城市中带围墙的花园——城市将成为公园"，所谓 City = Park 的景观城市。

参考文献

[1] Rem Koolhaas. "Atlanta"，in Koolhaas，Rem & Mau，Bruce. *S*，*M*，*L*，*XL*. New York：Monacelli Press 1995，pp835.

[2] Charles Waldheim. A Reference Manifesto//Charles Waldheim. The Landscape Urbanism Reader. New York：Princeton Architectural Press，2006：13-19.

[3] Marc Angelil & Anna Klingmann. Hybrid Morphologies：Infrastructure，Architecture，Landscape[J]. Daidalos 73/2000.

[4] Martin Prominski. designing landscapes evolutionary as systems[J].The Design Journal，2005（03）：25-34.

[5] 杨沛儒 . 生态都市主义：尺度、流动与设计 .[M]. 北京：中国建筑工业出版社，2010.

[6] Stan Allen. Mat Urbanism：The Thick 2-D//Sarkis，Hashim（ed）. CASE：Le Corbusier's Venice Hospital and the mat building revival，Munich. New York：Prestel，2002：118-126.

[7] Alex Wall. Programming the Urban Surface in James Corner（ed）. *Recovering landscape：essays in contemporary landscape architecture*[M]. New York：Princeton Architectural Press，1999，pp238-239.

[8] garden-city-mega-city [EB/OL]. [2016-06-18]https：//dirt.asla.org/2015/12/16/garden-city-mega-city/.

[9] Richard Weller. An Art of Instrumentality：Thinking Through Landscape Urbanism. In Waldheim，C.（ed.）*Landscape Urbanism Reader*. New York：Princeton Architectural Press，2006 pp. 71-85.

[10] Gray，C. D.（2005-2006）. From Emergence to Divergence：Modes of Landscape Urbanism. Dissertation（MA-LA）. Edinburgh College of Art School of

Architecture，Scottland.

[11] Bart lootsma. "Synthetic Reginalization：The Dutch Landscape Toward a Second Modernity"，in James Corner（ed）. Recovering landscape：essays in contemporary landscape architecture. New York：Princeton Architectural Press，1999，pp262-263.

[12] 华晓宁. 整合于景观的建筑设计 [M]. 东南大学出版社，2009.

[13] Rem Koolhaas. "Unraveling"，in Koolhaas，Rem & Mau，Bruce. S，M，L，XL. New York：Monacelli Press 1995，pp1316 – 1323.

[14] Kenneth Frampton. Toward an urban landscape//Columbia Documents of Architecture and Theory. New York：Columbia University，1995，vol 4：83–93.

[15] Allen，S. . From Object to Field. Architectural Design，vol. 67，pp. 24-31. 1997.

[16] 难波公园 [EB/OL]. [2016-06-18] 百度百科 .http：//baike.baidu.com/.

[17] 崔恺访谈. 建筑与基础设施 [J]. 景观设计学，2013（06）：66-70.

[18] 全球基础设施投资需求 [EB/OL]. [2016-06-18]. 中国新闻网 http：//www.chinanews.com/cj/2014/05-08/6150607.shtml.

[19] 文桦访谈. 从景观基础设施看事业新风景访 LA 设计师格杜·阿基诺 [J]. 风景园林，2009（03）：41-43.

[20] 翟俊. 协同共生——从市政的灰色基础设施、生态的绿色基础设施到一体化的景观基础设施 [J]，规划师，2012（09）.

[21] 李倞. 现代城市景观基础设施的设计思想和实践研究 [D]. 北京林业大学，2011.

[22] Underpass Park[EB/OL]. [2016-06-18]https：//asla.org/2016awards/165332.html.

[23] 翟俊. 景观基础设施公园初探——以城市雨洪公园为例 [J]，国际城市规划，2015（05）.

[24] 翟俊. 弹性作为城市应对气候变化的组织架构——以美国"桑迪"飓风灾后重建竞赛的优胜方案为例 [J]，城市规划，2016（08）.

[25] 翟俊. 从城市化的景观到景观化的城市——景观城市的"城市 = 公园"之路 [J]，建筑学报，2014（01）.

[26] Nan Ellin，Good Urbanism：six steps to creating prosperous places[M]. Washington，DC：Island Press，2013.

[27] 翟俊. 基于景观都市主义的景观城市 [J]，建筑学报，2010（11）.

结　语
Conclusion

　　从现代景观的发源地美国的景观和城市规划专业的发展历史来看，1900 年奥姆斯特德的儿子小奥姆斯特德首先在哈佛大学成立了景观专业，而城市规划课程是在景观专业开设 9 年后的 1909 年才在景观规划课程中出现，直到 1923 年城市规划才正式从景观规划专业中分离出去，成为一门独立的学科。时隔一个多世纪，伴随着景观都市主义的兴起，景观再次被推到了城市规划设计的前沿，并被提升到世界观和方法论的高度（翟俊，2010）。

　　在过去的 20 年里，景观都市主义是在伴随着对传统的和新传统的城市设计形式（比如现代主义新都市主义）的批判中出现的。这种批判与以下两点有关：一是当今的传统城市设计方法已经无法跟上城市快速变化的步伐，二是传统的城市设计策略也无法应对后工业时代遗留下来的恶劣环境问题、无法满足人们对于基于生态原理的城市建设越来越多的诉求，以及无法展现设计文化在城市发展中的优势。作为逐渐成熟的标志，景观都市主义在理论不断完善的同时，相关项目也在全球范围内不断涌现（Waldheim，2016）。景观都市主义关注的是一种从静态向动态、从二元到多元、从孤立到联系、从“建筑城市范式”向“景观城市范式”的转变。现代城市是一个有着复杂的结构和丰富多样功能的整体系统，这样的关注能够帮助我们更好地理解城市的动态复杂性，发挥建筑和基础设施的潜力及其在未来城市中应当发挥的作用。从景观的角度来重新审视城市，可以为我们提供一个建设、实现城市动态过程和可持续发展的全新视角。

　　总的来说，景观都市主义最主要的贡献是为都市领域的研究和实践提供了一种新的世界观和方法论。作为一种新的世界观，景观都市主义展示的是一种新的认知城市的观点，而不是一种新的流行的形式，它不仅包括自然过程，也包括文化、经济、社会和历史的过程。作为一种新的方法论，景观都市主义在实践中的潜力体现在多个层面，本书旨在从广义上总结论述当今景观都市主义的主要方法论，同时希望通过广泛的视角而不是单一的视角概述方法论的特点。这些概述和总结主要是通过以模式和策略为代表的概念性框架的方式来完成的。这里的模式和策略应该被视为一种引导而不是一种约束，因为景观都市主义不是按部就班的工作步骤和设计手册，而是一种充满想象力的思想网络的集合和各种模式和策略融合的调色板。设计师可以根据具体情形，自由地选择自己认为合适的模式和策略。从这个意义上讲，景观都市主义的工作方法对传统的设计行业提出了不小的挑战。

本书提出的概念性模式、策略、理念和方法之间的关系可以作为未来描述景观都市主义的一种范式，它们为景观都市主义将来的研究提供了一种工具。通过应用这些建议的框架模式和策略作为出发点，可以促进对景观都市主义方法论的进一步探讨，这些讨论或许能反过来为实践项目提供理论知识和实用工具的支撑。不过本书中提到的策略和模式可以被认为是暂时的，和景观都市主义一样它们需要不断更新。所以笔者希望这本书的研究成果能够随着景观都市主义自身的发展变化而被不断丰富和补充。

景观都市主义的理论虽然诞生于 20 世纪末的美国，但是由于受到西方金融危机的影响，近些年来这方的案例多为小尺度的实践，而大尺度的探讨还多停留在竞赛和概念方案阶段，并没有真正的设施机会。然而中国快速的城镇化进程则为景观都市主义理论的探索与实践提供了巨大的机遇。正如麻省理工学院建筑系前系主任约翰·哈布瑞肯（John Habraken）教授所言："20 世纪初期的现代主义深刻影响了全球的城市区域景观，21 世纪若能产生一种新的城市与建筑理论，将从中国及亚洲这个区域的土壤中萌芽"（杨沛儒，2010）。的确，在快速城市化进程中，面对西方城市发展过程所犯的种种错误与城市的无序蔓延和大量消失的都市性，我们不禁要问：什么样的城市形式与空间形态能提供更佳的绩效，同时能够塑造更具区域特色的环境质量与空间视觉体验？哪种城市形式可称之为生态城市空间形式或可持续的城市形式？以上问题迫使我们不得不深入思考，提出符合中国实际的城市发展模式。

　　基于景观都市主义的景观城市，或许是一种不错的选择。它为自然和文化脉络逐渐消解的城市发展提供了一种可供分析的概念化模式和策略以及高度结构化的操作方式。这里需要指出的是，景观都市主义虽然经历了过去二十年的发展，但毕竟还是一个新领域，景观都市主义的理论和方法体系仍在形成过程中，其中有一些理论和假设还有待进一步清晰地表达，而相关的实践探索仍有待时日的检验。确切地说，景观都市主义还是一种发展中的理论形态，还不具备一门学科的特点，而国内在这方面的研究也才刚刚开始。但尽管如此，景观都市主义概念体现了一种跨学科的思考和合作关系，它不光提供一种新的视角，也蕴涵着新的方法论。因此，随着对景观都市主义理念研究与景观城市实践的逐步深入，必将对重新审视区域与城市规划设计、城市的空间结构与形态产生积极的影响，同时还将对中国新一轮的城市发展，特别是当下城市"双修"建设起到积极的促进作用。

参考文献

[1] 翟俊 . 基于景观都市主义的景观城市 [J]，建筑学报，2010（11）.

[2] Charles Waldheim. Landscape as Urbanism：A general theory[M]. New Jersey：Princeton University Press，2016.

[3] 杨沛儒 . 生态都市主义：尺度、流动与设计 .[M]. 北京：中国建筑工业出版社，2010.

图片来源

第 1 章

图 1-1：httpsen.wikipedia.orgwikiGarden_city_movement#mediaFileGarden_City_Concept_by_Howard.jpg

图 1-2：httpsrelationalthought.files.wordpress.com201201frank-lloyd-wright-broadacre-city-the-disappearing-city-1932.jpg

图 1-3：Charles Waldheim. Landscape as Urbanism：A general theory [M]. New Jersey：Princeton University Press，2016.

图 1-4：Duany Plater-Zyberk & Company

图 1-5：httpskleinsoldmine.files.wordpress.com201103110109-destin-206.jpg

图 1-6：https：//www.pinterest.com/pin/231302130837511920/

图 1-7：Forster Nduisi. Landscape Ecological Planning [M]. Ecological Design and Planning. George F. Thompson，Frederick R. Steiner（Ed.）. New York：John Wiley &sons，Inc.，1997

图 1-8：Ian L. McHarg. Design with Nature [M]. New York：John Wiley & Sons，Inc.，1992

图 1-9：Ian L. McHarg. Design with Nature [M]. New York：John Wiley & Sons，Inc.，1992

图 1-10：Tom Turner .CITY AS LANDSCAPE[M]. Oxon：Taylor & Francis Group，1995

图 1-11：Wenche E. Dramstad，James D. Olson and Richard T.T. Forman. Landscape Ecology Principles in Landscape Architecture and Land-Use Planning[M]. Washington，D.C.：Island Press，1996.

图 1-12：Wu J，Wu T. Ecological resilience as a foundation for urban design and sustainability[M]//Resilience in Ecology and Urban Design.Springer Netherlands，2013：211-229.

图 1-13：Stan Allen. Points + Lines [M].New York：Princeton Architectural Press，1999

第 2 章

图 2-1：https：//upload.wikimedia.org/wikipedia/commons/e/e4/Stourhead_garden.jpg

图 2-2：http：//beautifulplacestovisit.com/wp-content/uploads/2010/01/Suzhou-China8.jpg

图 2-3：https：//en.wikipedia.org/wiki/Tres_Riches_Heures_du_Duc_de_Berry

图 2-4：https：//upload.wikimedia.org/wikipedia/commons/e/e7/John_Deere_cotton_harvester_kv02.jpg

图 2-5：作者编辑

图 2-6：http：//brianholmes.files.wordpress.com/2008/10/archigram_instantcity.jpg

图 2-7：Plasma studio

图 2-8：James Corner field operations

第 3 章

图 3-1：Tom Turner .CITY AS LANDSCAPE[M]. Oxon：Taylor & Francis Group，1995

图 3-2：Koolhaas，Rem. Whatever Happened to Urbanism? S，M，L，XL[M]. New York：Monacelli Press，1995：958-971.

图 3-3：http：//www.landslides.com/commercial/parks-gardens/100521-0151

图 3-4：作者根据科纳相关条件绘制

图 3-5：George Hargreaves 事务所

图 3-6：土人设计

图 3-7：James Corner field operations

第 4 章

图 4-1、图 4-2：James corner field operations

图 4-3：Bernard-Tschumi-Architects

图 4-4：James Corner field operations

图 4-5：Wu J，Wu T.（Ed.）.Ecological resilience as a foundation for urban design and sustainability[M]//Resilience in Ecology and Urban Design. Springer：Netherlands，2013：211-229.

图 4-6：James Corner field operations

图 4-7：Landscape Architecture Magazine，2010（5）

图 4-8：Stoss Lu 事务所

图 4-9：https：//www.asla.org/2012awards/196.html

图 4-10：http：//archleague.org/main/wp-content/uploads/2009/12/Corner-Fresh-

Kills_Digger-Signage.jpg

图 4-11、图 4-12：Czerniak，J.（2007）. Legibility and Resilience. In Czerniak，J. & Hargreaves，G.（ed.）Large Parks. New York：Princeton Architectural Press，pp.215-251.

图 4-13：James Corner field operations

图 4-14：作者自绘

图 4-15：Mostafavi，M. & Doherty G.（ed.）. Ecological Urbanism [M]. Baden：Lars Müller Publishers，2007.

第 5 章

图 5-1：httpsupload.wikimedia.orgwikipediacommons44aPlan_de_Versailles_-_Gesamtplan_von_Delagrife_1746.jpg

图 5-2：http：//www.newsvhf.com/grid-na.gif

图 5-3：http：//www.citidex.com/map/aves.gif

图 5-4：James Corner and Alex S. MacLean.Taking Measures Across the American Landscape[M].New Haven and London：Yale University Press，1996

图 5-5：Hanna Assargård（2011）. Landscape Urbanism-from a methodological perspective and a conceptual framework（MA-LP）. Swedish University of Agricultural Sciences，Uppsala.

图 5-6：Bernard-Tschumi-Architects

图 5-7：httpss3.amazonaws.comgs-waymarking-imagesa3b6f3eb-9ae1-4f85-8f5c-77f444bad3b1.jpg

图 5-8：http：//images.oma.eu/20150818194853-820-lxa5/1000.jpg

图 5-9：Koolhaas，Rem. S，M，L，XL[M]. New York：Monacelli Press，1995：958-971.

图 5-10、图 5-11：https：//source.wustl.edu/wp-content/uploads/2014/08/Wall_The-Pleasure-of-Architecture-standalone.jpg

图 5-12、图 5-13、图 5-14：BIG

图 5-15：OMA

图 5-16：James Corner field operations

图 5-17：Koolhaas，Rem. S，M，L，XL[M]. New York：Monacelli Press，1995.

图 5-18：James Corner field operations

图 5-19：（美）卡尔·斯坦尼兹 . 景观设计思想发展史（下）——在北京大学的演讲，

黄国平 整理翻译，中国园林，2001（05）：92 - 95

图 5-20：Ian L. McHarg. Design with Nature [M]. New York：John Wiley & Sons，Inc.，1992

图 5-21：Peter Latz.Syntax of Landscape [M]. Basel：Birkhäuser Architecture，2007

图 5-22：D.I.R.T. 事务所

图 5-23、图 5-24、图 5-25：James Corner field operations

图 5-26、图 5-27、图 5-28、图 5-29、图 5-30：Eisenman architects

图 5-31：Aurora Fernández Per and Javier Arpa. The Public Chance：New Urban Landscapes[M].Vitoria-Gasteiz：a+t ediciones：2008

图 5-32：https：//commons.mtholyoke.edu/architectualblog/wp-content/uploads/sites/158/2015/12/points_lines_surface_2.jpg

图 5-33：Koolhaas，Rem. S，M，L，XL[M]. New York：Monacelli Press，1995.

图 5-34：James Corner field operations

图 5-35：Peter Reed，Irene Shu. Groundswell：Constructing the Contemporary Landscape[M]. New York：The Museum of Modern Arts，2005

图 5-36、图 5-37、图 5-38：http：//www.rotterdamtopsport.nl/images/thumbs/__lw314h250/var/mediamanager/images/uploads/Schouwburgplein-Claire-Droppert.jpg

图 5-39：http：//www.nlwandel.nl/Album/GW-Rotterdam-498/slides/48%20Schouwburgplein.jpg

图 5-40、图 5-41、图 5-42：Stoss LU 事务所

图 5-43：Big 事务所

图 5-44：OMA 事务所

图 5-45、图 5-46：James Corner field operations

图 5-47：Koolhaas，Rem. S，M，L，XL[M]. New York：Monacelli Press，1995.

图 5-48：James Corner field operations

第 6 章

图 6-1：OMA 事务所

图 6-2、图 6-3、图 6-4：James Corner field operations

图 6-5、图 6-6：作者自摄

图 6-7：土人设计

图 6-8：Berribeitia，A.（2007）. Re-placing Process. In Czerniak，J. &

Hargreaves，G.（ed.）Large Parks. New York：Princeton Architectural Press，pp. 175-198.

图 6-9：Stoss Lu 事务所

图 6-10、图 6-11：https：//www.asla.org/awards/2004/04winners/entry375.html

图 6-12、图 6-13：Group Superpositions [J].Landscape Architecture Frontiers，2017（02）：72-83

图 6-14、图 6-15、图 6-16：James Corner field operations

图 6-17：North Design Office

图 6-18、图 6-19：James Corner field operations

图 6-20：Stoss Lu 事务所

图 6-21、图 6-22：George Hargreaves 事务所

图 6-23、图 6-24：Adriaan Geuze：WEST8 Landscape Architecture，ed. Bart Lootsma and Inge Breugem（Rotterdam：Uitgeverij 010 Publishers，1995）

图 6-25：James Corner field operations

图 6-26、图 6-27、图 6-28：Stoss Lu 事务所

图 6-29：作者自绘

图 6-30：George Hargreaves 事务所

图 6-31、图 6-32、图 6-33：Stoss Lu 事务所

图 6-34、图 6-35：OMA 事务所

图 6-36、图 6-37：James Corner field operations

图 6-38、图 6-39：Cecilia Benites，Clare Lyster and Oisse 建筑事务所

图 6-40、图 6-41、图 6-42：Big 事务所

图 6-43、图 6-44：Scape 事务所

图 6-45、图 6-46：West 8 事务所

图 6-47：http：//www.greeningthegrey.org/wp-content/uploads/2013/04/emerald-necklace.jpg

图 6-48：google map

图 6-49、图 6-50：MIT + ZUS + URBANISTEN

第 7 章

图 7-1：作者自绘

图 7-2：Hanna Assargård（2011）. Landscape Urbanism-from a methodological perspective and a conceptual framework（MA-LP）. Swedish University of Agricultural Sciences，Uppsala.

图 7-3：soma 建筑事务所

图 7-4：http：//c1038.r38.cf3.rackcdn.com/group1/building1231/media/4c235c03547792.15636830.jpg

图 7-5：http：//c1038.r38.cf3.rackcdn.com/group1/building1231/media/4c235bbece3e68.17018857.jpg

图 7-6：Gray，C. D.（2006）. From Emergence to Divergence：Modes of Landscape Urbanism. Dissertation（MA-LA）. Edinburgh College of Art School of Architecture，Scottland.

图 7-7：http：//crow.wpengine.netdna-cdn.com/wp-content/uploads/2015/11/Seattle-CAP10.jpg

图 7-8：http：//crosscut.com/wp-content/uploads/2016/01/freeway-park.jpg

图 7-9、图 7-10、图 7-11、图 7-12：Weiss/Manfredi 事务所

图 7-13：OMA 事务所

图 7-14、图 7-15：Big 事务所

图 7-16：http：//www.farshidmoussavi.com/sites/default/files/styles/full_page_image/public/courtesy_metro_asset_management.jpg？ itok=AL5O8KcJ

图 7-17：http：//www.archello.com/sites/default/files/imagecache/media_image/aerial_view_from_south.jpg

图 7-18：http：//files.archinect.com/uploads/ai/aiu_showcase_city_of_culture_03x.jpg

图 7-19：https：//traveldigg.com/wp-content/uploads/2016/09/Brooklyn-Botanic-Garden-Visitor-Center-New-York.jpg

图 7-20：http：//www.osaka-info.jp/en/shopping/assets_c/2014/01/parks-thumb-3076x2266-388.jpg

图 7-21：http：//media2.trover.com/T/54d1763f00ab017227000678/fixedw_large_4x.jpg

图 7-22：Mohsen Mostafavi & Gareth Doherty（ed）.Ecological Urbanism. New York：Lars MüllerPublishers，2010.

图 7-23：http：//www.penceland.com/images/CentralArtery1.jpg

图 7-24：https：//upload.wikimedia.org/wikipedia/commons/b/bf/After_Aerial_Photo_of_Greenway.jpg

图 7-25、图 7-26：https：//www.asla.org/2016awards/165332.html

图 7-27、图 7-28、图 7-29：作者自摄

图 7-30、图 7-31、图 7-32：SWA 事务所

图 7-33、图 7-34：土人设计

图 7-35：Stan Allen. Points + Lines [M].New York：Princeton Architectural Press，
1999

图 7-36、图 7-37、图 7-38：www.dsdip.qld.gov.au/resources/guideline/pda/practice-
note-13-diamantina-park-fi

图 7-39、图 7-40、图 7-41、图 7-42：http：//landscapeonline.com/

图 7-43：作者自绘

图 7-44、图 7-45、图 7-46、图 7-47：Big 事务所

图 7-48：Allen 2008

图 7-49：https：//www.wetm-iac.org/wp-content/uploads/sites/6/2015/10/Autumn-
Atlanta-Skyline.jpg

图 7-50：Christopher D. Gray. From Emergence to Divergence：Modes of Landscape
Urbanism，Edinburgh College of Art，June 2005

图 7-51：http：//www.monu.org/monu2/Landscape%20Urbanism.pdf

图 7-52、图 7-53、图 7-54：SWA 事务所

图 7-55：Forman，R. T.T. ，Land Mosaics--The Ecology of Landscapes and
Regions. Cambridge：Cambridge University Press，1995.

图 7-56、图 7-57：SWA 事务所

图 7-58、图 7-59、图 7-60：diller scofidio + renfro 事务所

图 7-61、图 7-62、图 7-63：Mohsen Mostafavi &Gareth Doherty（ed）. Ecological
Urbanism.New York：Lars Müller Publishers，2010.

图 7-64：http://www.arup.com/Projects/Wanzhuang_Eco-city.aspx

图 7-65、图 7-66、图 7-67：James Corner field operations